支持性人力资源实践、柔性战略与绩效

徐国华　著

东南大学出版社
·南京·

图书在版编目(CIP)数据

支持性人力资源实践、柔性战略与绩效/徐国华著.—南京:东南大学出版社,2013.11

ISBN 978-7-5641-4726-6

Ⅰ.①支… Ⅱ.①徐… Ⅲ.①企业管理—人力资源管理—研究 Ⅳ.①F272.92

中国版本图书馆 CIP 数据核字(2013)第 318787 号

东南大学出版社出版发行

(南京四牌楼 2 号 邮编 210096)

出版人:江建中

网 址:http://www.seupress.com

电子邮件:press@seupress.com

全国各地新华书店经销 南京玉河印刷厂印刷

开本:700 mm×1000 mm 1/16 印张:13.5 字数:252千字

2013 年 11 月第 1 版 2013 年 11 月第 1 次印刷

ISBN 978-7-5641-4726-6

定价:32.00 元

本书受到江苏高校优势学科建设工程资助项目以及江苏省高校哲学社会科学优秀创新团队建设项目的资助。本书也是江苏省高校哲学社会科学研究项目“江苏员工反生产工作行为的形成机理和对策研究”(项目编号:2011SJD630054)的部分研究成果,在此一并表示衷心的感谢。

前　言

在受到经济全球化、竞争增强化、顾客需求个性化、产品生命周期缩短化等方面影响的情况下，柔性战略已成为企业管理中的热门话题。当前，制造企业所面临的挑战不仅是要提高生产率和质量，更是要成功地实施柔性战略。成功的柔性战略能有效地配置和重新配置资源，使企业在动态的环境下主动适应变化，利用变化来提高自身的竞争能力。由于柔性战略需要资源的有效和重新配置，需要生产方式的转变，因而从本质上讲，强调柔性就是强调创新，这与企业管理的有效性目标是一致的。企业管理的有效性体现在企业能够生存并不断发展，这意味着企业必须为社会创造价值，必须在环境的日益复杂、经济全球化、竞争不断加剧的背景下合理配置和使用有限的资源。这一切都使得制造企业不得不引入新的管理理念和管理方法，如基于团队的设计、授权、全面质量管理等。在企业引入的众多管理理念和管理方法中，支持性人力资源实践是制造企业的重要人力资源实践方式。支持性人力资源实践是向员工投资并认可员工贡献的一类实践。由于支持性人力资源实践充分考虑员工的利益，认可员工的价值，从而更能促进人力资源的紧密合作，这样有助于提高柔性制造生产中多方面的问题解决能力。

制造企业引入支持性人力资源实践和柔性战略存在一些共同的现实背景：满足多种利益相关者的需要、战略性资源地位的提高、技术进步的加快。支持性人力资源实践和柔性战略分别是人力资源管理领域和生产制造领域的焦点内容。因此，研究人力资源实践、战略与绩效的关系问题在制造企业领域会集中表现为研究支持性人力资源实践、柔性战略与绩效的问题。那么我国支持性人力资源实践的一般内容和主要内容是什么呢？管理者眼中的支持性人力资源实践能否被员工知觉，对员工心理与绩效改进的影响如何？支持性人力资源实践和柔性战略可能各自对绩效产生主影响，也可能是一种配合的权变或协同影响。那么配合的方式和影响的效果如何？在不同企业的制度背景下，支持性人力资源实践与柔性战略的整合都需要人力资源管理职能部门参与战略规划和执行，需要基于战略一致性的视角思考组织的支持性人力资源战略定位，那么，该如何制定与公司不同层面的战略（包括制造柔性战略）相一致的支持性人力资源策略和规划呢？我们可以按照这样的逻辑去思考和研究支持性人力资源实践、柔性战略与绩效问题，探究支持性人力资源实践的一般内容和主要内容对员工心理和绩效改进的系统影响和重要影响，探究支持性人力资源实践与柔性战略配合中的“支持”的证据和结论。

本书的理论研究部分注重分析支持性人力资源实践及其与柔性战略配合的企业制度环境、理论基础、配合中影响绩效的方式，在理论框架建立后实证研究了支持性人力资源实践对员工心理和行为的影响以及支持性人力资源实践与柔性战略配合对绩效的影响，并以今世缘酒业有限公司为案例研究了基于战略一致性的支持性人力资源策略规划的重点和实施问题，得出以下主要结论：(1)支持性人力资源实践的重要内容是绩效评估、成长与培训以及员工参与。理论分析表明，中国背景下制造企业支持性人力资源实践的一般内容主要包括：成长机会、培训、绩效评估、福利、员工参与和就业保障。实证研究结果表明：我国制造企业支持性人力资源实践的主要内容是绩效评估、成长与培训以及员工参与，其中最重要的内容是绩效评估。从我国企业的支持性人力资源实践的制度环境分析中也可以看出，无论是国有企业还是民营企业，都存在授权和员工价值认可方面的制度约束，很少企业能够做到真正意义上的鼓励员工参与、关心员工成长和培训。绩效评估成为我国企业最受员工关注的支持性人力资源实践，其主要原因有两方面：一是因为绩效考核是直接影响员工薪酬的主要因素，二是因为绩效考核是人力资源实践中难以操作的业务。(2)支持性人力资源实践与绩效的间接联系不明显。从实证结果中可以看出，员工的组织支持知觉有限地中介了支持性人力资源实践与感情承诺的联系；感情承诺没有中介支持性人力资源实践与自愿离职的联系，也没有中介支持性人力资源实践与制造绩效的联系。支持性人力资源实践与绩效的间接联系不明显的实证结果与我们的理论分析是一致的。即使支持性人力资源实践形成了员工的组织支持知觉、感情承诺，但感情承诺发展成绩效改进行为意愿受个人目标的影响，绩效改进行为意愿发展成实际绩效改进行为又受到员工遇到的境遇因素的影响。个人目标受个人价值观的影响，而境遇因素可能是员工先期支付的成本。这样，即使员工的组织支持知觉和感情承诺很高，也难以有绩效改进意愿，或者，即使员工的组织支持知觉和感情承诺不高，也可能不会自愿离职。(3)不同支持性人力资源实践与绩效的联系存在差异。成长与培训、员工参与同感情承诺（代表一种员工士气）存在显著的正向联系，当将视角转向制造绩效和财务绩效时，可以看出，成长与培训与消费者满意度有有限的正向联系，和销售利润率存在显著的正向联系；而绩效评估与销售利润率和投资报酬率都存在显著的正向联系。实际上，成长与培训、员工参与等支持性实践，能较大程度上提高员工士气，这可以反映在较高的感情承诺上，也可以反映在对顾客服务的能力和态度上；公平合理的绩效评估可能意味着支持性人力资源实践在系统层面良性运作，从而最终表现在销售利润率和投资报酬率等财务绩效上。因此，如果从企业的整体效果出发，既要注重某些单项支持性人力资源实践的独特效果，更要关注支持性人力资源实践的重要内容（如绩效考核）的重大效果，从而在内部一致性的基础上形成支持性人力资源实践的系统作用。（4）产品创新柔性战略获得支持性人力资源实践的支持时，能改进制造绩效。这里的问卷实证研究与我们的案例分析是一致的。案例分析中，可以看出，产品创新柔性战略往往是建立在质量、创新等制造竞争优先权基础上的柔性战略，涉及企业制造系统的多个领域，而市场柔性战略则是定位于市场的柔性制造，对制造系统的影响主要是产量柔性生产，涉及较少的制造领域。因此，对制造绩效影响较大的柔性战略是产品创新柔性战略而不是市场柔性战略。同时，产品创新柔性战略需要在质量等其他制造竞争优先权的基础上发展，需要的不是支持性人力资源实践的简单“配合”，而是需要支持性人力资源实践作为“基础设施” 的全面“支持”。（5）支持性人力资源实践与市场柔性战略配合时，能提高财务绩效。可以看出，当产品创新柔性战略倾向于对制造绩效发生主效应时，市场柔性战略倾向于调和“支持性人力资源实践——财务绩效”的联系。市场柔性战略是定位于市场的柔性制造战略，当市场需求量大时，需要人员加班；当市场需要高质量产品时，需要员工提高技能，需要组织加强培训开发；当市场需要企业快速反应时，需要企业不同部门的员工紧密协作，需要企业注重基于团队的绩效考核……总之，支持性人力资源实践与市场柔性战略配合时，往往意味着企业的人力资源管理、生产制造、营销等多个领域的协调一致，进而改进组织的财务绩效。（6）支持性人力资源策略规划与实施既要考察内部一致性，又要考察与战略的一致性配合。从基于战略一致性的支持性人力资源实践案例分析结果中可以看出，人力资源规划的关键流程是基于企业战略的供求分析、流存量等现状分析和与战略配合的一致性分析，因此，支持性人力资源策略规划与实施既要考察支持性人力资源实践系统内部各实践之间的一致性，又要考察它们与战略的一致性配合；既要努力构建以绩效评估为中心，以成长和培训、员工参与为基础，结合福利和就业保障的支持性人力资源实践内部一致性系统架构，又要考察这种系统架构与不同层面战略配合中对绩效的权变或配置影响。

本书共分八章，各章主要内容阐述如下：第一章为导论，主要是对本书进行一个简单扼要的介绍。首先简要说明了支持性人力资源实践、柔性战略与绩效问题提出的原因。然后指出本书研究的现实背景：满足利益相关者的需要、战略性资源地位的提高和技术进步的加快是企业重视支持性人力资源实践的主要原因，也是制定和实施柔性战略的重要基础。接着对本书的研究对象做了界定，指出了本书所要研究的一些具体问题。最后对本书的研究思路、研究方法和本书的结构框架作了介绍，并指出了本书的可能创新之处。在第二章文献综述部分，首先回顾了支持性人力资源实践及其与绩效的联系。然后回顾了与支持性人力资源实践密切相关的两个研究变量，即组织支持知觉和组织承诺的相关理论。最后对制造战略、制造柔性以及战略柔性等柔性战略的相关文献作了回顾，为本研究的理论框架和假设的建立奠定了基础。第三章为制度环境与理论基础。企业环境部分分析了企业人力资源管理部门参与和影响战略规划的现状；理论基础部分对支持性人力资源实践、柔性战略与绩效问题的理论基础做了介绍，较多涉及支持性人力资源实践的研究主要有：组织支持和组织承诺理论、战略性人力资源管理理论；对柔性战略的研究则主要是制造战略理论和制造柔性理论。第四章为支持性人力资源实践、柔性战略与绩效的理论分析。在分析和评价“整合人力资源实践和柔性战略”的两种基本思路的基础上，提出了研究支持性人力资源实践、柔性战略与绩效的理论框架。本书的研究框架采取逐步构建的方法。首先建立了基本的理论模型，指出了支持性人力资源实践、柔性战略和绩效的基本联系方式。在考察了支持性人力资源实践对员工知觉、情感和行为的影响机制的基础上，引入了组织支持知觉、感情承诺等个体层面的研究变量，并在考察不同层面绩效的基础上建立了扩展的理论模型。在建立了扩展的理论模型后，为便于进一步的实证研究，在本章的最后本书对各研究变量作了详细的界定。第五章至第七章为实证研究部分。其中，第五章研究支持性人力资源实践对人力资源部门绩效和制造绩效的影响，分两个部分，一是支持性人力资源实践、组织支持知觉和感情承诺的实证研究，二是感情承诺的中介作用的实证研究。在两个实证研究中，都对所涉及假设建立了数学模型，并在相关分析的基础上采用层级回归分析验证假设。第一部分中还对数据的来源、初步整理作了介绍，并对支持性人力资源实践和员工心理部分的问卷信度和效度作了检验，在进行因子分析和相关分析后，调整了假设、概念模型和具体的数学模型。第六章是研究支持性人力资源实践和柔性战略对绩效的影响。也分两个部分，一是支持性人力资源实践、柔性战略与制造绩效的实证研究，二是支持性人力资源实践、柔性战略与财务绩效的实证研究。两个实证研究都对所涉及的假设进行了检验，第一部分还对柔性战略部分的问卷信度和效度做了检验。第七章为基于战略一致性的支持性人力资源实践的案例分析。先是对案例公司的背景和人力资源实践现状作了介绍和分析，然后提出了基于战略一致性的支持性人力资源规划的原则和流程，最后指出了案例企业的支持性人力资源策略的重点和保障措施。第八章为结论、建议和未来研究方向。本书在对理论分析和实证研究的总体结果的总结的基础上，给出了本书研究的主要结论，并提出了相关建议。在本章中，还指出了本书研究的主要贡献、限制以及未来研究的可能方向。

目　录

第一章 导 论

一、问题的提出

20 世纪以来，有三种重要的趋势影响了制造业的竞争。首先，在 20 世纪初，作为“科学管理”的理论和实践的结果，生产率的提高成为制造管理的中心。其次，在 20 世纪中叶，作为质量运动的结果，质量的提高成为制造企业管理的重要内容。再次，从 20 世纪 80 年代以来，作为市场全球化、竞争急剧增强、顾客需求的个性化、产品生命周期越来越短等方面影响的结果，柔性战略已成为制造管理中的热门话题。现在，制造企业所面临的挑战是不仅要提高生产率和质量，更要成功地实施柔性战略。

柔性战略是指有效地配置和重新配置资源，使企业在动态的环境下主动适应变化，利用变化来提高自身的竞争能力。柔性战略就是企业将柔性作为最重要的竞争要素加以强调，在不牺牲其他竞争要素（如成本、质量、时间等）的情况下，对顾客需求变化做出快速、有效的反应，从而提高组织绩效。柔性战略为满足市场需求的日益多样化、多变化，使得多品种、小批量的生产方式成为主流。柔性战略需要资源的有效和重新配置，需要生产方式的转变，因而从本质上讲，强调柔性就是强调创新，这与企业管理的有效性目标是一致的。

企业管理的有效性体现在企业能够生存并不断发展，这意味着企业必须为社会创造价值，必须在环境的日益复杂化、经济全球化、竞争不断加剧的背景下合理配置和使用有限的资源。这一切都使得制造企业不得不引入新的管理理念和管理方法，如基于团队的设计、授权、全面质量管理等。在企业引入的众多管理理念和管理方法中，支持性人力资源实践是制造企业的重要人力资源实践方式。支持性人力资源实践是向员工投资并认可员工贡献的一类实践。由于支持性人力资源实践充分考虑员工的利益，认可员工的价值，从而更能促进人力资源的紧密合作

(Eisenerger 等，1986;David G. Allen,2003)，这样有助于提高柔性制造生产中多方面的问题解决能力(Duimering 等，1993)。然而，人力资源实践常受其他战略决策(如柔性战略)的限制[①]。只有当人力资源实践不被看作仅仅是特定职能部门的职责时，内部统一的结构和中心的目的才能建立起来[②]，这需要配合，需要协调发展，以便获取更高的绩效……

在这种背景下，企业如果能将支持性人力资源实践充分融入柔性战略的制定和实施，便意味着企业具备一种独特的核心能力。在人力资源管理、战略管理、生产运作、组织行为等多个研究领域，研究者开始广泛关注人力资源实践、战略与绩效的关系问题，但在支持性人力资源实践、柔性战略与绩效的关系问题上，相关的探究似乎还不多。20 世纪 90 年代以来随着资源基础观的兴起，在战略管理学者的倡导下，制造战略学者和战略性人力资源管理学者先后开始关注组织不同职能领域的整合，开始关注人力资源实践与柔性制造的匹配问题。也就是说，人力资源实践与战略的配合不应仅限制在人力资源实践与公司总体战略或业务战略的配合方面，还有必要扩展到职能战略层面。

与承诺性人力资源实践、高绩效人力资源实践不同的是，支持性人力资源实践更加关注组织对员工的支持。研究支持性人力资源实践、柔性战略与绩效的关系问题，首先是要确定支持性人力资源实践的内容及其影响。这不仅需要寻找适合中国文化背景下支持性人力资源实践的一般内容和主要内容，还要考察其对员工心理与行为的影响，因为很多时候，员工的一些心理与行为是支持性人力资源实践和组织绩效的桥梁。员工不认可的支持性人力资源实践不是真正意义上的支持性人力资源实践，难以增进组织绩效。其次，支持性人力资源实践和柔性战略可能各自对绩效产生影响，也可能是一种交互或协同的影响。当存在配合中的交互效应时，可能是支持性人力资源实践与柔性战略各自作为系统在起作用，也可能是单项的支持性人力资源实践与柔性战略(或其子战略)起作用。这些都可能发生，组织必须了解有利于组织绩效改进的作用方式。最后，在管理实践中，支持性人力资源实践与柔性战略的整合需要人力资源管理职能部门参与战略规划和执行，然后基于战略一致性原则思考组织的人力资源战略定位，并制定合理、有效的总体规划和

① 杰伊·海泽，巴里·雷得. 生产与作业管理[M]. 北京：华夏出版社，1999，p238.

② 迈克尔·比尔，等. 管理人力资本[M]. 北京：华夏出版社，1999，pp. 3-5.

具体规划。那么,现时期我国人力资源管理职能部门参与战略规划和执行的力度如何? 该如何制定与公司不同层面的战略(包括制造柔性战略)相一致的支持性人力资源策略和规划呢? 这也是本书所探讨的主要问题。

二、研究背景

支持性人力资源实践和柔性战略分别是人力资源管理领域和生产制造领域的焦点内容。制造企业引入支持性人力资源实践和柔性战略存在一些共同的现实背景。具体来说,主要有以下三个方面。

(一) 满足利益相关者的需要

在当今的经营环境下取得成功的关键是,能在满足投资者或财务方面需要的同时,也能满足其他相关利益群体——其中包括顾客、员工以及社区等——的需要。对于企业来说,如何满足雇员的需要和顾客的需要以达到自己的财务目标确实是一个挑战①。创新、成本削减以及质量目标等都是与企业财务目标能否实现直接联系在一起的因素,而这些因素又都受到企业人力资源实践和制造战略的影响。

对制造企业来说,要想有效地担负起对股东、雇员和社会的责任,它的高级管理人员必须在组织和雇员之间建立一种联系,以满足双方不断变化的需要。员工对组织的要求从简单的注重薪水、安全的工作环境等向注重地位、介入程度、挑战性、公平对待等方面转变。员工需求的变化,需要企业在人力资源实践方面对员工提供更多的支持。实际上,世界各个国家员工都极为关注的一个问题是:组织该如何评价员工的贡献以及是否关心他们的福利? 对这个问题的回答需要组织的支持性人力资源实践的深入发展。另一方面,顾客的个性化需求也有不断增强的趋势。顾客的个性化需求的增强不仅使得企业注重柔性战略的实施,如 JIT 生产、柔性制造系统等,也使得企业对人力资源实践提出了更高的要求。

---

① 雷蒙德·A·诺伊,约翰·霍伦拜克,拜雷·格哈特,帕特雷克·莱特. 人力资源管理:赢得竞争优势. 北京:中国人民大学出版社,2001,p6.

员工自我价值定位的提高和个性化的顾客需求，使得企业的支持性人力资源实践和柔性战略对企业的发展尤为重要，为支持性人力资源实践、柔性战略与绩效的研究提供了现实背景。

（二）战略性资源地位的提高

制造企业都在试图发展自己的战略性资源优势，如独特的人力资本、制造柔性和供应基础等。战略性资源受到企业家重视的原因是它的能获得竞争优势的角色。这一点被很多学者强调为主要是获得差异化优势。有研究显示（Outsourcing Institute，1996），厂商利用资源的趋势是提高竞争力而不是控制成本。虽然资源或竞争作用力是获得持续业绩的充分条件，然而，当迈克尔·波特的五种竞争力模型注重于外在力量时①，资源基础观则认为起决定作用的力量来自于企业内部②。实际上，核心资源为公司的持续竞争优势作贡献，但由于资本、设备等资源因为模仿而难以成为获得持续竞争优势的资源，这使得人力资本和制造柔性更被关注。在这方面，对供应商责任预期的提高导致人们开始注重于外部资源，供应链管理的兴起便是一个很好的佐证。

制造企业的战略性资源能主动地获得竞争优势，其中的一个方面是通过供应商的产品工程介入、供应商技术分享和供应商在产品方面的发展和工艺提高。这使得战略性资源在很少或没有资本投资的情况下成为获得制造能力的一种途径。当面临供应、竞争和需求的不确定性时，战略性资源的获得需要支持性人力资源实践和柔性战略的不断发展。这时，支持性人力资源实践通过培育企业独特的人力资本为获取长期竞争优势做贡献，柔性战略对持续竞争优势的影响则是通过内部资源或竞争作用力的变化发生综合作用的。

反过来，战略性资源也对支持性人力资源实践和柔性战略发生最深刻的影响。这种影响是通过对制造能力的影响间接起作用的。Watts，Kim 和 Hahn（1992）强调，在最终的分析上，公司通过对员工提供支持，依靠员工以一定的成本生产高

① 迈克尔·波特. 竞争优势. 北京：华夏出版社，1997.

② Barney, J., Firm resources and sustained competitive advantage. *Journal of Management*, 1991. 12, pp. 99-120.

质量的产品并及时地交到顾客手中的能力在很大方面受战略性资源的影响①。换句话说，战略性资源影响了支持性人力资源实践和柔性战略。实际上，产品的复杂性以及全球化的竞争加剧了柔性战略和支持性人力资源实践对战略性资源的依赖。

战略性资源在企业与外界竞争中的地位正日益提高，支持性人力资源实践和柔性战略与战略性资源的双向影响，使得人们加强对支持性人力资源实践和柔性战略的研究成为必然。

（三）技术进步的加快

与战略性资源一样，技术进步也对柔性战略的制定和实施起作用。在早期，人们已认识到，技术进步能最大化产品质量并降低产品成本。因而技术进步总是被界定为制造过程决策制定中最重要的领域，而后才是质量保证和控制。实际上，制造技术的进步对制造领域的影响往往是总体上的，它能给组织提供相当大的运作上和竞争上的优势。按照 Swann 和 O'Keefe（1990）的观点，这些优势包括质量提高、更合理的存货控制、缩短交货时间、提高机器使用效率、提高员工工作效率和士气以及树立良好的企业形象等②。可见，技术进步在提高员工工作效率和士气的过程中促进了支持性人力资源管理实践，同时，技术进步也对人力资源管理提出了更高的要求。

目前，迅速的技术变化要求公司对技术的变化反应敏捷。这使得柔性战略和支持性人力资源实践获得空前的重视。技术变化使得技术对柔性战略和支持性人力资源实践的影响常常伴随着其他变化的共同作用。增加的投资数量和高风险水平要求公司在市场进出上更加快速和灵活；缩短了的产品生命周期要求产品和服务不断地创新，这要求公司在反应上更加敏捷、灵活和主动；经济全球化强化了技术变化、投资风险，这要求延伸的供应链的迅速组合和重组；产品增值的压力给制造企业带来了挑战，要求他们在提高质量和及时交货的压力下竞争，并要满足客户

① Watts, C. A., Kim, K. Y., & Hahn, C. K., Linking purchasing to corporate competitive strategy. *International Journal of Purchasing and Materials Management*, Fall, 1992, pp. 2-8.

② Swann, K., & O'Keefe, W. D., Advanced manufacturing technology: investment decision process-part 2, *Management Decision*, 1990, Vol. 28, No. 3, pp. 27-34.

不断增加的个性化设计的需求。

Paul Prabhaker(2001)指出,制造技术的驱动力要么来自内部的组织兴趣(如降低制造成本的压力),要么来自外部的市场(如满足顾客需求的压力)①。由于第一种驱动力发展的技术,会使得业务在同样水平的顾客满意度下达到低成本,这往往使得在制造战略选择上偏重于成本和质量;第二种驱动力由于可能直接来自顾客,会使得业务能达到较高的顾客满意水平,这时的制造战略选择往往偏重于以信息技术为基础的柔性战略。

随着顾客的多样化需求和个性化需求的不断上升,现在,技术的驱动力正在从偏重第一种驱动力向偏重第二种驱动力转变。这不仅使得人们更加关注柔性战略,也使得制造企业需要不断培育适合变化的人力资源。这样,支持性人力资源实践在增强组织应变挑战的能力方面显得尤为重要。因而,技术进步的速度加快也是研究支持性人力资源实践、柔性战略与绩效问题的现实背景之一。

三、研究对象的界定

在上述背景下,本书研究的有关支持性人力资源实践、柔性战略与绩效的内容和关系问题,一方面基于支持性人力资源实践和组织支持等相关理论,另一方面基于支持性人力资源实践与柔性战略的配合研究展开讨论,因此有必要对这两方面进行问题界定。此外,本书的案例研究部分针对基于战略一致性的支持性人力资源策略和规划来展开,这是由研究问题的性质以及支持性人力资源实践和战略配合的实践特殊性决定的。

(一) 支持性人力资源实践与组织支持知觉

一般意义上的人力资源实践是一种"与人有关的管理实践",影响着员工的态度、行为和绩效,主要可以包括:招聘、甄选、培训和开发、薪酬管理、绩效评估、员工关系、工作设计等(雷蒙德·A·诺依等,2001)。本研究中的支持性人力资源实践是一类特殊的人力资源实践,它是指向员工投资或认可员工贡献的实践,如培训、

① Prabhaker, P., Integrated marketing-manufacturing strategies, *The Journal of Business & Industrial Marketing*, Santa Barbara, 2001, Vol. 16, Iss. 2, p. 113.

福利、成长机会等(Eisenerger 等，1986;David G. Allen,2003)。

与一般的人力资源实践不同,支持性人力资源实践强调了组织对员工的支持。虽然组织在向员工投资或认可员工贡献时的目的可能是出于培育组织的人力资本等方面的考虑,但从员工的角度来看,这种投资意味着组织的支持。支持性人力资源实践的这种本质特征使得某些人力资源实践不作为支持性人力资源实践的范畴。就“工作设计”来讲,它是一种组织的“管理型”实践,主要的目的是寻求人员与岗位的合理配置,它很难说是向员工进行投资或是认可了员工的贡献。

管理者眼中的支持性人力资源实践和员工眼中的支持性人力资源实践是不同的。实际上,组织支持理论和实践涉及两个方面:一是组织对员工的支持,二是员工对组织支持的觉察。员工对组织支持的觉察是组织的人力资源实践政策影响员工的态度、行为乃至绩效的“桥梁”。然而,并不是组织的所有支持性实践政策都能被员工知觉到。实际上,往往组织认为某项支持性实践政策对员工具有很强的支持性,而员工则不这样认为。按照 Ronald J Burke(2003)的观点,以下几个方面代表着员工对组织支持的觉察:组织不会忽略员工的抱怨;在制定决策时组织会考虑员工的兴趣;关心员工的福利。在本研究中,组织支持知觉是员工对“组织如何评价他们的贡献和关心他们的生活条件”的看法(Eisenberger 等，1986)。

由于组织对不同类型的员工的支持性实践政策的不同,也由于不同类型的员工的个体特征的差异,不同类型的员工的“组织支持知觉”是不同的。在本研究中,组织支持知觉是指一般员工对组织支持政策的看法。

虽然支持性人力资源实践并不一定引起员工对这种支持的知觉,但由于支持性人力资源实践在很大程度上是基于员工和组织的共同利益,而员工对涉及自身利益的政策有着特别的敏感性,因而支持性人力资源实践采取的内容、方式和特征,在很大程度上决定和影响了员工对组织支持知觉的方式和效果。

(二) 感情承诺和自愿离职

员工的组织支持知觉的直接结果就是组织承诺特别是感情承诺。Porter 等人在 1974 年将组织承诺定义为个人对组织的一种态度或肯定性的内心倾向,它是个人对某一特定组织感情上的依附和参与该组织的相对程度。他们的定义主要是考察组织承诺的感情维度。Allen 等人在 1990 年基于 Porter 的定义提出了感情承诺的概念。按照 Christian Vandenberghe 等(2003)的观点,具有感情承诺的员工会觉得他们的公司在他们的人生中是很有意义的,会感觉到他们是公司的一部分。也就是说,他们会觉得在感情上依赖于组织,以至于当他们的朋友或亲戚找工作时,会向朋友或亲戚推荐他们的组织,或者会向他们的组织推荐他们的朋友或亲戚。

在本研究中,感情承诺也是指组织承诺的感情维度。它指组织成员被卷入组织、参与组织社会交往的程度。它包括价值目标认同、员工自豪感以及为了组织的利益自愿为组织作出牺牲和贡献等成分,表现为员工在组织目标下忠诚努力地工作。同时,员工对组织所表现的忠诚并努力工作,主要是由于对组织有深厚的感情,而非物质利益。

感情承诺从情感维度表达了员工对组织的忠诚,一方面使得员工主动离职的意愿降低,进而减少自愿离职行为。另一方面则表达了员工士气,努力工作,从而改进制造绩效。值得注意的是,感情承诺的作用是在组织的支持性人力资源实践和员工的组织支持知觉的基础上进行的,也就是说,组织的支持性人力资源实践的内容和特征以及员工对组织支持知觉的深度和广度,在很大程度上决定和影响了员工感情承诺作用发挥的方式和效果。

(三) 柔性战略和绩效

Duguay 等(1997) 认为,柔性战略涉及组织应对环境改变时所要求的一种有效地配置或重新配置产品资源的能力。这种能力是以大规模生产的产品价格递送高质量的产品给每位顾客的能力,也是一种在持续迅速变化的环境下持续迅速调整的能力。

本书研究中的柔性战略是指组织通过多品种、小批量的生产以及不断开展产品和服务的创新来满足顾客变化需要的能力(Roth, A. V.,1989;杨东涛,2004)。这与 Youndt 等 (1996)的观点基本一致。他们认为,柔性战略指的是整个公司的敏捷反应、适应性和增减生产规模及扩展产品范围的责任。与 Youndt 等 (1996)的观点不同的是,本研究不是将柔性战略分为交货柔性战略(Delivery flexibility strategy)和范围柔性战略(Scope flexibility strategy),而是将柔性战略分为产品创新柔性战略和市场柔性战略。企业实施产品创新柔性战略时,需要供应商从技术上进行支持。因此，当市场柔性战略更多地与顾客相联系时，产品创新柔性战略则是更多地与供应商相联系。这种分类体现了柔性战略的“上、下游”特征。

需要补充的是，尽管有的柔性战略的文献涉及更广泛的问题，如有的柔性战略的文献特别强调柔性战略在技术上和组织上特征（汪应洛等，1996），但在本研究中，将柔性战略的讨论限制在改变产品适合顾客需要的能力。

绩效通常是指组织从事活动的业绩和效率的统称，通常可以看作是组织战略目标的实现程度。从组织的角度来讲，绩效的衡量至少有两个层面，即部门层面和公司层面。虽然，团队绩效的衡量也可以看成是不同于个人绩效的组织绩效的一个方面，但本研究不考虑团队绩效。

就公司层面的绩效而言，本书研究主要考察财务绩效，并且主要是从盈利能力和回报能力的角度来考察，采用销售利润率和投资报酬率来衡量。就部门层面的绩效而言，由于支持性人力资源实践和柔性战略主要与人力资源部门和制造部门相联系，因此，在部门绩效中，本书研究主要考察人力资源部门绩效和制造绩效。其中，人力资源部门绩效主要是员工的感情承诺和自愿离职，制造绩效主要是指产品质量改进、消费者满意和技术进步。

在考察柔性战略与绩效的关系时，本书主要是从支持性人力资源实践与柔性战略配合的角度来考察柔性战略与绩效的关系。如果脱离人力资源实践的配合，纯粹考虑柔性战略与绩效的关系是不足的，因为离开资源的支持和配合，战略难以构成绩效改进的充分条件。

（四）基于战略一致性的支持性人力资源策略与规划

以往对人力资源实践、战略与绩效关系问题研究的文献往往涉及人力资源策略与规划，这主要是因为，人力资源实践与战略配合时所面对的配合环境、配合结构、配合方式等具有很大差异，因此，人力资源实践与战略的配合应落实到人力资源的策略与规划中。如果不考察人力资源策略与规划的实际，得到的结论可能不具有实际意义。

本书选择基于战略一致性的支持性人力资源策略与规划作为案例研究对象，主要是出于支持性人力资源实践、柔性战略与绩效关系的特殊性考虑的。相对于柔性战略而言，支持性人力资源实践中的信息不对称程度更高，不仅需要考虑与作为制造职能战略层面的柔性战略配合，还要与其他职能战略或组织其他层面的战略配合，其策略规划的任务协调机制和利益关系更为复杂。本书在案例研究中发现，企业管理实践中的支持性人力资源实践与不同层面战略的配合时，其强调的内容往往有着很大的不同。这些不同类型的匹配需求应该在支持性人力资源策略与规划中得到集中和权衡的体现。

（五）支持性人力资源实践、柔性战略和绩效研究的主要问题

支持性人力资源实践、柔性战略与绩效的内容和关系问题是人力资源实践、战略与绩效关系问题的重要组成部分。本书对支持性人力资源实践、柔性战略与绩效问题研究主要按照以下问题展开：支持性人力资源实践的一般内容和主要内容是什么？支持性人力资源实践如何影响员工的组织支持知觉？支持性人力资源实践对感情承诺、自愿离职、制造绩效的直接影响和间接影响是怎样的？支持性人力资源实践与不同柔性战略配合时，对制造绩效、公司财务绩效的影响怎样？企业实际背景下，基于战略一致性的支持性人力资源规划的关键在哪里？支持性人力资源策略该着重考虑哪些方面？

本书以上述问题为线索，在回顾文献的基础上，对支持性人力资源实践、柔性战略与绩效问题进行理论分析，对其关系问题进行问卷研究，并选择基于战略一致性的支持性人力资源策略和规划为案例研究对象，通过案例研究和问卷研究进行实证检验，寻求有价值的经验数据。

四、研究思路和研究方法

（一）研究思路

从上面的分析中我们可以看出，本书的主要研究可概括为两个大的方面，一是研究支持性人力资源实践的内容及其对组织支持知觉、感情承诺、自愿离职等重要的员工心理与行为的影响，二是研究支持性人力资源实践和柔性战略配合时与绩效的联系，以及基于战略一致性的支持性人力资源策略和规划。之所以研究这些方面的问题，主要是根据以下两个重要原因。

第一，支持性人力资源实践方面的问题实质上是我国企业人力资源管理中员工激励问题。历史上我国多年采用人事管理制度，对员工价值不够重视。上世纪90年代以来，随着战略性人力资源管理制度和方法的引入，劳动关系方面法律建设日益完善，企业员工价值得到了较大的重视和改观，但由于我国劳动力数量众多，劳动力市场竞争激烈，企业对员工的投资和支持还主要是从企业的发展角度出发，很少是真正意义上的企业与员工双赢思维。支持性人力资源实践还是一个新生事物，所以在目前，研究还比较少，在人力资源管理领域，研究较多的还是基于组织的角度研究承诺型人力资源实践、高绩效人力资源实践等，在支持性人力资源实践问题上很多方面值得我们进行全面、深入系统的研究。这里的逻辑思路是，先要确定支持性人力资源实践的一般内容和主要内容，然后研究它对员工的重要的心理和行为的影响。在研究支持性人力资源实践对员工的重要的心理和行为的影响时，本书遵从认知、情感、行为的路线，从逻辑上讲，员工可能先是知觉到组织支持性人力资源实践，然后有感情承诺反应，并进而采取积极的绩效改进行为或消极行为（如自愿离职行为）。这其中的每一步都可能是由支持性人力资源实践直接或间接引发的，这些都是研究中期待解决的关键性问题，也是本研究的重点和难点。

第二，支持性人力资源实践与柔性战略的配合中对绩效的影响问题，配合中支持性人力资源策略和规划问题是当前企业人力资源与战略配合中的关键问题，也是本书研究的核心内容。我们的逻辑思路是，前面所说的支持性人力资源实践对员工心理和行为的影响会落实到生产部门的制造绩效中去，并最终体现到财务绩效上去，但在落实的过程中离不开与柔性战略的配合，因为企业正确合理的柔性战略反映了企业内外部环境特征，支持性人力资源实践必须与柔性战略紧密配合，规避了企业内部的劣势和外部的风险后，才会有真正意义的绩效改进。当然，这里先应该是有劳动生产率、产品质量技术进步等制造绩效的改进，而后是反映在销售利润率、投资回报率等财务绩效的改进。同时，在企业管理实践中，支持性人力资源实践与柔性战略的配合必须要体现在支持性的人力资源策略和规划中，这就需要研究基于战略一致性的支持性人力资源规划的流程以及策略的重点。图1-1显示了本书的研究逻辑和思路。

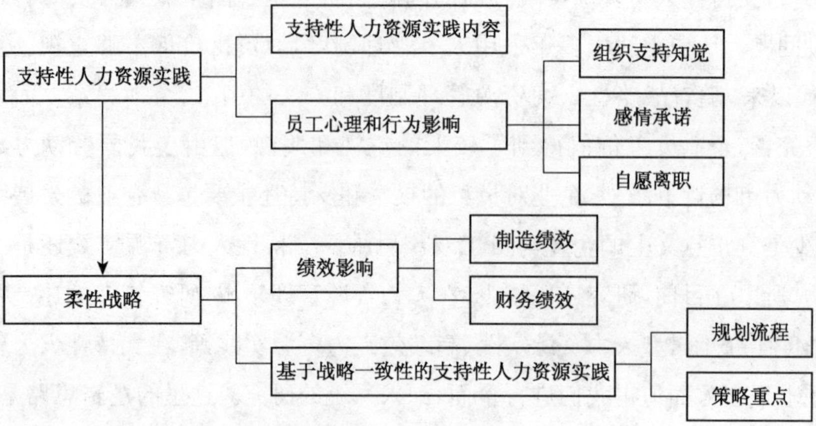

图1-1　本书的研究思路

(二) 研究方法

本书的研究将围绕支持性人力资源实践、柔性战略与绩效这个主题，针对一些具体的问题进行研究，对研究中涉及的相关理论和文献进行回顾，建立理论框架并拟定假设。然后，根据假设条件，收集相应的实证数据资料，并通过统计分析软件对数据进行初步处理和全面的统计分析以便验证原来提出的假设，同时，也对案例部分进行经验分析，一方面为理论假设提供支持证据，另一方面为企业管理实践的操作方面提供样本。最后，在讨论了研究结果的基础上，归纳研究结论，提出对策建议。并在总结本书的主要贡献、限制的基础上，给出未来的可能研究方向。

鉴于本书的研究主题是要探讨支持性人力资源实践、柔性战略与绩效的关系，故在探讨支持性人力资源实践的一般内容，界定柔性战略的概念和分类，引入适当的中介(mediation)变量，明确要考察的绩效的层面和指标后，将研究重点转入对支持性人力资源实践、柔性战略与绩效关系的研究。为此，本研究采用理论分析与经验分析相结合的方法。

由于目前学术界对我国的支持性人力资源实践和柔性战略的相关研究还不充分，在支持性人力资源实践、柔性战略等相关变量的内涵界定及相互关系上还没有统一的认识，因此在支持性人力资源实践、柔性战略等相关变量的内涵界定及相互关系分析的研究中主要采用理论分析方法，以便建立相应的理论分析框架。本书的经验分析研究采用问卷分析和案例分析，重点探讨支持性人力资源实践、柔性战略与绩效的联系以及基于战略一致性的支持性人力资源策略和规划。在问卷内容的基本分析和处理、相关理论假设的验证等方面主要采用问卷分析方法。问卷分析所采用的分析软件是 SPSS11.0。具体涉及的统计分析方法主要包括：因子分析、描述性分析、相关分析、层级回归（Hierarchical Regression）等。基于战略一致性的支持性人力资源策略和规划则是采用案例分析的方法。

五、结构框架和可能的创新

（一）本书的结构框架

本书共分为八章，各章主要内容阐述如下。

第一章为导论，主要是对本书进行一个简单扼要的介绍。首先简要说明了支持性人力资源实践、柔性战略与绩效问题提出的原因。然后指出本书研究的现实背景：满足利益相关者的需要、战略性资源地位的提高和技术进步的加快是企业重视支持性人力资源实践的主要原因，也是制定和实施柔性战略的重要基础。接着对本书的研究对象做了界定，指出了本书所要研究的一些具体问题。最后对本书的研究思路、研究方法和本书的结构框架作了介绍，并指出了可能创新之处。

在第二章文献综述部分，本书首先回顾了支持性人力资源实践及其与绩效的联系。然后回顾了与支持性人力资源实践密切相关的两个研究变量，即组织支持知觉和组织承诺的相关理论。最后对制造战略、制造柔性以及战略柔性等柔性战略的相关文献作了回顾，为本研究的理论框架和假设的建立奠定基础。

第三章为企业环境和理论基础，企业环境部分分析了企业人力资源管理部门参与和影响战略规划的现状；理论基础部分对支持性人力资源实践、柔性战略与绩效问题的理论基础做了介绍，较多涉及支持性人力资源实践的研究主要有：组织支持和组织承诺理论、战略性人力资源管理理论；对柔性战略的研究则主要是制造战略理论和制造柔性理论。

第四章为支持性人力资源实践、柔性战略与绩效的理论分析。在分析和评价“整合人力资源实践和柔性战略”的两种基本思路的基础上，提出了研究支持性人力资源实践、柔性战略与绩效的理论框架。本书的研究框架采取逐步构建的方法。首先建立了基本的理论模型，指出了支持性人力资源实践、柔性战略和绩效的基本联系方式。在考察了支持性人力资源实践对员工知觉、情感和行为的影响机制的基础上，引入了组织支持知觉、感情承诺等个体层面的研究变量，并在考察不同层面绩效的基础上建立了扩展的理论模型。在建立了扩展的理论模型后，为便于进一步的实证研究，在本章的最后，本书对各研究变量作了详细的界定。

在第五章至第七章为实证研究部分。其中，第五章研究支持性人力资源实践对人力资源部门绩效和制造绩效的影响，分两个部分，一是支持性人力资源实践、组织支持知觉和感情承诺的实证研究，二是感情承诺的中介作用的实证研究。在两个实证研究中，都对所涉及假设建立了数学模型，并在相关分析的基础上采用层级回归分析验证假设。第一部分中还对数据的来源、初步整理作了介绍，并对支持性人力资源实践和员工心理部分的问卷信度和效度作了检验，在进行因子分析和相关分析后，调整了假设、概念模型和具体的数学模型。第六章是研究支持性人力资源实践和柔性战略对绩效的影响，也分两个部分，一是支持性人力资源实践、柔性战略与制造绩效的实证研究，二是支持性人力资源实践、柔性战略与财务绩效的实证研究。两个实证研究都对所涉及的假设进行了检验，第一部分还对柔性战略部分的问卷信度和效度做了检验。第七章为基于战略一致性的支持性人力资源实践的案例分析。先是对案例公司的背景和人力资源实践现状作了介绍和分析，然后提出了基于战略一致性的支持性人力资源规划的原则和流程，最后指出了案例企业的支持性人力资源策略的重点和保障措施。

第八章为结论、建议和未来研究方向。本书在对实证的总体结果的总结的基础上，给出了本书研究的主要结论，并提出了相关建议。在本章中还指出了本书研究的主要贡献、限制以及未来研究的可能方向。

本书的结构框架如图 1-2 所示。

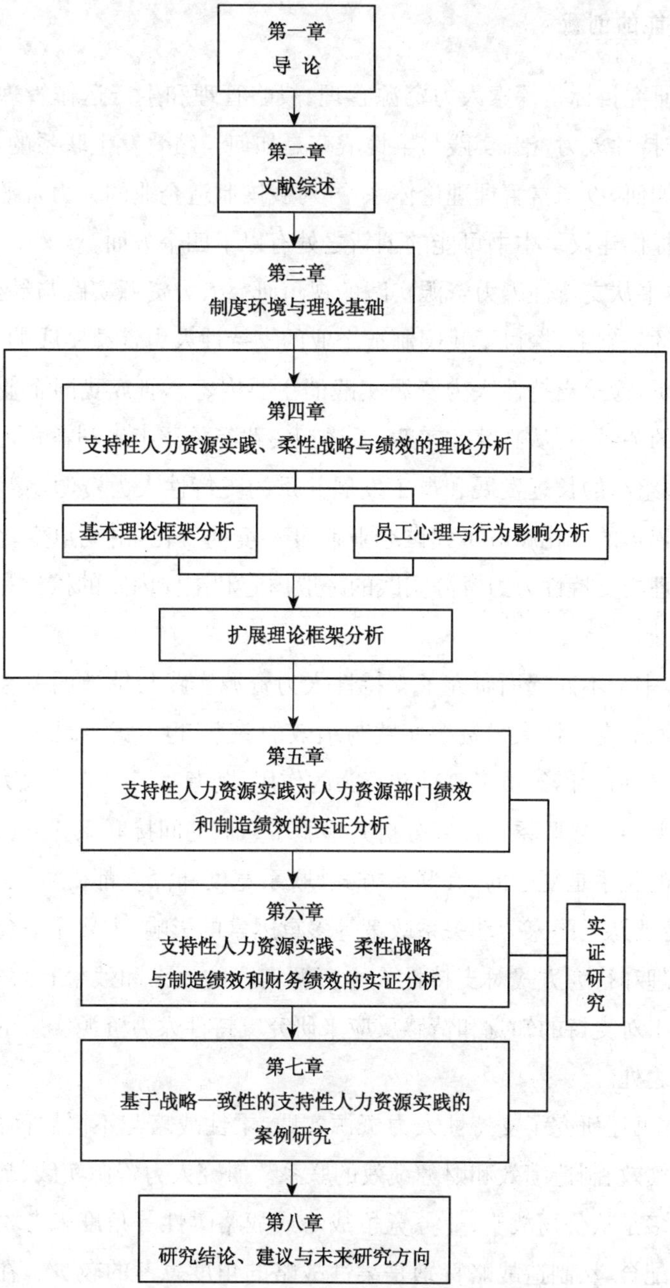
第一章
导 论
第二章
文献综述
第三章
制度环境与理论基础
第四章
支持性人力资源实践、柔性战略与绩效的理论分析
基本理论框架分析
员工心理与行为影响分析
扩展理论框架分析
第五章
支持性人力资源实践对人力资源部门绩效
和制造绩效的实证分析
第六章
支持性人力资源实践、柔性战略
与制造绩效和财务绩效的实证分析
实证研究
第七章
基于战略一致性的支持性人力资源实践的
案例研究
第八章
研究结论、建议与未来研究方向

图 1-2　本书的结构框架

(二)可能的创新

本书的研究目标是探索人力资源管理、战略管理和生产运作管理中的一个关键问题,即支持性人力资源实践与柔性战略是如何与绩效发生联系的,其作用方式和作用过程如何,以丰富管理理论体系,并对我国制造企业的人力资源实践和柔性战略的管理提供建议。本书可能的创新之处有以下四个方面:

第一,本书从支持性人力资源实践的视角研究人力资源实践与绩效的关系,并在文献回顾的基础上,探讨了我国制造企业的支持性人力资源实践的一般内容,还通过实证分析,检验支持性人力资源实践的主要内容。研究我国企业的人力资源实践与绩效的关系中,从高绩效实践、承诺型实践等关注组织利益角度的文献比较多,而从关注组织的长远发展和员工发展并重的支持性人力资源实践视角的文献不多。这一视角的变化顺应了我国企业制度环境的变化,由视角变化引出的适合我国企业管理的支持性人力资源实践的一般内容和主要内容的探讨是本书的一个重要创新之处。

第二,本书从不同层面研究了支持性人力资源实践与绩效的关系。既考察了基于组织层面的支持性人力资源实践与绩效的关系,也考虑到员工个体层面的组织支持知觉、感情承诺等员工心理和行为的作用;既考察了支持性人力资源实践与相关绩效变量的直接联系又详细分析并检验了它们的间接联系。支持性人力资源实践与绩效的关系是复杂的,其联系方式、联系宽度和深度都受员工个性、组织的资源、行业特征乃至国家劳动关系政策等多重因素的影响,需要全方位的思考。其中员工的心理和行为方式对支持性人力资源实践的效率和效果有着重要的影响。本书基于员工对支持的知觉和情感反应来研究支持性人力资源实践的不同效果也是一大创新之处。

第三,本书还研究了支持性人力资源实践、柔性战略与不同层面的绩效,如人力资源部门绩效、制造绩效和财务绩效的联系。研究人力资源实践、战略与绩效关系的文献较多是从公司战略、业务竞争战略或战略柔性等角度来考察人力资源实践与战略的配合,从制造战略特别是柔性战略的角度思考的较少。在本书的理论和实证研究中,既考察了单项支持性人力资源实践与柔性战略的配合效果,又考察了支持性人力资源实践整体与柔性战略的配合效果。这种基于支持性人力资源实践与柔性战略配合的视角来研究制造企业的人力资源实践与柔性生产制造的协同效果，本身就是一个创新之处。

第四，在进行理论分析及实证研究的基础上，本书自然也发现了支持性人力资源实践与绩效相联系时，产品创新柔性战略和市场柔性战略都可能会与支持性人力资源实践产生交互作用。不仅如此，其他层面的战略，如业务竞争战略、营销战略等都可能与企业的人力资源实践之间存在配合问题。因此，笔者认为，企业的人力资源战略规划与实施应该是基于战略一致性的人力资源规划和实施。就支持性人力资源策略的规划和实施而言，笔者的思路是：首先，必须要在全盘思考企业内外部环境特点的基础上确定支持性人力资源规划的原则和流程；其次，要注重企业的人力资源供给、需求分析、人力资源流量和存量等现状分析、人力资源战略与公司其他战略的一致性分析；再次，在不断检验人力资源战略内外部一致性的基础上确定企业的支持性人力资源策略，明确总体规划的重点；最后，要确定支持性人力资源策略的业务规划重点和实施保障措施。一些公司的柔性战略可能仅限于制造柔性领域，而有些公司的柔性战略还会涉及营销、业务竞争甚至企业总体战略层面，因此，支持性人力资源策略的规划和实施的思路是一种系统的战略一致性匹配思路。这种支持性人力资源实践的系统管理思路也是本书的一个创新之处。

第二章　文献综述

一、支持性人力资源实践及其与绩效联系的文献综述

(一) 支持性人力资源实践

1. 支持性人力资源实践的概念发展

从早期的人事管理到现代的人力资源管理,组织中涉及人的管理的范畴、理念和思想都发生了很大的变化。人力资源管理领域中的问题是随着一些相关因素(如环境、战略、组织结构等)的影响而变化的[①]。毫无疑问,这种影响是双向的。

Wright 等人(1992)提出了战略性人力资源管理的三要素模型:人力资本库、员工关系和行为以及人员管理系统。人力资本库是指企业所拥有的员工的知识、技能和能力的存量。员工关系和行为是战略性人力资源管理中的一个独立变量。包含了心理契约、工作自主性、组织公民权等内容的员工关系和行为也是企业战略性人力资源管理的重要组成部分。人员管理系统包括雇佣、培训、薪酬、绩效评估、工作设计、参与、沟通等。Wright 等人提出的人员管理系统的概念类似于我们一般所讲的人力资源实践的概念。

在人力资源管理的理论研究中,一些学者热衷于对人力资源实践进行分类,如 Miles 和 Snow(1984)在研究战略与人力资源管理系统的匹配时,采用了 A 型、B 型和 AB 型的人力资源管理系统分类方法,并对这三种类型的人力资源管理系统在招聘、培训、绩效评估和报酬等方面的不同特征进行了分析;Kerr 和 Slocum (1987)曾对 14 家美国企业的绩效评估和报酬系统进行了深入研究,重点考察企业

---

① 乔治·T·米尔科维奇,约翰·W·布德罗. 人力资源管理. 北京:机械工业出版社,2002, pp. 22-88.

如何定义和评估绩效、如何向员工进行评估反馈，以及如何发放奖金、加薪、晋升等方面，最后将其分为两类：层级系统和市场系统。Sonnenfeld 和 Peiperl(1988)从考察内部职业系统的角度将企业分为四类：俱乐部型、学院型、棒球队型和堡垒型；Delery 和 Doty(1996)在研究中提出了内部型系统、市场型系统、混合型系统的分类方法。

当一些学者热衷于对人力资源实践进行分类的同时，另一些学者将人力资源实践与员工关系和行为联系起来，提出了一些类似然而又有区别的概念，如、高承诺人力资源实践(Ellen M Whitener, 2001)、"家庭友好" 人力资源实践(Honeycutt,1997)等。高承诺人力资源实践包括一系列影响员工组织承诺和动机的政策和章程，如员工对工作安排有选择机会；面向员工发展的绩效评估；兼顾效率和公平的薪酬设计；充分的成长与培训活动等。高承诺人力资源实践目标是提高效率和生产率；鼓励员工界定组织目标并完成这些目标(Ellen M Whitener, 2001)。"家庭友好"实践是指组织在人力资源实践中充分考虑员工的"家庭定位"需求。这类实践包括：关心员工的孩子及长辈、柔性工作等(Honeycutt,1997)。

支持性人力资源实践也是人们在将人力资源实践与员工关系和行为相联系而发展起来的概念，它起源于 Eisenerger 等(1986)的观点，经过 Wayne 等(1997)、David G. Allen(2003)的发展而逐步完善。支持性人力资源实践(Supportive Human Resource Practice)是指"向雇员投资并认可雇员贡献"的一类实践(Eisenerger 等,1986；Wayne 等,1997；David G. Allen, 2003)。David G. Allen(2003)明确指出，支持性人力资源实践是与员工组织支持知觉直接联系的一类重要实践，是与高承诺人力资源实践有紧密联系而又有所区别的人力资源实践。

2. 支持性人力资源实践的特征与内容

从研究支持性人力资源实践的学者的文献中可以看出，支持性人力资源实践的特征主要有以下几个方面：

(1) 投资性

对员工进行投资是支持性人力资源实践的重要特征(David G. Allen, 2003)。比如，就培训来说，也许组织是出于自身的长期发展而开展的实践，但它在客观上是对员工进行了投资。正是这种原因，使得一般的学者都将培训作为一种重要的支持性人力资源实践。同样的原因使得人们不将招聘看成是支持性人力资源实践的内容。

(2) 认可员工贡献

支持性人力资源实践的另一个重要特征是认可员工的贡献。组织认可员工的贡献,即表明组织对员工的尊重,因而增强了员工对组织支持的觉察。学者们将福利作为支持性人力资源实践的内容是这种特征的一个体现(John P. Meyer 等,2000)。

(3) 直接影响员工对组织支持的觉察

支持性人力资源实践的第三个重要特征是它直接影响了员工对组织支持的觉察,正是从这种意义上讲,它是与高承诺人力资源实践、家庭友好实践有很大区别的人力资源实践。

学者们对哪些是支持性人力资源实践的内容尚存在争议。David G. Allen (2003)认为,支持性人力资源实践主要可以包括:员工参与、奖赏公平和成长机会。John P. Meyer 和 Catherine A Smith(2000)对多个不同组织的员工进行调查。他们认为,职业发展、福利和培训是重要的支持性人力资源实践。杨东涛(2004)认为,就中国背景下的支持性人力资源实践而言,由于员工对雇佣安全的重视,就业保障是可能的支持性人力资源实践之一。

(二) 支持性人力资源实践与绩效的联系方式

新经济时代面临着诸如经济全球化、社会知识化、信息网络化和人口城市化以及企业管理广泛变革等方面的挑战,从而使得战略性人力资源管理的趋势愈加明显(赵曙明,2002)。人力资源实践对绩效的影响如何? 在战略性人力资源管理理论的研究中,出现了三种理论观点:普遍(Universalistic)影响观点;权变(Contingency)影响观点和配置(Configurational)影响观点。支持性人力资源实践与绩效的联系方式也可以归结为这三种类型。

1. 普遍影响观点

普遍影响观点认为存在"最好的人力资源实践"(best practice),如 Delery 和 Doty (1996)在文献回顾中总结性地认为有七个被一致认为是导致高绩效的人力资源实践因素,它们是:内部职业生涯机会;正式的培训体系;绩效评估;利润共享;就业保障;参与制和工作设计。又如 James P Guthrie(2001)认为,高参与(high involvement)工作实践与雇员保持、公司生产率之间存在正向的联系，雇员离职降低了生产率。

就支持性人力资源实践而言，持普遍观的学者大有人在。一般的逻辑是，当制造企业广泛采用支持性人力资源实践时，表明公司正在加大人力资本的投资。微观经济学认为，这类投资一般会在未来有更大回报（如提高产品质量改进），因而这类投资是恰当的。当员工被看成是公司获得成功的最具活力的因素时，公司将会更广泛地采用这类实践（MacDuffie，1995）。随着对核心的人力资源的重视，支持性实践的广泛采用可能有三方面的影响。首先，支持性人力资源实践将增进员工保持。其次，支持性人力资源实践也会增加员工离职后成本。当公司广泛采用某些具有支持性质的人力资源实践并加大一些伴随性的投资时，这种影响将会进一步加大，这是因为员工正在成为组织的核心（Staw，1980）。再次，支持性人力资源实践将有助于其他绩效的改进，这是因为支持性人力资源实践使得员工变得更忠诚，或者，培育了公司所需要的人力资本。

需要指出的是，在支持性人力资源实践对绩效的普遍联系中，不只是一种直接的联系，还可能是间接的联系，如 John P. Meyer 和 Catherine A Smith(2000)就特别强调职业发展、福利和培训等支持性人力资源实践对员工离职行为影响过程中员工心理的影响。

2. 权变影响观点

权变影响观点是在批评普遍影响观点没有考虑组织的战略导向对人力资源管理的权变影响而提出的。持权变观的学者认为，人力资源管理实践必须与其他组织变量相配合，才能发挥其有效性。也就是说，自变量（人力资源管理实践）与因变量（组织绩效）之间的关系是不确定的，要受到其他权变变量的影响，而这其中组织战略是最主要的权变变量。这种观点认为，组织的战略不是增加就是减少人力资源实践对公司业绩的影响（Youndt，Snell，Dean Jr & Lepeak，1996）。这种观点的着眼点是战略对“人力资源管理——绩效”的调和（moderationg）影响①，因而认为不同的战略需要不同的人力资源实践的配合，如 Schuler 和 Jackson (1995)认

① 一般地，权变理论认为，某一因素并不是在所有的环境和组织背景中都有效。当某一变量对结果变量的影响取决于第三个变量时，第三个变量被称之为前两个变量之间关系的调和变量。基于权变理论的假设检验是检验调和影响。Ahmad，S.，Schroeder，R. G.，& Sinha，K. K.，The role of infrastructure practices in the effectiveness of JIT practices：Implications for plant competitiveness，*Journal of Engineering and Technology Management*，Amsterdam：Sep 2003，Vol. 20，Iss. 3，pg. 161.

为，与质量和低成本战略相适应的工作设计应该是相对固定和清晰的；与柔性战略相适应的工作设计要重点考虑在各组中各人间的整合和协调。刘春林、施建军(2001)以南远为案例，分析了与低成本战略相适应得管理队伍的可能特征是最低的人员配置和合理的人员结构。

就支持性人力资源实践而言，很多学者重点探讨了某些重要的支持性人力资源实践受不同战略的权变影响。如 Simon(2003)认为，成长与培训同财务绩效联系时与质量战略和创新战略有显著的相关性。

3. 配置影响观点

配置影响观点是综合上述两种观点而提出的。它认为既不能单独考虑人力资源系统也不能单独考虑公司的战略导向，而应该把两者配合的各个组合当作一个个子系统。持配置观的学者认为，要使人力资源管理系统发挥有效性，必须实现人力资源实践的内部匹配(或水平匹配)和外部匹配(或垂直匹配)。内部匹配是指人力资源实践之间的一致性；而外部匹配则是指人力资源实践与其他组织变量(如组织战略)之间的一致性。而理想的配置应是内外部匹配度最高的人力资源管理系统。

就支持性人力资源实践而言，相对于普遍观和权变观而言，已经有配置观的理论探索，但在实证中还没有充分的论证，并且理论上的探索还在初级阶段。这主要是支持性人力资源实践的次级系统分类在理论上还很不成熟，对其内外部一致性的探讨还不完善。

总的说来，普遍影响观点、权变影响观点和配置影响观点在理论上是互相补充的，它们都认为，虽然某些单个人力资源实践因素对绩效有重要影响，但人力资源管理者更应该重视人力资源管理系统内部一致性匹配。

(三) 支持性人力资源实践的绩效测定

就一般的人力资源实践的绩效测定而言，早期的 HRM 文献倾向于提出有关绩效的概念，介绍组织内的 HRM 会导致组织效果的增加，但既没有确切地界定绩效的相关概念，也没有进行必要的分类。Cathering Truss(2001)认为，企图在广泛的意义上测定绩效的人之一是比尔，他在 1984 年划分了人力资源实践的短期绩效(包括个人水平上增加的满意感，竞争力成本效果和偶然效果)和长期效果(包括个人效果、组织效果和社会效果)。就目前来看,国外的研究普遍持这样一种观点,即采用财务方法作为业绩的单一评判是太有限了,一个更广泛的视野必须被考虑,也就是要考虑到与顾客及雇员相联系的业绩。如 Kirk L. Rogg 和他的同事们(2001)研究了人力资源实践对顾客满意感的影响,他们认为人力资源实践对顾客满意感有重要的、相对大的间接影响,而直接影响是不重要的,且几乎为零。

就支持性人力资源实践的绩效测定而言,尚没有发现这方面的专门论述,然而,实证研究中,人们同样重视了应该对支持性人力资源实践的绩效进行广泛的测定,既要包括短期效果,也应包括长期效果。并且,应该超越财务方法的单一性。例如,David G. Allen (2003)认为,支持性人力资源实践的绩效变量的可能方面是:组织承诺、工作满意、离职和工作绩效等。

近年来,虽然国内的一些学者对“支持性人力资源实践”的研究还不多见。但是,他们对一般的“人力资源实践与绩效的联系”进行了广泛的研究。这些文献可以归为两类。第一类是研究人力资源实践自身与绩效的联系,如刘洪、赵曙明(2002)从企业发展演化不同阶段的管理特点出发,讨论企业发展演化处于不同阶段对人力资源的要求以及人力资源管理与开发的差异,从而强调人力资源战略管理对于企业持续发展的重要作用;杨东涛(2002)对江苏省外资企业的人力资源管理进行了实证分析,并认为,外资企业中有一些较好的人力资源管理方式,如采取制度式的管理方式,职位空缺的填补为先内部后外部的方法,重视人力资源的投入与产出,劳动关系中的权力向管理者转移,注重战略性的人力资源管理等。第二类将人力资源实践与战略相联系,如杨东涛(2004)探讨了制造战略与内部型、混合型、市场型人力资源管理系统的匹配;王颖、李树茁(2002)从理论研究和实证角度对以资源为基础的观点在战略性人力资源管理领域的应用进行了概述,并展望了二者日益融合、互相促进的趋势,提出了后续研究的问题和方向;曹晓峰(2003)结合案例对人力资源管理作为提高企业核心竞争力的关键特性作了分析;范秀成、英格玛·比约克曼(2003)对 62 家制造业外商投资企业进行了调查,分析了人力资源管理实践与企业绩效之间的关系,认为企业绩效同人力资源管理与企业战略的整合程度有关。这些研究都为本研究提供了一定的理论基础。

二、组织支持知觉与组织承诺的文献综述

从上节的文献综述中可以看出，支持性人力资源实践的影响变量包括组织支持知觉、组织承诺、离职、工作绩效等方面，支持性人力资源实践对离职、工作绩效的联系可能是一种间接的联系，即通过组织支持知觉和组织承诺发生的一种间接联系，因此，本书的研究有必要对组织支持知觉和组织承诺方面的文献作一综述。

(一) 组织支持知觉和组织承诺的概念发展

1. 组织支持知觉的概念发展

“组织支持知觉”(Perceived Organizational Support)的概念是从“社会支持”的概念中发展而来的。社会支持可以广义地界定为“帮助关系及其质量的可获得性”(Leavy，1983)。Brett JM(1980)认为，社会支持有三种类型：“帮助”(aid)、“影响”(affect)和“肯定”(affirmation)。“帮助”是指为员工提供相关信息以减少工作压力，并帮助员工理解工作环境。“影响”是指社会支持的提供者与社会支持的寻求者之间的相互吸引(提供高质量的支持关系)。“肯定”是指肯定支持寻求者处理压力时的能力和自信。个人可以获得的社会支持的来源可以包括：组织；同事；领导；朋友和家庭等(Caplan 等，1975)。

组织支持知觉涉及员工对“组织如何评价他们的贡献和关心他们的生活条件”的看法(Eisenberger 等，1986)。他们认为“组织支持知觉”就是在社会交换观点下，组织对经济和情感的承诺的诠释，强调员工相信组织对他们的承诺。Eisenberger 等以经济和情感的组织承诺程序来解释“组织支持知觉”，同时，他们认为员工对组织支持的觉察会满足员工对被赞许的需要，员工会同化组织成员形成自我认同，然后发展成为对组织的正向情感链接。

McMillin(1997)认为 EisenLerger 等所提出的组织支持知觉的概念只着重于支持的两个方面：亲密支持和尊重支持，而忽略了支持的其他方面。因为员工若无工具性支持，员工便缺少完成其工作所需的资讯、训练、工具和设备。所以工具性支持是执行工作的基本所需，而且服务提供者在缺乏所需的资讯、物质和行为支持时会导致不良的服务提供，且最终会产生气愤和挫折。

另外，也有学者认为，组织支持知觉代表员工对那些控制他们的资源和报酬的管理人员的总体评价(Maria L Kraimer 等，2001)。提供资源和报酬可以被视为一种帮助形式。这时，组织支持知觉属于 Brett JM(1980)界定的第一种类型的社会支持——“帮助”支持。

研究者们在发展组织支持知觉的概念的同时，也发展了对组织支持知觉的检验方法。组织支持知觉的检验可以分为五个方面的内容：高层管理者的支持；中层管理者的支持；一线管理者的支持；生产员工的支持；参谋员工的支持(Hyonsong Chong 等，2001)。

2. 组织承诺的概念发展

组织承诺的概念起源于社会交换理论。组织承诺(organizational commitment)也有译为“组织归属感”、“组织忠诚”等，最早由 Becker(1960)在 20 世纪 60 年代提出。他将承诺定义为由单方投入(side-bet)产生的维持“活动一致性”的倾向。在组织中，这种单方投入可以指一切有价值的东西，如福利、精力、已掌握的只能用于特定组织的技能等。他认为，组织承诺是员工随着其对组织的“单方投入”的增加而不得不继续留在该组织的一种心理现象。它包含两方面的内容：一是离职所带来的损失，二是缺乏可供选择的工作机会。其实，离职所带来的损失除了工作机会和经济济损失以外，还有情感、关系等社会性损失。

此后，组织承诺的概念引起了越来越多的注意，学者们根据各自的研究对它提出了不同的看法。但可以归结为两种观点：一是行为说，二是态度说。行为说主要关心个人是怎样认同某种特定行为；是哪些情景性的因素使行为难于改变；它们又是怎样影响与行为一致的态度的形成的。Salancik G R & Pfeffer J. (1977)认为，组织承诺是个人对某一特定企业的依赖并依此表现出来的相应行为。他进一步指出了组织承诺的四条行为标准：①行为的清晰性，这些行为是否明确、可见；②行为的持久性，这些行为是持久的还是短暂的；③行为的自愿性，这些行为是发自内心的还是由于外界诱惑或其他外在压力被迫而为之；④行为的公开性，别人是否知道该行为以及谁知道该行为。态度说主要关心个人是怎样培养出对企业价值观的坚定信念；是怎样产生出为了企业利益而努力的意愿；以及如何培养个人想留在企业而不愿离开的意愿等。现在大部分研究都是从态度这个角度来进行阐述的(刘小平,2002)。

在对组织承诺(Organizational commitment)的概念界定中有两种典型的理解,即波特(L. W. Porter)的概念和梅耶(J. P. Meyer)与奥伦(N. J. Allen)的概念。波特将组织承诺界定为员工对组织的认同和参与的整体程度。在此定义中,组织承诺被认为有多个部分组成,但只是“感情依赖”这种单一维度结构。梅耶与奥伦将组织承诺分成三种:感情(Affective)承诺、继续承诺(Continuance)和规范(Normative)承诺。感情承诺涉及个人对组织的感情依赖;继续承诺涉及员工考虑了离职成本而留在组织中的动机;规范承诺则涉及员工对“保留为组织中的一员是一种义务”的感知。

另外,也有研究者认为组织承诺可以分为感情(affective)承诺和精明(calculative) 承诺(O'Reilly & Chatman,1986)。其实这里的感情承诺和精明承诺类似于Meyer 与 Allen 的感情承诺与持续承诺。总之,与其他承诺感相比,感情承诺在总的承诺感中的地位(focus of commitment)要重要得多,感情承诺感更加需要组织支持知觉,并要求与组织政策相一致。

我国的学者对组织支持知觉的概念发展方面,几乎未作研究,但对组织承诺的概念已作了一些有益的探索。如刘小平(2002)将组织承诺界定为员工对自己所在企业在思想上、感情上和心理上的认同和投入,愿意承担作为企业一员所涉及的各项责任和义务,并以主人翁的责任感和事业心努力工作①。龙力荣,方俐洛,凌文辁(2002)引用了态度承诺(包括感情承诺和规范承诺)和权衡承诺(即继续承诺)的概念。张治灿等(2001)提出了组织承诺的五因素模型,将组织承诺分为感情承诺;规范承诺;理想承诺;经济承诺和机会承诺。并用二阶因子分析将前三者归为心理因子,将后二者归为社经因子。这些概念都将感情承诺作为组织承诺的重要一维。在实证方面,张勉、张德、王颖(2002)以西安 15 家企业中的 742 名雇员为样本,采用协方差结构等式模型对组织承诺三因素模型在中国企业雇员中的适用性进行了初步考察。研究主要发现:测量感情承诺和规范承诺的量表具有可接受的信度,但是测量连续承诺的量表信度较低;三个量表表现出可接受的会聚和区分效度,但是效标效度还需要进一步的研究。

---

① 从他的概念中,我们不难看出他的组织承诺的概念主要还是指感情承诺。笔者注。

(二) 组织支持知觉和组织承诺的引致因素

1. 组织支持知觉的引致因素

Wayne(1997)指出组织支持知觉与领导与成员交换关系是不同的概念,而且有不同的前因。他的观点是,组织支持的前因包括过去的发展经验、升迁的经验和在组织中的年资。员工会以组织对其所采取的人力资源政策作为对员工无条件的和正向的评价。而领导者与成员交换关系的前因包括喜爱程度、期望、互相关系的年资。

David G. Allen(2003)认为,就组织支持知觉的引致因素而言,研究主要有这几个方面:(1)组织的观念,如公平等。(2)工作条件。(3)高层管理者的支持。(4)员工个人特征。(5)人力资源实践。基于 Wayne 等人(1997)的观点,David G. Allen(2003)认为,支持性人力资源实践是指组织评价和关心员工的一类实践,特别是那些向员工投资并且认可雇员贡献的实践,比如对员工参与的评价。在这类实践中,组织表现出一种支持员工的姿态,并且积极寻求建立或保持与员工的社会交换关系。

Masterson 等(2000)针对美国一所大学员工进行调查,发现组织支持会受到程度知觉的正向影响。

2. 组织承诺的引致因素

在对组织承诺的引致因素的研究中,如果按这些因素对组织承诺的作用方式是直接还是间接的,可以将这类研究观点大体分为两类:一类观点认为,组织承诺的引致因素对组织承诺的影响是直接的,即"直接"观点。另一类观点则认为,组织承诺的引致因素对组织承诺的影响是间接的,即"间接"观点。

(1) "直接"观点

组织承诺理论是基于社会交换理论的基础上形成的。组织为员工提供理想的工作环境,员工就对组织形成承诺。组织承诺与理想的工作环境呈正相关,与不理想的工作环境呈负相关,但实际情况远比这个复杂。一般说来,影响组织承诺的因素主要有:工作特征、领导与成员交换关系、角色特征、组织结构特征、个体特征(刘小平,1999)。

"直接"观点认为,影响组织承诺的因素与组织承诺的关系是直接的。由于不同的组织承诺的研究者对组织承诺的内涵的界定不同，他们得出的影响模型有些差异。影响感情承诺的主要因素来自于组织因素和工作特征。组织对员工的投入被看成是影响感情承诺的主要方面。影响继续承诺的因素有：受教育的程度、所掌握技术的应用范围、改行的可能性、投入的多少、福利因素等。影响规范承诺的因素有：对承诺的规范要求、所接受的教育类型、个体经历等(凌文辁，1997)。年龄、资历、对晋升的满意度、对工资的满意度与继续承诺有高相关。与规范承诺高度相关的变量主要是个体特征。工作投入、工作满意感、对主管的满意度、对同事的满意度、职业承诺与情感承诺有高相关。

在“直接”观点中，很多学者认为人力资源实践是员工组织承诺的重要引致因素，如 Rosemary Batt(2002)实证研究了低离职率和组织业绩(包括组织承诺感)间的联系。他强调高技术培训、雇员参与决策、基于团队的绩效评估等是导致高组织承诺的主要因素。

(2)“间接”观点

“间接”观点认为，影响组织承诺的因素与组织承诺的关系是间接的。这种间接的中间变量主要有组织公平和组织支持。

人们认为员工会根据他们是否受到公平的待遇，或组织对员工的福利是否关心来评估他们的工作经历。如果真是这样的话，公平性和支持性感知将成为组织承诺产生的更为直接的原因。如果工作特征或组织政策是通过公平性和组织支持的塑造来影响组织承诺，那么后者起着中介的作用。就像组织承诺一样，组织公平现在一般被看作是多维的构思。与此模型相关的研究是把它分为结果的公平性(分布式公平)和用来决定结果的程序的公平性(程序性公平)。需要指出的是现在有更多的研究是将组织支持而不是组织公平作为中间变量。

(三) 组织支持知觉和组织承诺对后续变量的影响

1. 组织支持知觉对后续变量的影响

组织支持知觉理论认为，组织支持知觉与产出之间的关系取决于以下一些过程：员工怎样认为组织的行为是可以识别的；员工怎样感觉到帮助组织是一种义务；员工怎样要求社会感情需要应要得到满足；员工怎样建立“绩效——奖赏”期望(Ronald J Burke.，2003)。

Masterson 等(2000)针对美国一所大学员工进行了调查,结果认为,组织支持会对员工工作满意、组织导向的组织公民行为、组织承诺产生正相关影响,而对离职意愿产生负向影响。

Maria L Kraimer 等(2001)主要检验支持的三个来源在促进"外派员工调整—绩效"中的作用。他们提出了一个理论模型并用来检验组织支持知觉、"领导—员工"交流和配偶的支持对"外派员工调整"的直接影响以及对工作绩效的间接影响。"外派员工调整"主要是指外派员工对工作、国家和海外民族的适应。研究结果表明组织支持知觉对"外派员工调整"有直接影响、对工作绩效有间接影响,而"领导—员工"交流和配偶的支持则没有表现出这样清晰的路径。作者认为"领导—员工"交流和配偶的支持对"外派员工调整"和工作绩效存在一定的影响,但他们的影响远远没有组织支持知觉的作用明显。

徐哲(2004)认为,当前企业面临的一个重要问题是如何通过企业组织支持的加强,来增加企业的凝聚力、提高员工满意度。他从回顾组织支持和员工满意度研究的理论入手,把整个组织支持模块分为数个小模块分别探讨其与员工满意度的关系,得出结论证明组织支持与员工满意度两者之间存在正相关关系。

2. 组织承诺对后续变量的影响

很多学者研究了组织承诺与一些后续变量间的关系,主要体现在工作绩效、工作变换意向、出勤率、迟到率、工作变换等方面。A11en & Meyer(1990)认为不同类型的组织承诺对员工行为的影响不同。如感情承诺与工作变换及工作变换意向相关性最为显著。组织承诺对员工的影响强度要视条件而定,如组织承诺对员工工作变换行为的影响受职业发展阶段和时间间隔的影响。根据年龄定义职业发展阶段,对年轻人,时间间隔越短,影响越大;对年老的人,时间间隔越长,影响越大。与此相类似的,奖励形式不同、条件不同,承诺与工作绩效之间的相关性也不同。例如,工资和工作绩效的关系越密切,继续承诺和绩效的相关性就越强;角色期望越明确、冲突越少,情感承诺和绩效就越相关。

三、柔性战略的文献综述

本书所涉及的柔性战略的概念类似于国外学者的"Flexible Strategy"的概念。

Youndt 等(1996)认为,柔性战略指的是整个公司的敏捷反应、适应性和增减生产规模及扩展产品范围的能力。国外学者所讨论的"Flexible Strategy"尚没有统一的认识,柔性战略仍然缺乏清晰而准确的定义。总的来说,柔性战略定义的混乱主要源自于对柔性战略的内涵和外延的界定不清晰。简言之,柔性战略外延是指柔性战略所指的实际对象,即指哪些要素的柔性战略。实际上,不同学者在对柔性概念的分析中,柔性战略实际所指的外延是不同的。制造战略的学者将柔性战略(Flexible Strategy)看成是与质量战略等概念相对应的一种制造战略。而研究制造柔性的学者倾向于将"Flexible Strategy"看成是战略层面的制造柔性。还有一些学者将柔性战略定义为"战略柔性"层面的整体"柔性战略"。但国外大多数的学者都认为,虽然柔性战略(Flexible Strategy)的制定和实施会涉及整个企业,但它主要是一种生产制造领域的职能战略。

(一) 作为制造战略组成部分的柔性战略

制造战略反映了业务单元在运作领域的目标并指导运作领域的各种活动。为了最大化生产系统的绩效,企业需要发展和实施各种各样的战略性制造决策。就广义上的制造战略而言,制造战略可以分成两类,即"过程"制造战略和"内容"制造战略。"过程"制造战略涉及制造战略的形成和实施过程。"内容"制造战略涉及制定制造战略的选择、计划和行动(Swink & Way, 1995)。就本研究而言,我们主要集中于战略的内容。

柔性战略被看作是制造战略的内容,是因为如果从内容(content)角度划分制造战略,制造战略可以分为成本(cost)战略、质量(quality)战略、柔性(flexibility)战略等(Wheelwright, 1984)。另一种是从过程(process)角度划分,比如 Skinner(1969)的"制造战略顶—低观"(top-down view of manufacturing strategy),它认为制造战略过程的核心要素包括:制造任务的确立——陈述目标和意义;把制造低层结构(infrastructure)的方针和行为与先前确立的任务相联系;在战略决策过程中制造管理者的参与。这种观点得到了 Miller(1989)的支持。Hayes 和 Wheelwright(1985)则提出了制造战略的交互发展。过程方法的另一种分类是,制造战略包括生产过程设计和制造基础决策。生产过程设计涉及能力、设备和技术等方面的决策。另一方面,制造基础决策涉及控制过程、绩效评估和人力资源等方面的决策(Hayes & Wheelwright,1984)。这些决策都影响着组织长期目标的实现。

Slack(1993)比较了柔性与时间、成本等其他竞争优先权的不同特点。实际上,对制造战略竞争优先权进行柔性选择时,环境扮演了重要的角色。在相对稳定的环境里,企业战略的任务是在行业里寻找有利的位置(低成本或高质量),建立堡垒巩固自己的地位。相应地,制造战略的任务是用集中在某一方面的制造能力来保护企业的竞争地位。然而,环境迅速、急剧地变化时,企业会发现自己的竞争战略和制造战略很快会过时。竞争的重点不得不从低成本、高质量转向柔性、创新和快速反应。当顾客注重低成本时,专用设备大量生产是可行的;但是当顾客要求转移,竞争对手能够以合理成本提供高质量、快速反应的产品时,专用设备大量生产显然落后了。环境的变化使得制造战略在形成时的选择重点发生了变化。David Barnes(2002)以 6 家小企业为案例讨论了制造战略(包括柔性战略)的形成过程。该文认为制造战略是在复杂的过程中形成的,其中既有有意识的也有自发的行为和决策。每个公司中一系列的内在的和外在的环境因素影响了制造战略的形成过程。特别是,受管理文化和政策因素的影响,管理者(无论是个人还是群体)的认识过程显著地影响着制造战略的形成过程。当管理者对环境的认识由相对稳定到急剧变化,柔性战略作为制造战略的重点就成了一种趋势。

制造战略的任务是适应企业总体战略和业务战略转变的需求,不仅使运作过程适应当前竞争优先权的要求,而且选择和培育企业未来需要的运作能力。在柔性战略的实施领域,存在一些最佳的实践(如 JIT 等)。Sohel Ahmad 等(2003)认为一些工厂采用 JIT 失败的原因是那些工厂没有充分重视 JIT 实践所需的“基础设施的建设”。他们利用 110 家工厂的数据检验了“基础设施建设”(如人力资源实践)在 JIT 实践中的三种角色——普遍观、权变观和配置观。结果支持权变观和配置观的观点。特别是基于权变观的观点的分析表明,所有的基础设施的建设——质量管理、产品技术、工作整合系统和人力资源实践都各自调和了 JIT 实践与公司竞争力的关系。基于配置观的分析表明,JIT 实践系统与基础设施系统的整合可以使公司达到更高的竞争力。

一些研究在强调制造战略与绩效之间的联系的同时,更加强调制造战略的某一方面与绩效间的联系,如 Swamidass 和 Newell(1987)认为,柔性战略与绩效存在着显著的正向的联系。另一些学者则强调在这种联系中人力资源实践的重要性，如 Youndt 等(1996)将人力资源管理实践分成管理型实践和人力资本支持型实践，并认为人力资本支持型实践与柔性战略和质量战略较为匹配，管理型实践与成本战略较匹配。

总之，在制造战略学者的眼中，柔性战略是制造战略的组成部分，并被认为是界定公司优势的关键因素。这方面的研究探索了柔性战略和公司竞争力之间的关系。竞争力是组织在满足顾客需求方面与竞争者相比较的总的能力。它反映了公司的产品和服务在满足顾客方面的价值(Jayanth Jayaram，1998)。

从“柔性战略”(Flexible Strategy)是制造战略的组成部分的角度出发，我国的学者也有一定的深入研究。如杨东涛教授(2004)发展了制造战略的概念，提出单一制造战略和混合制造战略的不同，并在将制造战略分为低成本战略、质量战略和柔性战略，将人力资源系统划分为市场型、混合型和内部型系统的基础上，从实证角度考察了制造战略与人力资源系统的配合对公司绩效的影响，并认为柔性战略在一定程度上调和了不同的人力资源管理系统与公司绩效的联系。

(二) 作为制造柔性的战略层面的柔性战略

制造柔性可以被看成是一种制造系统的基本资产(Browne 等，1984；Gerwin，1987)。它是一种与生产率互为补充的资产。现代企业组织既要获取柔性也要提高生产率，以便企业能实现多重目标。就这种意义上讲，柔性可以被理解为公司长期保持生产率的能力。

制造柔性也可以被看成是制造系统面对环境不确定时的能力。制造柔性既受“上游”不确定性的影响(如供应商在配送中设备损坏、变更交货时间等)，也受“下游”不确定性的影响(如在产品组合、价格、竞争行为等方面的影响)(Ram Narasimhan 等，1999)。Galbraith 等(1995)认为，制造柔性 (特别是产品柔性)对发展公司战略有着重要的影响。引入柔性系统可以使公司摆脱 些限制，并发展新的战略。制造柔性使得范围经济普遍化，对基本的研发投入提供激励，并使多种不同层次战略的成功组合成为可能。

研究制造柔性的学者将柔性战略看成是制造柔性的战略层面(如新产品柔性战略和市场柔性战略)，并认为柔性战略需要低层面的柔性的支持。如 Jens Bengtsson 等(2002)认为产品混合柔性是一种很重要的制造柔性，它涉及以低成本去生产多种产品的能力；产品混合柔性的提高能够增加产品数量，这样有助于发展新产品柔性战略，产品混合柔性的提高也能够降低产品需求波动，从而有助于发展市场柔性战略。我国有些学者在制造柔性的运作层面进行了研究，如张青山等(2003)利用柔性的三维特性，探讨了对生产系统投资决策时，如何选择和构造具有最佳柔性水平的生产系统以达到整个系统寿命周期内利润的最大化。

各个层面的柔性也需要基础设施(如人力资源管理等)的建设，如 Cordero(1997)认为，为满足竞争的需要，制造商需要建立柔性制造系统以提升制造技术。但要使柔性制造系统获得成功，除非企业的人力资源与之匹配。这需要人力资源实践去获得所需的人力资源、价值观和信念。

企业既要注重制造柔性的外部一致性匹配，也要重考虑内部一致性。企业在追求多重绩效指标时，应提升面对迅速变化的环境的快速反应能力，并改善员工生活，加强高素质的员工队伍建设，发展外部一致性。为满足这些需求，也需要组织在发展内部能力、现场解决问题能力、制造安排和新产品发展等方面保持一致。

(三) 柔性战略与战略柔性

最近一些年来，我国一些学者就在试图界定柔性战略的概念。汪应洛等(1998)认为，柔性战略是指企业为更有效地实现企业目标，在动态的环境下，主动适应变化、利用变化和制造变化以提高自身竞争能力而制定的一组可选择的行动规则及相应方案。由于柔性战略的适用条件是企业在多变的环境中竞争，因此，柔性战略的范围就必须包括竞争的各类因素，其中，主要包括资源柔性、能力柔性、组织柔性、生产柔性和文化柔性。

汪应洛等(1998)所界定的“柔性战略”概念对我国的研究者产生了较大的影响。管黎华，范诵(2001)针对企业经营差异化问题，结合汪应洛等(1998)的柔性战略的思想，对企业实施差异化经营的目标和差异化经营的不足进行分析，提出了运用柔性战略的思想进行差异化经营的战略设计要点，建立了企业柔性战略差异化经营模型。闫秀敏(2003)也在汪应洛等(1998)界定的柔性战略的基础上，认为柔性战略管理的作用主要表现为不断增强企业的竞争力、正确引导企业柔性生产、有效降低企业战略的转换效率和转换成本、防止企业竞争失败等多个方面。而充分发挥柔性战略管理作用的实现途径主要有：提高企业人员素质、追求企业的整体柔性和建立柔性企业文化。

虽然汪应洛等(1998)所界定的"柔性战略"概念对我国的研究者产生了较大的影响,并且,他们在文章中也将他们所提出的"柔性战略"标注为"Flexible Strategy",但是,正如作者所指出的那样,他们的"柔性战略"的概念是在国外的"战略柔性"(Strategic Flexibility)的概念上发展出来的,可以理解为更为广义的一种"柔性战略"。"战略柔性"被国外学者广泛运用于对战略灵活性的讨论。早在1978年,艾屏科(Eppink)尝试性地探讨了战略柔性计划问题。最早系统地将柔性与战略联系起来的艾文斯Evans于1982年简单地分析了企业中的战略柔性问题,并于1991年进一步阐述了战略柔性的含义,认为不同环境下人们常常用柔性表示不同涵义,战略柔性是指"在原有战略的基础上,通过能力的提高来使这一战略获得有效地调整,其实质是在战略内容中更多地考虑环境变化并加入可能的措施"。此后,Madhavan(1996)认为,战略柔性是"在企业的战略基础中考虑并且实现变化的主动性和能力";Hill等(1998)认为,战略柔性(Strategic flexibility)是指"公司为提高或维持竞争优势,在变化的竞争形势下的快速反应能力"。显然,战略柔性的含义是指在原有战略基础上,通过能力的提高来使某一战略获得有效地调整(汪应洛等,1998)。

总之,本文所涉及的柔性战略(Flexible Strategy)的概念不同于我国有些学者所提的"柔性战略"的概念,也不同于国外学者所界定的战略柔性的概念。然而,它们之间也存在一定的联系。这种联系主要有两个方面:(1)都强调环境的不确定性、技术的进步、个性化的客户需求等因素是引致因素。(2)都强调创新、调整等变革的重要性。

从国内外文献回顾中可以看出:(1)在考察人力资源实践、组织支持知觉、组织承诺等研究中,人们考察较多的因变量是离职率、个人工作绩效和公司绩效,很少考虑制造绩效;(2)研究者们已对组织支持知觉、感情承诺、柔性战略的引致因素和影响因素作了一些探讨,但还不完善;(3)在制造战略与人力资源管理的配合对绩效影响的研究中,已有一些文献研究不同制造战略与人力资源实践的配合,但很少的文献深入探讨不同柔性战略与人力资源实践的配合对绩效的影响,尤其是对不同层次绩效的影响。

这些都为本研究提供了研究基础和研究空间。

第三章　制度环境与理论基础

一、制度环境

从我国劳动力市场的现实情况来看，多年来一直存在人力资源数量相对短缺和结构失衡的情况。自上世纪 90 年代以来，我国迅速进入老龄化社会，使生产性的劳动力资源相对于快速发展的经济呈现相对短缺。高端劳动力资源一方面受经济全球化背景下人才跨国流动和配置的影响，迁徙到国外发达国家的现象比较严重。加上受我国传统的宗法观念和文化影响，“任人唯亲”等潜规则在一定范围内存在，优质人力资源被闲置、浪费的现象也较为严重。这一切都使得企业人力资源的供给数量呈现短缺不足。同时，由于新生代劳动力资源在开发中重知识、轻技能，而原有劳动力资源存在人口老年化，这使得我国劳动力结构难以适应经济发展的需要。一方面，大中院校毕业生的“找工作难”，城市人口的就业压力依然巨大；另一方面，企业急需的熟练技术工人却“难寻觅”。

人力资源数量相对短缺和结构失衡使得我国企业支持性人力资源实践的市场环境并不理想，影响了支持性人力资源实践与柔性战略的配合的紧密程度，需要制度环境的约束和激励。支持性人力资源实践及其与柔性战略配合的制度环境既包括劳动关系相关法律法规及政策环境，也包括企业股权制度和治理制度环境，还包括人力资源部门和生产制造部门的管理制度环境。

（一）劳动关系相关法律法规及政策环境

制造企业的支持性人力资源实践及其与柔性战略的配合在很大程度上受当时的劳动关系相关法律法规及政策环境的影响。

上世纪 90 年代以来，我国立法部门和政府机构一直致力于建设市场经济环境下的劳动关系法律制度环境。国家和各级地方立法和政府机构都在向保障劳动者合法权益和健全劳动法律及政策体系方面做努力。1994 年 7 月 5 日第八届全国人民代表大会常务委员会第八次会议通过的《中国华人民共和国劳动法》,经 1994 年 7 月 5 日中国人民共和国主席令第 28 号公布,于 1995 年 1 月 1 日起实施。《劳动法》的颁布,标志着我国劳动关系由政府主导型劳动关系向政府与市场均衡型劳动关系转变。在计划经济条件下,劳动关系主要是由政府通过行政手段加以规范,劳动关系只是一种劳动行政关系,不构成劳动法律关系。在市场经济条件下,劳动关系归属法制化,企业管理方及其协会、员工与工会分别称为劳动关系的主体。政府不再是狭义上的劳动关系主体,而是作为规则的制定者成为广义上的劳动关系主体;调节劳动关系主要靠法律手段,国家主要通过颁布劳动法律、法规,依法处理各种矛盾和争议,保护员工和工会的利益。我国已建立了由《劳动法》、《工会法》、《劳动合同法》等多门法律构成的劳动关系法律体系,形成了平等协商、集体合同、劳动标准、劳动监察、劳动争议调解处理等劳动关系调整机制,劳动关系各方主体在法律框架范围内,通过自愿协商、三方协商、劳动争议仲裁、诉讼等方式,消除和化解劳动关系中的利益冲突,实现劳动关系的协调。

劳动关系相关法律法规及政策环境对支持性人力资源实践及其与柔性战略配合的影响主要体现在以下方面:

第一,劳动关系相关法律法规及政策是企业支持性人力资源实践的底线。我国现行的劳动关系相关法律法规及政策是伴随企业的人事管理(或人力资源管理)的过程中逐步形成的。在充分顾及不同地区、不同企业之间的现实差别的基础上,劳动关系相关法律法规及政策可以在保障企业管理方的战略和利益的前提下,充分尊重不同地区企业的实际情况,通过设立基本的劳动条件标准和权益要求,使得企业的支持性人力资源实践有了底线。如按照《工会法》、《劳动法》的规定,工会可以对用人单位执行劳动法律法规的情况进行监督检查。发现用人单位违反劳动法律法规,侵害职工合法权益的问题,应当与用人单位进行交涉,要求其采取措施予以改正,用人单位拒不改正的,可以提请政府行政部门依法处理。

劳动关系法律法规下的各项社会保险、福利制度的完善也为企业支持性人力资源实践提供最低保证。社会保障制度是市场经济条件下政府弥补市场机制缺陷、维护社会稳定、促进经济发展的"调节器",是加强国家宏观经济调控的重要手段，也是强调企业效率的同时，维护企业公平的重要措施。

第二，有利于完善支持性人力资源实践及其与柔性战略配合的企业内部环境。劳动关系相关法律法规及政策在保证支持性人力资源实践底线的同时，不损失其应有的灵活性，为支持性人力资源实践及其与柔性战略配合的企业内部环境提供保障。以职业资格证书为例，1993 年 11 月党的十四届三中全会通过的《关于建设社会主义市场经济体制若干问题决定》中首次提出，要在我国实行学历文凭和职业资格两种证书制度。此后的《劳动法》规定："国家确定职业分类，对规定的职业制定技能标准，实行职业资格证书制度，由经过政府批准的考核鉴定机构对劳动者实施职业技能鉴定"。这从国家基本法律角度明确了我国职业资格证书、职业技能鉴定工作和职业技能鉴定机构的法律地位，是我国推行职业资格证书和技能鉴定的主要法律依据。但这些并不排斥企业根据自身需要量身打造自身需要的职业资格和技能评定制度。我们知道，由于柔性战略的需要，企业需要较为宽泛的职务说明书，需要员工在生产过程中与他人的合作，需要基于多种技能的综合技能评定。劳动关系法律法规下的职业资格和技能评定制度正是企业综合技能评定制度的基础和保障。

（二）企业制度环境

1. 国有企业的制度变迁

1978 年十一届三中全会正式提出改革前，企业的各项经济活动过程和结果完全受国家控制，企业所有生产和经营活动，包括要素投入、产品生产和销售、人事调整和发展计划等生产经营行为，都是通过接受国家和上级主管部门所下达的各项计划指令来实施的。企业生产所需要的资金、物资由国家统一计划调拨，所需要的劳动力由国家计划配给，企业生产出的产品由国家收购。企业的任务就是执行国家的计划指令，完成国家下达的各项计划任务。在这种国家主导的资源配置和生产制造管理背景下，人事管理难以从员工角度进行支持性人力资源管理。由于环境相对确定，柔性战略也不存在条件，更谈不上支持性人力资源实践与柔性战略配合问题。

1978 年十一届三中全会正式提出改革后，我国国有企业改革与国有资产管理体制的改革同时展开，紧密相关，并构成我国整个经济体制改革的中心环节。其主要目标是要适应经济体制与经济增长方式的根本性转变，完成战略性调整和改组，形成比较合理的国有经济布局和结构，建立比较完善的现代企业制度，以提高市场竞争能力和抗御风险能力，发挥国有企业在国民经济中的主导作用。为了达成这个目标，国有企业进行了一系列的改革探索，曾经历过放权让利改革和承包制改革。放权让利改革中，国有企业改革的主要目标就是扩大国有企业的经营自主权，提高国有企业的生产效率。通过放权让利，国有企业从原来的行政机构的附属地位转变为具有一定经营自主权和相对独立利益的经济实体，在一定程度上实现了政企分离；国有企业拥有对企业部分利润的分配支配权，调整了企业与职工的生产积极性。在承包制改革时期，政府与国有企业之间的关系通过承包合同固定下来，双方的责、权、利关系明确，各自的行为受到合同和法律的调整与制约。这种承包制度，减少了政府对企业的经营性、非常规性的行政干预，传统的国有企业的所有者、经营者和职工之间的关系格局被打破，企业生产积极性得到了极大的提高。无论是放权让利改革，还是承包制改革，虽然改革中企业经营管理对资源配置和生产制造的话语权有了提高，员工的价值和利益也得到一定程度的重视，但这种提高和重视是有限度的，由于权责不清，企业难以自主运作，加上当时市场环境相对确定、生产制造技术相对落后的原因，支持性人力资源实践和柔性战略难以展开。

1993 年召开的中国共产党十四届三中全会，提出将国有企业改革的目标确定为建立现代企业制度。同年，我国颁布了《公司法》，并规定了有限责任公司、国有独资公司、股份公司等企业类型，为国有企业的改制提供了可供选择的模式。从 1994 年起，国务院确定了 100 家现代企业制度试点，各地方政府也确定了 2 600 多家现代企业制度试点。此后，公司化改革有序进行。通过公司化改革方式将国有企业改制成为国有独资公司、国有控股或参股的有限责任公司或股份有限公司。

完成国有企业的公司改制后，产权制度有了很大的变化。国有公司拥有处置公司财产的各项权利，完全支配公司资本的实物形态的机器、设备、厂房和流动的货币形态资本，并以其全部法人财产依法自主经营、自负盈亏。国家作为国有公司的所有者退居到股东的地位，其入股国有公司的资本转化为股权，以股东方式行使出资人的权利。这些权利主要包括：享有资产收益、参与重大决策和选择管理者等权利。

国有企业改制为现代公司后，国有企业的治理制度发生了重大变化。厂长负责制转变为股东(大)会、董事会、监事会和经理层为一体的法人治理结构。具体而言,其变化包括:首先,领导体制的变化。企业原实行厂长负责制,建立以厂长为中心的生产经营管理系统。在公司化改制后,股东大会成为公司的权力机构,决定公司的重大事项的决策。在国有独资公司中,国资委依法行使股东大会的职权,成为实际上的权力机构;董事会成为公司的执行机构,负责公司日常事务的管理和决策;监事会成为公司的监督机构,受公司股东会或国资委的聘请并对股东会或国资委负责,负责对董事会及经理层进行监督。其次,管理者的变化。企业的管理者由厂长变为总经理,厂长是上级任免的,对上级负责;而总经理是公司党委审查,股东推荐,董事长提名,董事会聘请的,并要对董事会负责。此外,原来的厂长是企业法定代表人,而公司的董事长是公司的法定代表人,总经理则在董事长的授权范围内对外代表公司。

国有企业完成改制后,企业管理制度也发生了很大的变化。例如,原来的国有企业召开厂长办公会议和党政联席会议时,随机会议较多;在公司中,会议必须按照公司章程的规定来进行,股东会议、董事会会议、监事会会议都必须遵循严格的权限规定和时效规定,都必须经过法定或议定的表决程序。

国有企业现代企业制度的建立过程,是从集权到分权的变迁过程。尽管国有企业管理中出现了“内部人控制”,尽管仍然是“政府干预下的内部人控制”,但毕竟企业的自主权已经相当大了。由集权到分权的转变造成了一个对国有企业意义重大的结果,即国有企业实际上已经成为相对独立的企业。在市场快速变化和竞争日益加剧的环境下,企业的经营管理者已经能相对自主地进行资源的配置和安排生产制造计划以适应市场的变化。支持性人力资源实践及其与柔性战略的配合有了基本的制度背景。

2. 民营企业的制度环境

改革开发以来,我国的民营企业得到了很大的发展。由于不同民营企业主的价值观念不同,企业的行业背景和机遇不同,当前民营企业的制度环境呈现出复杂状态。多数民营企业还属于古典家族企业,有些起步早、发展迅速的企业已经是混合家族企业,只有少数的企业是现代家族企业。

从产权制度环境来看,当前我国的民营企业呈现绝对集中、相对集中和较为分散的多种产权模式布局。多数民营企业还是产权绝对集中的古典家族企业。在这类企业中，企业主或其创业者身份可能不同，或是家长创业，家族成员参与，或是夫妻、父子、兄弟等家族成员共同创业，或是有朋友参与的泛家族式创业，但产权是处于绝对集中的态势，一个或几个人便拥有公司的全部股权或绝大多数股权。这类企业的组织形态主要包括家族式业主制企业和家族式合伙制企业两种组织形态。家族式业主制企业和家族式合伙制企业的产权结构存在一定区别：在家族式业主制企业中，家庭是一个产权共同体，而家族式合伙制企业存在多个产权单位，家族是多个产权主体的集合。有些民营企业的股权是出于相对集中的状态，这是一种混合家族企业的股权模式。混合家族企业强调公司的控制权掌握在有血缘关系或姻缘关系的人手中，因而在股权结构上，创业家族拥有绝对或相对数量的股份，掌握公司的控股权。股权在家族成员内部的分配，通常是创业者(家长)持有最大股份，并担任公司董事长，或者兼任总经理。家族外成员分散持有少部分股份。由于股权在家族内外成员分配中的分散，股权结构呈现相对集中的状态，混合家族企业主要是股份公司制。目前，我国只有少数民营企业是现代家族企业，股权结构处于较为分散的状态。这种现代家族公司中，家族成员虽拥有相对多数股权，但由于股权进一步稀释，其绝对数量较少，已不处于明显占优地位。现代家族企业主要是股份有限责任公司或股份有限公司。

从治理制度环境来看，古典家族企业的治理主要依靠家族成员或朋友、同学等泛家族成员的治理，外来人员难以拥有公司的决策权，只是拥有一定的管理权。由于混合家族企业的产权结构相对开放，家族地位相对下降，因而在治理结构方面也出现了新的特征，主要表现在两方面：一是初步形成企业管理人员来源多元化格局，企业管理开始走向社会化。与古典家族企业不同，混合家族企业的家族成员虽分布在公司的各个管理岗位，但所占比重相对下降。随着企业经营规模和业务范围的扩大、职能部门的增多、组织管理和管理技术复杂程度的提高，混合家族企业逐渐引进外部管理人才，尤其是职业经理。从事生产性等各种一般性管理工作的基层人员，多从企业内部提拔，是混合家族企业中较为稳定的一个层次。二是混合家族企业的治理模式具有浓厚的家族色彩，企业所有权安排以家族掌握不对称的剩余索取权和控制权为特征，即家族掌握部分索取权，但拥有企业控制权。公司董事会和监事会虽然经股东大会这一选举程序产生，但由于公司股份由家族掌管或家族持有公司较大份额的股份，因而董事会和监事会成员或由家族成员担任或在家族提名下推选产生，因此董事会和监事会所做出的决策将高度体现家族经营的意志。在现代家族企业中，企业不仅建立了现代企业制度，而且管理规范，严格按照现代企业制度的要求运作。现代家族企业具有合理的企业治理结构。现代家族企业建立了相应的监督机制、激励机制和约束机制，一方面，改变了家长制管理，企业决策由个人决策转向组织决策，使决策更具有合理性，另一方面，加强了对企业主和经理人的制衡和监督，杜绝了企业经营管理中的随意性，还有效地激励了经营层，打破了家族企业信息完全保密的格局。与传统家族企业不同，现代家族企业的高层人才招聘不是仅限于家族内部成员或泛家族成员，而是广泛地从社会上招揽人才，以弥补家族内部成员或泛家族成员在管理上的局限性。当前我国民营企业中的一些现代家族企业在家族成员掌握部分所有权和较多控制权的情况下，基本能实现所有权和经营权的分离。

从管理制度来看，我国民营企业中的多数古典家族企业的管理制度受家族管理者的影响严重，制度的稳定性大打折扣，家族成员是规则的制定者又是执行者，不遵从或随时修改的情况时有发生。而混合家族企业中的家族成员服从企业规章制度，企业进一步制度化，血缘关系由首要的人事关系变为次要的人事关系，但企业的组织、经营、管理大权仍牢牢控制在某一个或若干个家族成员手中。总经理、副总经理等重要职位由主要家族成员担任，而职业经理以及从内部提拔的基层人员大都被安排在非决策性和专业经验要求较高的岗位上。在现代家族企业中，现代家族企业的管理制度已经成为公司日常管理的内部法。由于引入了大量的职业经理，新的管理方法和管理技术不断得到采用，企业的管理制度也不断及时创新。企业的组织、经营与管理开始脱离家族控制。虽然家族成员仍从事经营管理工作，但企业核心管理位置的家族成员数量已经大为减少，甚至公司总经理也不再由家族成员而是由职业经理承担。

从上述民营企业的产权制度、治理制度和管理制度的制度环境分析可以看出，支持性人力资源实践及其与柔性战略的配合在不同类型的民营企业中所受到的制度约束和制度激励是不同的。就古典家族企业和混合家族企业而言，由于家族成员或泛家族成员的影响较大，企业内部政策的制定难以考虑外来管理者和一般员工的利益，支持性人力资源实践受到很大的限制，影响了支持性人力资源实践与柔性战略或组织其他战略的配合。

(三) 人力资源部门设置和参与战略规划的状况调查

支持性人力资源实践与制造战略的配合,不仅仅从策略层面体现在绩效评估、员工参与等具体人力资源政策与制造战略的匹配,还应在管理实践中表现为人力资源管理职能在战略规划与决策过程中的协调与整合。

人力资源部门的职能角色主要有四个方面:员工的激励者、人力资源政策的制定者、高层管理者的战略伙伴、变革的推动者。员工的激励者角色是在人力资源管理的日常工作中体现,如培训、绩效考核和培训开发等,其中很多属支持性人力资源实践。人力资源政策的制定者由高层管理者、直线经理和人力资源管理者共同制定,其中人力资源部门的管理者扮演着重要的作用,人力资源管理者需要考虑人力资源实践,包括支持性人力资源实践的内部政策一致性问题,如低工资政策与高培训政策的一致、考核周期与任务周期的一致等。人力资源部门不仅要做好日常的管理实践和政策制定,还要成为高层管理者的战略伙伴和变革的推动者。这两个方面的角色是面向组织未来的角色,战略伙伴就是要参与组织战略的规划和实施,变革的推动者就是在组织变革中,采用适当的培训方式和薪酬政策来应对变革中利益受损方的抵制从而推动变革。在企业核心竞争力诉求日益加剧的今天,人力资源管理部门的战略伙伴角色日益重要,企业战略规划的成功制定和实施离不开人力资源管理部门的参与。就本书的支持性人力资源实践、柔性战略和绩效的问题研究而言,需要考察企业人力资源管理部门参与管理规划和决策的实际。企业人力资源部门的设置情况以及企业人力资源管理部门参与管理规划和决策的运作情况是支持性人力资源实践及其与柔性战略配合问题研究的重要现实制度环境。

1. 人力资源管理部门设置状况调查

人力资源管理部门的职能主要是,根据企业整体发展战略,建立科学完善的人力资源管理与开发体系,实现公司人力资源的有效提升和合理配置,确保满足企业发展的人才需求。主要职责包括:根据本企业的业务发展要求,在工作调查和职位分析的基础上,分析企业人力资源现状和未来一段时间内人力资源的供需情况,编制企业人力资源规划及具体的实施方法;根据规划负责组织并实施招聘甄选、培训开发、绩效考核与管理、薪酬设计与管理以及员工关系管理等。人力资源管理部门的设置与否以及设置的人力资源部门岗位体系是否健全是影响人力资源管理的日常工作以及参与战略规划、企业文化宣传等组织工作的重要因素。

就本书的研究而言，人力资源管理部门的设置与否以及设置的人力资源部门岗位体系是否健全是影响支持性人力资源实践及其与战略配合的现实制度环境条件。可以想象，如果人力资源管理部门没有设置，其某些工作由综合办公室等其他部门代为管理，或者人力资源管理部门岗位设置不全，都会影响支持性人力资源实践的具体运作。实际上，部门未设置或岗位体系不完整在某种意义上体现了经营者的态度，体现了企业在员工投资和价值认可的理念方面是不够的。

本书的研究数据中，对人力资源管理部门设置状况做了简单调查①，主要是考虑人力资源管理部门的设置以及人力资源主管的国籍两个方面。在研究所涉及的122家样本企业中，绝大多数企业设立了专门的人力资源管理部门，共有114家，所占比重达93.4%。人力资源主管也主要是中国人。实际上，人力资源主管是中国国籍的样本企业有116家，占样本总数的95.1%。总的看来，所调查的样本企业的人力资源部门状况基本上与目前制造业中人力资源部门的现实情况一致，因而具有较强的代表性(表3-1)。

表3-1　人力资源管理部门设置状况

人力资源管理部门是否设置	样本企业数目	占样本总数百分比	人力资源主管的国籍	样本企业数目	占样本总数百分比
设置	114	93.4%	中国	116	95.1%
未设置	8	6.6%	外国	6	4.9%
总　计	122	100%	总计	112	100%

在我们的访谈调查研究中发现，人力资源管理部门未设置的主要是一些中小企业，大中企业一般都设置人力资源管理部门，合资企业中，无论规模大小，一般都设置了人力资源部门。从访谈调查中，我们得知，很多中小企业的人力资源部门未设置，主要是由于经营管理者对企业发展的预期较高，希望企业在快速发展后再设置。另外，中小企业发展中的不确定性，造成人力资源管理的政策连贯性较低，这也在现实环境下限制了人力资源管理部门的设置，限制了企业支持性人力资源管

①　数据来源情况见第五章第一节。

理实践的政策制定和执行。

访谈调查中也发现，一些大中型企业也存在人力资源部门岗位设置不全的情况，例如，很多企业没有专门处理员工关系的岗位。但不少跨国公司在中国的总部机构中设有员工关系或人权事务方面的职位。在我国南方的一些出口加工区，部分跨国公司已开始在其承包商企业里开展“公司社会责任”或“企业守则”活动，以推动这些企业更好地实施由国际核心劳工公约形成的各类认证标准，如SA8000、ETI、FLA，等等。一方面在跨国公司的推动影响下，另一方面在劳动关系冲突事件增多及劳动关系相关法律法规日益完善的背景下，越来越多的大中型企业在人力资源管理部门的岗位设置中增加了员工关系处理的岗位。人力资源管理部门岗位体系的健全，有助于企业支持性人力资源实践的推动，有助于支持性人力资源实践与柔性战略或组织其他战略的配合。

2. 人力资源管理职能与战略规划状况调查

本书研究的问卷中设置了人力资源管理职能状况与战略规划状况调查的题项，要求答卷人根据企业的实际，对各题项的描述给与评级，分根本不精确、略微精确、多半精确、非常精确进行评级。人力资源管理职能状况与战略规划状况调查共分7个题项，这7个题项分别是：人力资源管理经理参与本公司的事业战略决策过程；战略规划者可获得有关人力资源现状、未来需求等相关问题的正式文件；公司的战略计划包括了关于HRM的清晰的讨论；人事管理战略是公司商业战略管理的一个必要组成部分；当高层管理者制定商业战略时，HR经理被要求提供有关“人”的建议；一旦高层管理者制定出战略规划，它就会被告知HR经理且要求他予以实施；贵公司人力资源管理经理的主要任务是负责整合人力资源管理政策与商业战略。

这里有必要指出，虽然Barry Gerhart等(2000)质疑来源于单一反应的人力资源实践的检验，但IIuselid和Becker(2000)则认为在许多情况下，单一填卷人(如人力资源部门经理)是最好的，只有他们能提供人力资源实践信息，因为这类信息会涉及多种工作。

从本研究的样本数据来看，虽然存在少数的数据缺失，但从描述性统计结果中，仍然可以看出，样本企业人力资源管理与战略规划存在着紧密联系(表3-2)。超过半数的答卷者对绝大部分的条目的描述都认为多半精确或非常精确。这些条目是：人力资源管理经理参与本公司的事业战略决策过程(61.4%)；战略规划者可获得有关人力资源现状、未来需求等相关问题的正式文件(60.5%)；人事管理战略是公司商业战略管理的一个必要组成部分(64.9%)；当高层管理者制定商业战略时，HR经理被要求提供有关“人”的建议(52.3%)；一旦高层管理者制定出战略规划，它就会被告知HR经理且要求他予以实施(60.7%)；贵公司人力资源管理经理的主要任务是负责整合人力资源管理政策与商业战略(54.4%)。另外，有55.2%的答卷人认为“公司的战略计划包括了关于HRM的清晰的讨论”是根本不精确(8.4%)或略微精确(46.7%)。

总的看来，认为根本不精确的答卷者为少数。可以说，制造企业的人力资源管理职能与战略规划存在一定的整合。

从访谈调查的情况来看，有正式的人力资源管理部门设置，且人力资源管理岗位体系较完整的企业，人力资源管理职能都参与到企业的战略规划中了，但不同企业的参与程度有很大的差别。一些企业的人力资源管理职能与战略规划的联系还是处于简单的行政联系，人力资源实践与战略规划的联系还很松散，这种情况在传统制造企业较为普遍。有部分企业的人力资源管理职能与战略规划的联系是单向联系，即人力资源管理职能遵从企业战略规划的需要，人力资源实践与战略规划的联系有了纽带，这种情况在劳动力供给较为充分的新兴产业较为普遍。少数企业的人力资源管理职能与战略规划的联系是双向联系，即人力资源管理职能遵从企业战略规划的需要，企业战略规划也考虑到现实的人力资源管理状况，人力资源实践与战略规划的联系已经紧密，这种情况主要出现在劳动力供给相对不足的新兴产业。访谈调查中，还没有发现企业的人力资源管理职能与战略规划的联系是一体化的联系，即人力资源管理职能与战略规划的各个时段都能紧密联系，甚至企业战略规划的调整过程中都能与企业现实的人力资源管理状况相契合，人力资源实践与战略规划的联系效率充分实现。

另外，访谈中也发现，人力资源管理职能参与战略规划程度较深的企业，在战略规划的执行过程中也能得到人力资源管理部门的较好配合，这是因为战略执行成功所需要的五个要素(组织结构、人员甄选、培训与开发、报酬系统、信息及信息处理系统)其中三个要素(人员甄选、培训与开发、报酬系统)来源于人力资源实践。需要说明的是当人员甄选时充分给予企业现有员工的成长机会，培训开发时照顾到员工个人的职业生涯规划，报酬系统设计时注重薪酬和股权激励，就意味了这些都是支持性人力资源实践的范畴。

表 3-2　人力资源管理职能参与战略规划状况分析

人力资源管理职能与战略规划	根本不精确		略微精确		多半精确		非常精确		合计	
	样本数	百分比	样本数	百分比	样本数	百分比	样本数	百分比	样本数	百分比
人力资源经理参与本公司的事业战略决策过程	4	3.5%	40	35.1%	54	47.4%	16	14.0%	114	100%
战略规划者可获得有关人力资源现状、未来需求等相关的正式文件	4	3.5%	41	36.0%	53	46.5%	16	14.0%	114	100%
公司的战略计划包括了关于 HRM 的清晰讨论	9	8.4%	50	46.7%	44	41.1%	4	3.7%	107	100%
人事管理战略是公司商业战略管理的一个必要组成部分	3	2.6%	37	32.5%	56	49.1%	18	15.8%	114	114%
当高层管理者制定商业战略时，HR 经理被要求提供有关"人"的建议	4	3.7%	48	44.0%	46	42.2%	11	10.1%	109	100%
一旦高层管理者制定出战略规划，就会告知 HR 经理且要求予以实施	5	4.5%	39	34.8%	54	48.2%	14	12.5%	112	100%
人力资源经理的主要任务是负责整合人力资源管理政策与商业战略	3	2.7%	48	42.9%	51	45.5%	10	8.9%	112	100%

二、理论基础

支持性人力资源实践研究的理论渊源可以追溯到 20 世纪 60 年代的社会交换理论和互惠主义。社会交换理论(Blau，1964)将组织和员工的关系主要看成是一种交换关系。企业雇佣员工，是发生在企业与员工双方之间的一种严格交换。双方以契约的形式达成交易，员工为企业提供劳动，而企业为员工支付报酬(郑丽勇，施建军，2004)。互惠主义(Gouldner，1960)则认为，组织有理由采用一些无论对组织还是员工都有益的一些实践，企业与员工的交易契约的达成以互利为前提。基于这两个理论，后来的学者都普遍认为，员工越是感觉到组织的支持，他们与组织的感情纽带便越牢靠，他们也越是能够履行对组织的义务。此后，战略性人力资源管理理论、组织支持和承诺理论中，都有学者对支持性人力资源实践方面的问题研究作了发展。在这些理论中，战略性人力资源管理理论不仅强调员工心理和行为的影响，还强调了人力资本的作用，并关注人力资源管理与战略的匹配。此外，涉及支持性人力资源实践与柔性战略配合的基础理论方面还有制造战略理论和制造柔性理论。因此，支持性人力资源实践、柔性战略与绩效问题研究的主要理论基础是战略性人力资源管理理论、组织支持和组织承诺理论、制造战略理论和制造柔性理论。

(一) 战略性人力资源管理理论

从20世纪80年代初，人力资源管理的研究者开始通过收集大量的公司资料来展示在不同的战略条件下，人力资源管理实践是如何变动的。在上世纪八十年代早期，Miles 和 Snow 区分了四种总体战略角色：防御者、探索者、分析者和反应者，这就提供了一个人力资源实践如何与战略相匹配的方向。这个方向的 SHRM 研究后来别称为基于权变视角的研究，意味着特定的人力资源实践体系依赖于特定的企业战略。此后，由于受波特的业务竞争战略的影响，多数的研究侧重于研究人力资源实践与业务战略的配合对绩效的影响。Wright 等(2001) 指出，战略性人力资源管理的研究最早可以追溯至 Devanna 等(1984) 对公司战略与组织人力资源之间联结关系的分析。八十年代后期，研究者开始意识到人力资源管理应确保将人力资源管理整合到战略规划中，是由人力资源经理和直线经理同时进行的一组流程和活动的组合(Guest, 1989)。此后，战略性人力资源管理理论体系开始建立并日益完善。在战略性人力资源管理理论中，现代人力资源管理开始逐渐建立起成熟的理论体系，开始明确研究对象，并将研究的重点转移到战略与人力资源之间的关系，以及不同人力资源实践之间的关系上来。这一切为研究支持性人力资源实践、柔性战略与绩效的关系奠定了逻辑基础。因而，战略性人力资源管理理论是本研究的重要理论基础之一。

1. 战略性人力资源管理的概念

上世纪90年代初出现的资源基础观认为：企业具有不同的有形和无形的资

源，这些资源可转变成独特的、难以被对手模仿的竞争力，这些独特的资源与能力是企业持久竞争优势的源泉。受资源基础观的影响，1992年，Wright和McMahan提出了战略性人力资源管理的定义，他们认为，战略性人力资源管理是指“为企业能够实现目标所进行和所采取的一系列有计划、具有战略性意义的人力资源部署和管理行为”。这一定义得到了学术界的广泛认可，经常被引用。

在这个定义中，他们强调了人力资源管理的系统性、战略性及目标导向性。同时，他们指出，战略性人力资源管理与人力资源管理的区别在于两点：一是战略性人力资源管理将人力资源管理实践与战略管理流程联系起来；二是战略性人力资源管理强调通过一系列有计划的行动将各项人力资源实践协调一致起来①。这实际上将人力资源管理的有效性归结为两点，即外部一致性和内部一致性。人力资源管理职能必须与职能外部因素相一致，这些人力资源管理职能外部因素包括组织战略、文化、结构等企业内部因素以及劳动关系政策、劳动力市场等企业外部环境，由于战略综合地表达了这些因素，因而外部一致性，即人力资源管理职能与职能外部因素的匹配就主要地表现为与战略的匹配。内部一致性则是人力资源管理系统内部各实践要素，如招聘、培训、考核、薪酬管理等方面的一致性匹配。

2. 人力资源管理与战略的配合

Delery和Doty(1996)发表了一篇文章梳理了早期关于战略性人力资源管理的三种不同的观点。一种观点认为有些人力资源实践在所有条件下对所有组织的绩效都能产生正向作用。这种观点认为人力资源实践无需和战略或环境匹配，即普遍性观点。而权变的观点则认为人力资源实践需要与不同的权变因素如战略等配合才能促进组织绩效。配置观点则强调人力资源内部一致性基础上的人力资源管理与战略、文化等组织特征的动态匹配。

对于普遍性管理，很多学者提出了疑问。因为尽管有效的人力资源管理实践的安排(如招聘、培训等)是人力资源管理系统创造价值、提供竞争优势、增进组织效果的基础，但仅凭人力资源实践难以提供持续的竞争优势(Huselid, Jackson, & Schuler, 1997; Way & Thacker, 2001)。有很多学者认为，为了创造价值、提供竞争优势、增进组织效果的基础，人力资源管理系统必须与组织资源(如战略、文

① Wright, P. M., McMahan, G. C., Alternative theoretical perspectives on strategic human resource management, *Journal of Management*, 1992, 18, pp. 295-320.

化等)相联系(e. g. , Delery, 1998; Delery & Doty, 1996; Huselid 等, 1997)。因此相对于普遍观点,强调与战略、文化等联系配合的权变观和配置观受到更多的认可。然而,不同研究者在这种联系的具体概念化上是不同的。

上世纪 90 年代末,Wright 和 Snell 拓展了权变和匹配度的概念,他们认为战略需要和三类人员系统的资源相匹配:人力资源实践、员工技能以及员工表现的行为。同时,还提出了"弹性"的概念。他们认为弹性是一个企业人力资源拥有的技能和行为能够应对竞争环境变化的程度,又是公司能够快速的识别、发展和应用那些能够最大限度的实现弹性的人力资源管理实践的程度。

大多数学者认为,当人力资源管理系统(包含互相一致的人力资源实践)引起组织的人力资源改善那些对组织达到组织目标和目的很有必要的行为(产出)时,战略性人力资源管理的价值以及战略性人力资源管理对组织效果的影响将会被提高(Delery & Doty, 1996; Huselid 等, 1997)。进一步地,学者们建议,当人力资源、人力资源管理安排以及组织的过程支持组织满足内部和外部需求时,战略性人力资源管理的价值以及它对组织效果的影响会大大增强(e. g. , Butler, Ferris, & Napier, 1991; Lengnick-Hall & Lengnick-Hall, 1988)。在战略性人力资源管理研究领域,垂直联系主要是指战略性人力资源管理与其他关键的组织过程(特别时战略)的一致性程度(Delery&Doty, 1996; McMahan 等, 1999),水平联系主要是指通过战略性人力资源管理配置的人力资源管理实践从组织的人力资源中激发的适合的行为(或产出)的程度(McMahan 等, 1999; Wright & Boswell, 2002)。

战略管理中一个"经典"的问题是如何建立和维持预期的外部(环境)需要与预期的(组织)内部资源的匹配。战略性人力资源管理理论的概念基础相对较弱,许多实证研究的假设不是来源于理论基础,或者,与理论基础不一致(Delery, 1998)。尽管一些概念化的观点和理论已被引入多年了,但战略性人力资源管理研究验证了某些联系确实存在(Delery, 1998; Delery & Shaw, 2001; McMahan 等, 1999)。研究者们倾向于缺乏解释战略性人力资源管理所作用的主要联系的原因和过程。这样,垂直联系和水平联系显得十分必要。系统一致理论和战略性参考点理论为垂直联系和水平联系提供了坚实的概念基础。

3. 战略性人力资源人力资源管理的构件与及其效果

基于组织资源观点,Wright 等(2001) 曾提出一个战略性人力资源管理系统的构件模型。Wright 等(2001)指出，有效的战略性人力资源管理应包括组织人力资本库和人力资源管理实践(对人力资本库加以利用的相关活动的总称)两部分，只有两者进行互动作用才能产生良好的员工关系与行为。模型表明,持续的竞争优势并不是单一的或孤立的管理组件的函数,而是人力资本诸元素,如技能的发展、战略相关行为和员工支持管理系统等的组合。

Wright 认为，战略性人力资源管理最终有助于培育企业的核心竞争力。组织动态能力、知识管理和智力资本可以整合在组织资源观点的框架之内，它们是人力资源管理实践构造企业竞争优势的中介变量。人力资源实践的变化有助于形成组织的动态能力;人力资源实践的人员合理流动功能有助于促进组织的知识管理，促进知识创造、转移和整合全过程;人力资源实践的储存功能有助于形成组织智力资本的沉淀。后面二者有助于形成组织的核心资源,并与动态能力一起营造组织的核心竞争力。

就战略性人力资源管理对绩效的影响来看,Huselid 发现高绩效工作系统与组织的离职率及财务绩效指标有关联,并证实离职率与财务绩效之间存在线性关系。Ostroff 也发现人力资源实践与组织绩效间存在“普遍通用”的关系,但也指出,两者的关系要依赖于组织战略变量。Richard 和 Johnson 考察银行系统内战略性人力资源管理实践对组织绩效的影响,发现高绩效工作系统的有效性与员工的离职率存在直接关联。Whitener 详尽考察人力资源实践、员工对组织支持的感知以及组织承诺感之间的关系,发现形成性评价方式和公平奖赏能影响员工对组织支持的感知与组织承诺感之间的关系。

(二) 组织支持理论和组织承诺理论

除了战略性人力资源管理理论,对支持性人力资源实践的研究做出杰出贡献的另两个理论是组织支持理论和组织承诺理论。正是在组织支持理论的发展中，学者们越来越深刻地认识到人力资源实践是组织支持的一个重要来源。正是因为如此才引出对支持性人力资源实践的概念及其相关研究。

支持性人力资源实践是指向员工投资并认可雇员贡献的实践(Eisenerger 等，1986;David G. Allen,2003)。就本质上来讲,支持性人力资源实践与那种义务性质实践是有区别的。与支持性人力资源实践密切相关的概念是员工组织支持知觉。组织支持理论认为,支持性的人力资源实践是通过员工对组织支持的觉察从而对绩效产生间接影响。虽然支持性人力资源实践对应的直接变量是组织支持知觉,而不是组织承诺,但组织承诺与组织支持知觉的关系极为紧密,并且,由组织承诺所引出的高承诺人力资源实践的研究对发展支持性人力资源实践的研究有着重要的贡献,因而,组织承诺理论也可以看成是支持性人力资源实践的理论渊源。

组织支持理论和组织承诺理论在联系人力资源实践和战略对绩效的影响上,主要是从组织支持或组织承诺的角度将人力资源实践作为影响战略制定和实施的重要因素。鉴于上一章中已对这方面的文献做了较详尽的综述,这里不再赘述。

(三) 制造战略理论

制造战略理论可以说是创始于 Selznick (1957)。他给出了独特竞争力(distinctive competence)的解释,并用 Gar Wood boat 公司的案例说明整个组织如何发现从高质量产品转向低成本(大规模生产)产品的困难。Selznick 强调了转变独特竞争力的困难,而不是它提供的竞争优势和劣势。Skinner(1969)用贸易理论发展了这种专门针对制造职能领域的观点,并将战略学家的兴趣转向制造业。该文是美国产业中高层管理中的管理趋势(将重要的制造决策委派给下属)的反应。此后,制造战略理论思想在管理理论研究者和实践者的努力下得到了蓬勃的发展。

1. 制造战略的概念

不同研究者对制造战略概念的理解有着很大的不同。Skinner 认为"高层经理没有意识到产品系统总是不可避免地涉及到交换和权衡,因而产品系统必须被设计成履行有限的任务,而这种任务是被公司的战略界定的"。简单地说,Skinner 提出的模型认为竞争形势和公司的优势及劣势必须被分析以界定公司的制造战略。这说明公司"必须为了竞争而完成制造"并被限定在一系列的可测量的目标下。而任务和目标被用来指导制造结构和制造基础设施中的决策。

Hofer and Schendel(1978)认为,制造战略是战略层次中的一个部分。职能战略(如制造战略)的主要焦点是资源生产力的最大化(the maximization of resource productivity)。这种观点暗示了制造战略是反应性的(对高层次的战略而言)。虽然 Mintzberg (1978)明确地表示反对这种"被形成的观点"。但他也指出过,职能战略能通过协调职能性活动来发展独特的能力和协调作用以帮助提供竞争优势。

Hayes 和 Wheelwright(1985)将制造战略界定为联系业务战略的制造功能领域中决策制定的一致性模式。Hill(1987)认为制造战略是一种调整方法,为了在市场上获得成功,它要求在能力和政策之间达到一致性。Swamidass 和 Newell (1987)认为制造战略是为了有效利用制造优势的一种工具,这种制造优势是实现业务目标和公司目标的竞争武器。按照 Miller 和 Hayslip (1989)的解释,制造战略是制造选择的一种计划模式,是为了提高基本的制造能力,以便支持业务战略和公司战略。Cox 和 Blackstone(1998)将制造战略界定为"一种为了形成和配置制造资源的集合性决策方式。制造战略应支持业务的整体战略定位并提供竞争优势"。

我国的一些学者也对制造战略的概念作了理论探讨。倪文斌、田也壮、姜振寰(2003)认为制造战略是从战略的角度审视企业的制造职能,企业的制造竞争力是企业赢得竞争优势的有力武器。他们对制造战略的概念、研究领域进行了总结,分析了制造战略研究和实践中存在的问题,结合战略管理研究的趋势和企业竞争新的特点,提出了制造战略研究的趋势。

2. 制造战略的内容

Skinner(1969)是最早界定制造战略内容的学者。按其界定,制造战略涉及开发制造职能领域中作为竞争武器的某些优先权,如低成本、质量、交货和柔性等。此后制造战略理论得到了长足的发展。竞争优先权是制造战略的重要内容,后续学者的研究不断增加新的维度,如可靠性、创新、时间等。Skinner 等人认为,竞争优先权之间存在着权衡性(trade-off),企业不可能在各个方面都提高竞争优先权。成本与质量、可靠性与柔性是相互对立的优先权,二者不可兼得。但是,Wheelwright(1984) 的研究表明,企业在成本与质量等优先权之间存在同时获取的可能性。

不同学者提出了制造战略不同的决策领域。决策领域是影响制造战略成败的重要因素,它涉及组织、控制、过程、系统、通讯、态度、经验和技能等多个方面。决策领域分类的代表性观点是 Hayes 和 Wheelwright(1985)提出的,他们认为决策领域由两部分组成:一是结构性决策(structure),指决策过程和技术因素,主要涉及设备、技术、纵向集成和能力等方面。二是基础性决策(infrastructure),例如人力资源、组织结构、质量系统等对结构性决策起支持作用的决策。

3. 制造战略的形成

环境多变性和不确定性是战略管理理论的核心概念。正是环境的多变和不确定,使得战略管理成为组织管理中的核心内容。战略管理能够保证企业在企业经营环境急剧变化和复杂的状况下从未来市场竞争中获得优势。这种优势的获得是以绩效改进得以衡量的,因而绩效改进是评价战略有效性的标准之一。正是基于这样的考量,上世纪 70 年代,以安索夫(Ansoff)(1970)等人为代表的学者成为战略与绩效关系研究的推动者,两者关系的“环境—战略—绩效”研究范式成为经典框架。当然,作为影响战略选择的主要外部因素,环境经历了从传统静态向动态的转变。

与一般战略一样,制造战略的形成也受环境的影响,不仅如此,制造战略的形成还涉及如何确定企业的制造战略目标和制造使命,在评价企业的内外部环境的基础上,通过规划、开发、适应性调整等手段,确立竞争优先权、战略决策和基础设施,进行制造战略选择。它综合考虑了战略规划和实施等要素,使得企业能够对战略效果进行衡量。

制造战略的形成方式是有争议的。Skinner 认为,制造战略是从企业战略派生出来的,应采用自上而下的方法制定制造战略。Skinner 强调了制造战略的“硬”要素(资源、技能、过程、技术),但是对组织中的软性要素(文化、组织结构、治理等)较少涉及。但是 Hayes 和 Wheelright 却认为,制造战略是自下而上自发形成的,制造战略向着精益化方向演进。

4. 制造战略的影响

大多数文献都强调了制造战略对组织绩效有促进作用。有些文献还强调了这种过程中组织资源和特征,特别是人力资源及其实践的作用。较早地将人力资源实践与柔性战略相联系,并且做出较大贡献的不是人力资源管理的研究者,而是制造战略学家。制造战略的研究者将柔性战略看成是制造战略的一个部分,强调了人力资源实践对制造战略的制定和实施的“支持”作用。Hill(1987)认为,人力资源实践是制造战略的“基础设施”,它们共同为企业提供了竞争优势。自从人们觉察到大规模生产难以满足市场发展需求后,制造战略出现了变革①,人们开始重视

① 周三多,邹同阡. 战略管理思想史. 上海:复旦大学出版社,2002.11,p145.

研究柔性战略与人力资源实践的配合问题。Schuler 和 Jackson (1995)认为不同的制造战略需要不同的人力资源实践的配合,并认为与柔性战略有关的人力资源管理实践可以包括:工作设计要考虑各组中各人间的整合和协调;业绩评估注重长期效果并要尽可能地反映团队的成就;薪酬体系设计在市场为基础的前提下强调内部平等而不是外部平等;强调广泛技能发展的职业生涯设计。

我国也有一些学者对制造战略的影响做了探讨,如廖春良、程发新、唐承睿(2003)从制造战略的内涵和国内外研究现状出发,说明了我国研究制造战略的迫切性,阐述了制造战略对我国制造企业提升市场竞争力的影响;从制造业所面临的外部环境和内部环境分析了在我国研究制造战略所具备的有利条件,并指出了我国制造战略研究中应注意的问题。

(四) 制造柔性理论

国外学者对柔性的研究最早源于经济学领域,哈特 (Hart) 早在 1937 就指出,柔性是企业对不确定性的反应,特别是对需求的波动性和市场的不完善性所做出的反应。后来有经济学家把柔性定义为一种能够支撑较大的产出变动的生产技术特性,并从企业成本曲线的角度来研究柔性。在管理学界,Hayes 和 Wheelwright 于 1984 年提出了制造柔性的概念,此后,制造柔性的研究得到了迅速的发展。众多学者基于不同的学术背景,从不同角度对制造柔性进行了相关的研究。

1. 制造柔性的概念

Hayes 和 Wheelwright (1984)认为,制造柔性是在环境不确定背景下满足市场竞争的一个基本策略。这是从战略层面定义制造柔性。

有很多制造柔性的文献便是研究和检验环境不确定性等变量和制造柔性需求之间的关系(Swamidass & Newell,1987;Gerwin,1993)。如 Sanchez 等(1995)以加拿大制造产业为例,研究了创新周期与柔性生产的关系。认为高技术产业更加注重柔性生产,并认为技术水平和产业发展是柔性生产的重要引致因素。Nagarur (1992)从运作管理的角度提出制造柔性的定义:制造系统快速调整相关要素来适应环境变化的能力,这些要素包括产品、生产工艺、工作负载和机械故障等。Derrick 和 Fredrik (2000)的定义得到了广泛的认同:制造柔性是一个多维的概念,反映了制造系统在没有明显损失企业绩效的条件下,应对环境变化做出调整的能力,这个调整尤其体现在产量变化范围和应对环境变化的灵活性上。

可以看出，制造柔性反映了企业生产制造的变化。生产制造是企业流程中的一个重要环节，传统的生产制造部门根据企业生产计划安排组织生产，追求稳定性。为适应外界环境的变化，在现代的生产制造领域，要求企业进行弹性生产，发展制造柔性，如通过制定弹性的生产计划增加计划体系柔性，采用柔性生产技术组织生产，强调技术和设备的可重用、可重组等等。

2. 制造柔性的分类

一些学者在研究中试图发展一种基本的分类，将制造柔性概念分解出几个单一维度。正如 Ram Narasimhan(1999)所指出的那样，运作层面上的柔性有设备柔性(Browne 等，1984)、物料柔性(Gerwin，1987)、路线柔性(Browne 等，1984；Gerwin，1987)、生产计划柔性(Sethi，1990)；策略层面的柔性有产品组合柔性、产品范围柔性(Browne 等，1984；Gerwin，1987)；战略层面的柔性有新产品柔性和市场柔性。新产品柔性是指制造系统引入并制造新的部件和产品的能力(Browne 等，1984；Gerwin，1987)。市场柔性是指制造系统适应市场或影响市场的能力(Gerwin，1993；Sethi，1990)。

除了这些基本的分类之外，还有一些相对综合的分类。Lynch，Cross (1991)和 Upton (1994)将制造柔性分为外部柔性和内部柔性两类。外部柔性与消费者需求变化相关，从而与企业的竞争优势相关；Suarez 等(1996)将外部柔性定义为第一次序的柔性，Chen 等(1992)则称之为基于市场的柔性。通常所指的外部柔性有新产品柔性、产品组合柔性、改进柔性、交付柔性和产量柔性。外部柔性通常被认为更重要，因为外部柔性直接影响到企业的竞争力。而内部柔性是满足企业生产效率的需要，并不直接与市场需求和环境不确定性相关，通常包括机械柔性、物料处理柔性和加工路线柔性等。另一类观点认为制造柔性可以从范围和反应两个关键维度来进行研究。Browne (1984)在研究柔性制造系统的柔性水平时第一次使用了范围柔性的概念。之后 Swamidass (1988)强调了这一观点，并进一步提出速度或反应的概念，即企业在生产线上快速反应的能力，后又被 Gerwin (1993)定义为反应柔性，通常用反应的时间和成本来进行衡量。Derrick，Fredrik(2000)将这些概念进行了归纳，提出了每一个制造柔性的维度都有两个重要因素：范围和反应。范围是每个维度中柔性的程度，企业的可调整范围越大，柔性程度越高。范围柔性表达了生产制造系统的输出可以在某个范围内变化的能力。例如在满足获取相应利润的前提下，生产批量如能随市场需求作动态变化，则系统具有批量柔性。反应指的是企业在每个维度中进行改变的便利程度和敏捷性。反应能力越强，柔性程度越高。反应柔性表达了生产制造系统转换过程中响应系统内外各种可能变化的调整能力。例如产品改变时，必须更换相应的刀、夹具及控制程序，显然具有多种加工能力的加工中心比普通机床更容易实现所需调整，因而具有更高的机器柔性，它是一种反应柔性。

3. 制造柔性与绩效的联系

很多研究都揭示了制造柔性对企业绩效的影响，但在这些研究中出现了两种不同观点：一种观点认为制造柔性与企业绩效之间存在着主要的直接关系，另一种观点认为二者之间关系受到诸多因素的调和作用。主效应论者认为增加制造柔性将会提高企业绩效，而调和效应论者认为制造柔性和绩效的关系是根据情形而变化的，制造柔性和绩效之间的关系受到其他一些变量的调和作用。

在主效应论方面，Swamidass 等(1987) 通过综合的绩效度量发现制造柔性与成长绩效和财务绩效都存在显著的正相关关系。Gupta 等(1996)虽然没有找到九种类型的制造柔性和财务绩效存在的显著正相关关系，但是发现了市场柔性、生产路线柔性和产量柔性等几个柔性都与成长绩效存在着正相关的关系，而生产柔性却与成长绩效存在负相关关系。

与之相对应的是，调和效应论的学者 Fiegenbaum 和 Karnani (1991)发现产量柔性与财务绩效之间并不存在直接的相关关系，却发现组织特征对二者之间的关系存在调和作用。研究发现对于小规模的公司，产出柔性与绩效存在正相关关系，而大规模的企业则不然。

制造柔性的研究者往往将柔性看成是制造系统的一种基本资产(R. W. Grubbstrom 等，1989；Ram Narasimhan，1999)。Ram Narasimhan(1999)将柔性战略看成是制造柔性的战略层面，对运作层面的柔性具有决定的影响。他们强调了企业在获取制造柔性时，人力资源实践的支持作用。Duimering 等人(1993)认为，人力资源的紧密合作能够提高柔性制造生产中多方面的问题解决能力，从而提高柔性制造的整合能力；人力资源的持续互相学习和正式训练能增强组织对柔性制造中技术进步的调整。

通过本章的分析，我们可以看到，支持性人力资源实践及其与柔性战略的配合问题不仅受我国特定的企业制度环境制约，还有着深厚的理论基础，它们与企业绩效的关系已成为人们日益关注的焦点。本章的研究有助于为下一章构建中国背景下制造企业的支持性人力资源、柔性战略与绩效研究的理论框架作铺垫，以便寻找中国背景下制造企业的支持性人力资源实践的一般内容，界定柔性战略的分类，从而有利于后续各章问卷实证分析中对支持性人力资源实践、柔性战略与不同层次绩效间的联系方式的探讨和检验。本章的制度环境分析还有助于案例分析中对特定企业制度环境下基于战略一致性的支持性人力资源实践策略和规划的研究。

第四章 支持性人力资源实践、柔性战略与绩效的理论分析

一、人力资源实践与柔性战略对绩效的作用模式分析

从国外现有的文献来看，无论是理论研究者还是实证研究者，他们在强调人力资源实践或柔性战略对绩效的主效应的同时，都强调了人力资源实践和柔性战略对绩效的整合效应。然而，他们的侧重点有所不同。这里，本文认为，就"整合人力资源实践与柔性战略"而言，主要存在两种典型的分析模式，即将人力资源实践看成是柔性战略支持因素的分析模式和战略性人力资源管理理论的分析模式。

（一）将人力资源实践看成是柔性战略支持因素的分析模式

虽然研究制造战略的学者将柔性战略看成是制造战略的一个部分，研究制造柔性的学者将柔性战略看成是制造柔性的战略层面，然而，将人力资源实践看成是柔性战略的支持因素是他们在"整合人力资源实践和柔性战略"时的主要思路。当然，在细节上也还是有些区别。

1. 研究制造战略学者的观点

在考察人力资源实践与柔性战略的配合对绩效的影响时，研究制造战略的学者是把柔性战略放在制造战略的大背景下来考察的。然而，直到二十世纪六十年代，国外文献中柔性的概念的发展非常缓慢。这主要是因为相对稳定的市场结构和较小的竞争压力。实际上，那时制造战略的角色也没有象业务战略那样重要。当竞争加剧以后，企业家和学者们开始认为制造战略在支持公司战略时扮演着重要的角色。如 Skinner(1969)便认为制造职能是公司战略形成中缺失的一环。别

的学者也有类似的结论。在 Hayes 和 Wheelwright(1979)提出产品系统的特征以后,柔性被看得越来越重要了。他们认为,产品系统的特征涉及产品生命周期(引入期、成长期、成熟期和衰退期);在产品系统的不同生命期内,制造战略应有所变化。他们是较早将柔性战略视为制造战略的组成部分的学者之一。他们认为,从内容角度可以将制造战略的维度划分为四个:成本、质量、柔性和可靠性。实际上,为适应顾客需求的变化,现在的产品生命周期更短,这更加需要柔性战略来进行产品发展和新产品的引入。

当人们还没有将柔性战略看成是制造战略的组成部分时,人们已经重视人事管理对制造战略的支持作用了。如 Skinner(1969)认为制造战略的关键领域不仅包括厂房设备、生产计划及控制、产品设计及工程和组织管理,也包括人员配置。当柔性战略被看成是制造战略的一部分以后,人力资源实践支持其他制造战略(如低成本战略、质量战略等)的角色便延伸到柔性战略。如 Hill(1987)认为"结构"和"基础设施"是制造战略(包括柔性战略)的两个重要支柱。主要的"结构"包括过程技术、生产能力等;主要的"基础设施"包括质量管理、人力资源实践和组织文化等。当"结构"为运作规定了过程和技术,"基础设施"是通过人力资源实践、质量系统、组织文化和信息技术为运作提供了长期竞争优势。他特别强调人力资源实践的对制造战略的支持作用需要通过高层管理者和团队在各种水平下的合作而形成,它是无形的并且是经过一段时期的持续实践而发展的。

近些年来,在战略的资源基础观的影响下,研究制造战略的学者似乎更加重视人力资源实践在形成制造战略(包括柔性战略)过程中的作用。他们一般认为,制造战略是在复杂的过程中形成的。这其中既有有意识的也有自发的行为和决策(Calantone 等, 1994; David Barnes, 2002)。每个公司中一系列的内在的和外在的环境因素影响了制造战略的形成过程。虽然管理者(无论是个人还是群体)的认识过程显著地影响着制造战略的形成过程,但人力资源实践政策和管理文化对制造战略的影响更加值得重视(David Barnes, 2002)。

总的说来,虽然制造战略的学者对影响柔性战略的因素的看法是多种多样的,但他们都在制造战略的大背景下将人力资源实践看成是柔性战略的支持因素。图 4-1 显示了他们的基本思路。

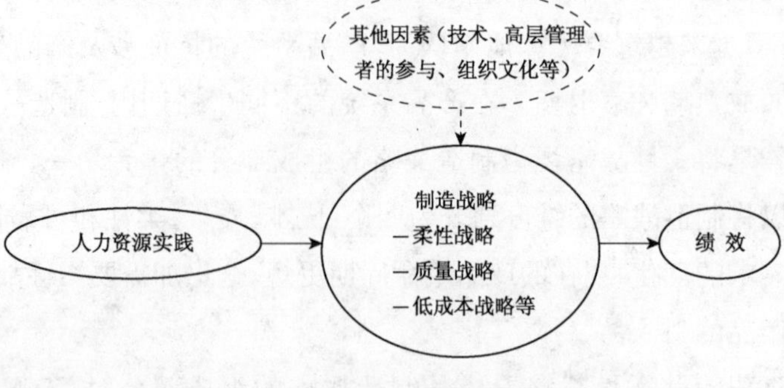

图 4-1　研究制造战略学者的基本思路

资料来源：作者根据本节内容绘制

2. 研究制造柔性的学者的观点

研究制造柔性的学者虽然将柔性战略看成是制造柔性的战略层面，但具体到哪些是战略层面的柔性，不同学者的观点还是有些区别。这种区别来自于制造柔性的不同分类。如 Ram Narasimhan(1999)将制造柔性分为：运作层面的柔性、策略层面的柔性和战略层面的柔性。运作层面上的柔性有设备柔性、物料柔性、路线柔性、生产计划柔性。策略层面的柔性有产品组合柔性、产品数量柔性。战略层面的柔性(即柔性战略)有新产品柔性和市场柔性。而 Fernando F. Suarez 等(1996)则将制造柔性分为两大类："低类柔性"和"第一类柔性"，"低类柔性"可以包括路径柔性、系统柔性、组件柔性等。这类柔性很容易被公司观察到。"第一类柔性"有四种，即混合柔性、批量柔性、新产品柔性、交货时间柔性。"第一类柔性"在市场上直接影响公司的竞争，这类柔性很容易被顾客观察到。"低类柔性" 最终会通过"第一类柔性"对竞争产生影响。我们不难发现，Fernando F. Suarez 等的"第一类柔性"有些类似于 Ram Narasimhan(1999)的战略和策略层面的柔性。

各个层面的柔性不仅是相互联系的，而且都需要人力资源实践的支持。R. S. M. Lau.(1999)总结性地认为，制造柔性有五个方面的基础因素：员工的自主性、交流、技术、部门间关系和供应商关系。值得强调的是，这五个基础因素中的三个都涉及人力资源实践。实际上，为满足竞争的需要，制造商需要建立柔性制造系统以提升制造技术。但要使柔性制造系统获得成功，除非企业的人力资源与之匹配。这需要人力资源实践去获得所需的人力资源、价值观和信念。

与研究制造战略学者的观点不同的是，研究制造柔性的学者是将柔性战略看成是制造柔性的战略层面。这样，在强调人力资源实践与柔性战略的匹配的同时，他们也强调人力资源实践与运作柔性和策略柔性的匹配。只是他们强调的这种匹配是在制造柔性大背景下的匹配。图 4-2 显示了他们的基本思路。

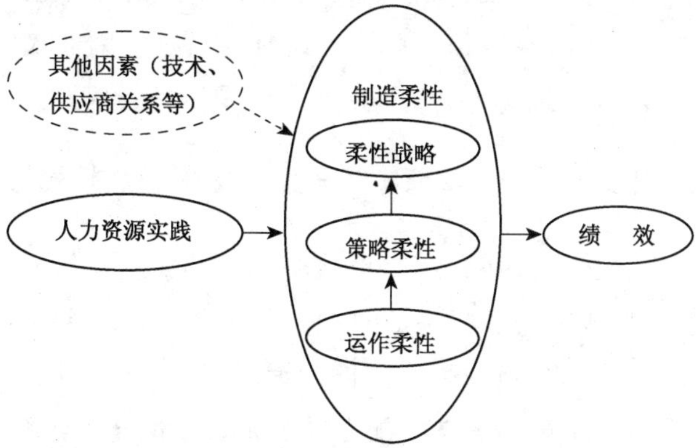

图 4-2　研究制造柔性学者的基本思路

资料来源：作者根据本节内容绘制

（二）战略性人力资源管理理论的分析模式

战略性人力资源管理理论在充分考虑了人力资源实践是一种可能的核心资源的来源的同时，也认可了战略的影响。就柔性战略与人力资源实践的配合（fit）而言，有两种观点，即权变的观点和配置的观点。

权变的观点认为人力资源实践对绩效作用时会受到柔性战略的影响。如 Schuler，R. S. 等人（1995）认为与柔性战略有关的人力资源实践可以包括：工作设计要考虑各组中个人间的整合和协调；业绩评估注重长期效果并要尽可能地反映团队的成就；薪酬体系设计在市场为基础的前提下强调内部平等而不是外部平等；强调广泛技能发展的职业生涯设计。

配置的观点则认为既不能单独考虑人力资源实践也不能单独考虑柔性战略导向，而应该把两者配合的各个组合当作一个个子系统。

研究战略性人力资源管理的学者不再像研究制造战略或制造柔性的学者那样，将人力资源实践理解为柔性战略的支持因素，而是更加强调人力资源实践与柔性战略的交互作用。围绕着这种交互作用的检验，形成了权变的观点和配置的观点。此外，战略性人力资源管理在强调人力资源实践与战略的配合的同时，还强调人力资源管理的内部匹配，以及人力资源管理与其他外部因素，如行业特征、劳动力政策和市场环境、组织文化等。总之，战略性人力资源管理理论对人力资源实践、战略与绩效关系的审视是放在人力资源管理的内外部一致性的大背景下的审视，只是战略往往综合地反映了组织的内外部环境特征。因而人力资源管理的内外部一致性问题突出地表现为人力资源实践与战略的配合问题。

(三) 两种典型的“整合人力资源实践与柔性战略”分析模式的比较分析

在不同的“整合人力资源实践和柔性战略”的研究思路中，两种分析模式有着各自的特色：制造战略的研究者将柔性战略纳入制造战略的整体框架中，他们在比较柔性战略、低成本战略、质量战略等不同制造战略与人力资源实践的匹配中，寻求人力资源实践和柔性战略的最佳匹配方式。他们对战略方面考虑较多。制造柔性的研究者则在研究人力资源实践与柔性战略匹配的同时，深入研究人力资源实践与其他层面的柔性的匹配，这有助于更好地理解人力资源实践与柔性战略的整合。而战略性人力资源管理理论在研究人力资源实践和柔性战略的整合时，则把重点引向人力资源管理领域，将人力资源实践与柔性战略摆在同样重要的位置。

然而在这些“整合人力资源实践和柔性战略”的研究思路中，也存在着一些共同的不足：第一，对不同类型的柔性战略与人力资源实践的匹配的研究不足。虽然人们现在已赞同柔性战略存在次级分类，如产品创新柔性战略和市场柔性战略（杨东涛，2004），但是对不同的柔性战略与不同的单项人力资源实践（或者人力资源实践系统）匹配的研究明显不足。第二，大多数的分析都是从组织层面来分析，很少有研究是结合个体的角度来分析。制造战略的研究者和制造柔性的研究者在考虑人力资源实践和柔性战略的整合时基本不考虑员工个体层面，而研究战略性人力资源管理的学者在引入个体变量时往往忽视战略的影响。第三，对不同层面的绩效的研究存在不足。大多数“整合人力资源实践和柔性战略”的文献中只是单一地考虑他们对制造绩效或公司绩效某一方面的影响。

(四) 研究支持性人力资源实践、柔性战略与绩效的基本理论框架

在上面的评价中，我们已觉察到了目前在考察人力资源实践和柔性战略的整

合时的不足之处。当具体到研究“支持性人力资源实践、柔性战略与绩效”时，本研究将首先提出一个研究支持性人力资源实践、柔性战略与绩效的基本理论框架，并在此基础上提出扩展的理论框架。

图 4-3 显示了我们提出的一个研究“支持性人力资源实践、柔性战略与绩效”的基本研究框架。首先，从组织层面来说，支持性人力资源实践会与绩效产生一般的联系。其次，在这种联系中，柔性战略会有调和作用。

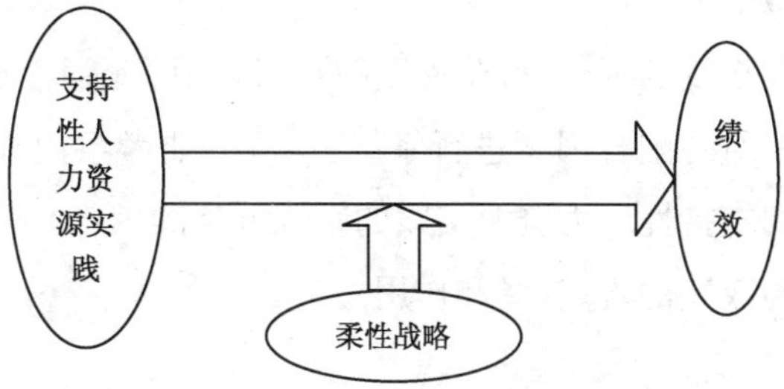

图 4-3　研究支持性人力资源实践、柔性战略与绩效的基本理论框架

资料来源：作者根据本节内容绘制

这里，要特别指出的是，本研究注意到了目前整合人力资源实践与柔性战略的两种基本思路，但本研究主要根植于战略性人力资源管理理论的思路，而不是制造战略学者或制造柔性学者的研究思路。为此，本文认为支持性人力资源实践通过柔性战略与绩效的联系是微弱的。

下面，我们有必要重点探讨柔性战略在支持性人力资源实践与绩效相联系时的调和作用(权变观)。当我们考察这种调和作用时，就是在考察支持性人力资源实践与柔性战略的交互作用，这就涉及支持性人力资源实践与柔性战略的“配合”问题。

一般地，配合(fit)意味着两个或更多的因素(能导致更好的绩效)的一致性。为了说明配合的概念，让我们考虑任务类型和技术工人类型这两个因素。在生产中，任务的类型可能是确定的(如大规模生产)，也可能是不确定的(这取决于生产的产品类型)。不同的任务类型所需要的技术工人是不同的。专门化技术工人最适合的任务是在确定的环境下工作，而拥有多种技术的工人适合于需要提高和保持工作效率的任务。这便是“配合”的一个简单例子。

西方学者们广泛运用了“配合”的概念来考察管理的一些问题。例如，人们普遍认为,战略、技术与其他的一些背景变量的配合能提高组织绩效。这些背景变量主要有:外部环境(Hambrick, 1988)、组织结构(Rumelt, 1974),管理系统(Youndt,等, 1996)、管理者特质(Gupta 等, 1984)、企业家类型(Naman & Slevin, 1993)等。基于"配合"方面的研究,出现了一些新的管理术语,如合作竞争力(Cooperative competencies)(Tyler, 2001)、"组织逻辑"(Organizational logic)(MacDuffie, 1995)等。西方学者在研究"配合"时,有两种基本的观点,它们是:权变的观点和配置的观点。

一般地说,比起权变的观点,检验配置的观点要困难得多。这主要是因为在检验配置的观点时,要对各配合因素进行系统分类,并要考察内外部的一致性匹配。在本研究中,考虑到支持性人力资源实践的系统分类的困难,本书将不再检验配置的观点,而只是检验权变的观点(调和作用)。

二、支持性人力资源实践对员工绩效改进的心理和行为的作用分析

(一) 引言

在最近的十几年里,组织学者和实践者对员工绩效改进行为表现出越来越浓厚的兴趣,研究员工绩效改进行为正成为一个重要的社会科学领域。就绩效改进而言,很多研究集中于宏观环境因素或企业的机遇因素。不可否认,这些研究极大地增强了我们对企业绩效改进的理解程度,但是,它却忽视了员工行为在绩效改进中的作用。实际上,企业的绩效改进归根结底还是要靠员工在企业的日常管理过程中表现出恰当的角色内行为和角色外行为。并且,这些有利于绩效改进的行为在影响员工自身福利的同时,必定受企业人力资源实践的影响。虽然关注企业绩效改进的研究者已经批评了在员工行为研究中涉及个人的因素方面所存在的经验主义错误。但是,由于这一领域内这方面研究还不够充分,因此,我们认为绩效改进理论的发展需要把企业绩效改进中的个人因素考虑进来。

有学者已经认为所有人类行为都是与认知和情感等人的因素有关,其中认知因素包括能力、智力以及技能等(Locke, 2000)。员工的绩效改进行为不仅与员工

的认知和情感等因素有关，还与所处的环境因素有关，如任务指标、经验和技能的获得能力、同事的行为反应以及组织政策等。然而，在特定的时间周期内，环境因素一般是相对保持不变的，因此，可以认为员工的认知和情感等人的因素在绩效改进行为的形成过程中起着关键性的作用。

本节的目的在于研究员工绩效改进行为形成中，员工是如何对支持性人力资源实践作出反应的，并试图得出形成员工绩效改进行为的组织支持知觉和感情承诺等因素的作用方式。为此，我们从员工的组织支持知觉与感情承诺的角色分析出发，结合信息反馈结果，给出支持性人力资源实践、员工的组织支持知觉、感情承诺与员工绩效改进行为间联系的概念框架，其中的反馈研究有利于对员工绩效改进行为作初步预测。概念框架的研究致力于一些基本因素对员工绩效改进行为的影响方式。本节的最后部分，我们对此模型进行了必要的讨论，重点在于探讨员工组织支持知觉和感情承诺等行为影响因素的细节情况，并指出模型的局限性以及未来的研究中可能改进的方向。

（二）员工的组织支持知觉与感情承诺的角色分析

1. 员工的组织支持知觉的角色分析

Davis 和 Luthans(1980)指出，社会学习理论(SCT)已经被认为是解释人类在组织中行为的最广泛的框架。他们也提出了在组织中四种基本的人的行为方式：(1)人影响行为；(2)环境影响行为；(3)人与环境影响行为；(4) 社会学习作用下的行为。Bandura (1977, 1986)提出了社会学习理论的许多关键过程，这些过程涉及人、行为与环境的相互作用，并被作为组织行为学的基础。实际上，社会学习理论解释了一些独特的相互影响人类行为的过程。

这两个基本的社会学习理论的原理对于认识员工的组织支持知觉具有重要的启示。首先，隐秘的认知过程实际上几乎影响到了社会学习的各个层面，认知因素在很大程度上决定了对外部事件的观察、理解与组织(Bandura, 1977)，并且对环境和行为产生了重要的影响(Davis & Luthans, 1980)。就员工的绩效改进行为而言，其对组织支持的认知过程也必定是基础因素。其次，对于个人与环境的关系的认知过程，自我监督作用扮演了一个中间角色。自我监督作用在行为控制中的重要性变得显而易见(Carver & Scheier, 1981; Davis & Luthans, 1980)。因此，对于员工的组织支持知觉的分析应当发生在社会学习理论三个主要变量(人、环境与行为)的互动中。换句话说,员工的组织支持知觉一般是与员工的个人特征、员工面临的环境及员工行为相互联系的。

2. 员工感情承诺的角色分析

Lazarus 的应对压力处理模型（Lazarus，1966，1991）往往被用来作为“易变的情感”的理论框架。根据 Lazarus 的观点,人与环境相互作用导致个人评估的两个阶段,即初次评估和二次评估。在初次评估中,个人确定是否遭遇到与个人有关的利害关系。如果个人确定有此情况,他们进入二次评估,期间确认因果关系,应付潜在压力,评价未来预期。他也认为,通过“努力”,人与环境的关系发生变化,形成了个人觉察到的境遇的内涵。他进一步指出,由于情感是对这种境遇内涵的反应,因此是“努力”形成了一系列的情感反应。

与许多其他的情感理论一样(如 Clark & Watson,1994),Lazarus(1991)认为,每一种情感都有其行为暗示。例如,焦虑暗示避免或逃避行为,悲伤暗示迟钝或退让行为。虽然有人认为积极的情感并没有明确的行动倾向,但还是认为情感影响行为的意义重大,这样也成就了人类的力量(Fredrickson,1998)。例如,快乐会促进个人的游戏爱好,从而拓宽人们的思维,甚至增强他们的社会关系;在新形势下体会到的兴趣鼓励探索,因此,也增加了获得新信息和新知识的可能(Clark & Watson，1994)。

就组织中的一般员工而言,当他们遇到组织的反馈信息,如支持性的人力资源实践时,同样要经过初次评估和二次评估,初次评估在于判断信息的正负面影响;二次评估会促进他评估未来预期并设定目标。同时,员工的情感是他先前的“努力”的结果。而这种“努力”是建立在他以前对环境的认知和个人情感的基础之上的。就感情承诺而言,员工在某一时期的感情承诺是一种重要的情感反应,同样也是他先前的“努力”的结果。而这种“努力”是建立在他以前对组织支持的认知和个人原先的感情承诺的基础之上的。

(三) 员工绩效改进行为的反馈过程模型

1. 反馈的定义和界限

在组织行为学领域,反馈被界定为关于过去行为的信息,特别是有关工作决策和工作行为的精确性、合理性及正确性的信息(Ilgen 等，1979)。同事、顾客、监督者、任务都能够提供外部反馈。个体也能够从内部(自我)反馈中扮演积极的角色。内部反馈是将有用的业绩信息与工作标准和工作目标相比较。反馈信息有多种维度,包括准确性、数量、频率、信号、特殊性、及时性等方面。学者们提供了多种理论来解释反馈和工作绩效之间的关系,比较著名的有控制理论、认知理论和目标理论。

不同来源的反馈可信度差别很大 (Fedor，1991)。就员工的绩效改进行为来讲,很重要的一点是要能被其他个体所接受。但是,由于内部(自我)反馈的内在合理性和内部(自我)反馈的内在可接受性,人们有时对他人提供的反馈不太感兴趣。同样应该注意的是,我们认为员工的工作行为主要是由反馈信息引发的。当然,其他环境也许会触发员工的绩效改进行为。但是,本节的焦点是关于组织支持性人力资源实践的反馈,这里着重考察支持性人力资源实践的反馈信息引发员工绩效改进行为的具体情况。

2. 一个关于员工绩效改进行为的反馈过程模型

到目前为止，一些较有影响力的模型解释了个体怎样对反馈信息作出反应。Ilgen 等人(1979)第一次基于控制理论提出了具有代表性的反馈模型。大约十年后,Fedor (1991) 更新了这个模型,但保留了 Ilgen 等人模型中一些概念化的部分。另外,O'Leary-Kelly 于 1998 年提出一个新的信息反馈模型。这个相对新的模型调查了信息反馈小组(而不是个人信息反馈)，预测了个体反作用的效果(例如模型考虑了在各自的小组成员身上小组反馈的作用)。

这些模型存在很多区别,但也有一些相似之处。因为本节的目的是研究从反馈学的角度怎样理解员工的绩效改进行为。为了让我们的模型具有一定的理论意义,我们建立了一个概括的模型,这个模型的很多观点来源于以上提到的三个模型。这些反馈模型的基本的框架(Fedor 1991；Ilgen 等，1979；O'Leary-Kelly，1998)是直接联系的。我们的模型不是刻意去反映这三个模型所包含的联系,它只是包括了前人的一些关键概念,目的在于增进我们对员工绩效改进行为的理解。下面我们来看这个模型的基本结构(如图 4-4)。

首先,员工将根据支持性人力资源实践的来源特性(如来源的可信度)以及支持性人力资源实践的信息特性(如信息的信号和准确性)来评估反馈信息。这些信息反馈中认知来源和认知信息的特点会影响员工在反馈接收中的感受及认知处理,也就是形成组织支持知觉。其次，员工的组织支持知觉，或者说是员工对支持性人力资源实践的认知处理会影响他们感情承诺和绩效改进行为意愿的发展。感情承诺会影响目标，并进而影响着绩效改进行为意愿。最后，绩效改进行为意愿将与境遇因素（包括约束因素和促进因素）产生交互作用，对员工的实际绩效改进行为产生影响。

该模型表明在员工的绩效改进行为的形成过程中，个人基于对支持性人力资源实践的来源特性和信息特性的反馈，经过了“认知——情感”过程。期间他们会在情感上做斗争，并试图使绩效改进发挥作用而选择自己的绩效改进行为意愿，并实践他们的绩效改进行为。

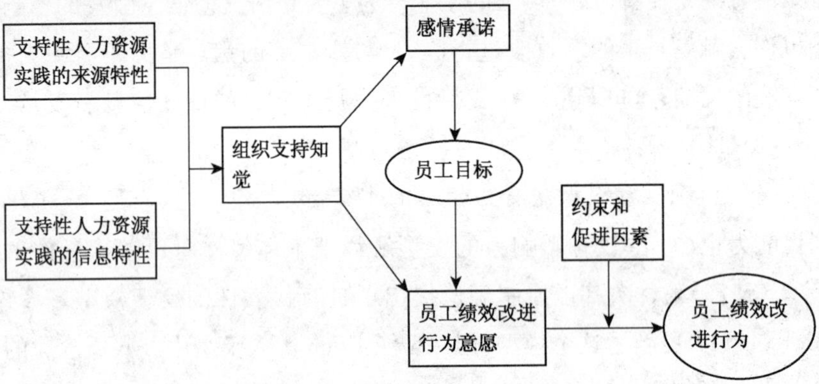

图4-4　支持性人力资源实践、员工组织支持知觉、感情承诺与员工绩效改进行为

（四）有关模型的讨论

1. 支持性人力资源实践的认知特性与员工的组织支持知觉

根据以前学者的研究，员工在得到反馈信息之前，他会分析这个信息的来源。如果员工认为信息的来源是可以信任的，认知来源的可信性特征会被接受，那么他多半会接受这个反馈信息（Ilgen 等，1979）。例如，很多员工会认为专家的信息比普通人的建议更让人信服。

同样的，支持性人力资源的来源特性会影响员工的组织支持知觉。当组织基于员工的利益采用一项支持性的人力资源实践（如培训）时，组织的管理者（如培训主管或人力资源总监）也许会极力向受训者介绍这项实践的支持性效果，可受训者往往并不认同。这里，如果信息的来源发生改变，不是组织的管理者而是接受过同样培训的员工向受训者推介，则结果会大不一样，受训者会有很多的组织支持感。

在员工对支持性人力资源实践的认知处理中，信息本身的特性也起着重要的作用。信息本身特性的一个重要方面就是信息的精确性。有研究显示，在员工每天接受到的大量正式或非正式的信息中，自我评价促使他认定一些正面的组织支持信息更具有精确性。自负和傲慢往往使某些员工作出超出自己能力范围的承诺和与事实相反的想法。精确性的评价涉及精确性的比较标准。最可能发生的比较标准是自我评价，而自我评价却往往有偏见，特别是在自我增强方向上的比较（Atwater & Yammarino，1997）。因此，员工自我评价的客观性极大地影响着他对支持性人力资源实践的反馈信息的认知处理。实际上，一些个人的特征影响着这种自我评价的精确性。一般认为，具有外部控制点、认知复杂性低、外向性低、自我感觉低调的员工更容易有一个客观的自我评价。

员工的反馈信息处理大多选择归因的方法，但是信息处理的水平却相差很大，较高的信息处理水平涉及详细的观察和分析。当信息处理水平低时，员工往往只注意到一些次要的组织支持信息，而对关键的组织支持信息缺乏感知。

2. 感情承诺和员工目标对员工绩效改进行为意愿的影响

较高的感情承诺会产生一些行为意愿，如努力做好本职工作的行为意愿、组织公民行为意愿等，这些都可能是绩效改进的行为意愿。对员工的目标实现来说，绩效改进行为意愿是一种重要的行为意愿。它可能是在知觉到组织支持后直接产生的，也可能是间接产生的。在间接的情况下，感情承诺和目标方面的因素起着中介的作用。如当支持性人力资源实践的反馈信息是负面的，员工的情感受到抑制，他的感情承诺会降低，这样会降低自我工作目标以便试图降低负面信息的影响，这时员工的绩效改进行为意愿往往变得很消极。这里，自我知觉目标扮演重要的角色，它试图使事情发展得与原先的预期一致。

3. 约束和促进因素的调和作用

员工的绩效改进行为意愿并不总是能够导致员工绩效改进行为的产生。有些因素限制了实现绩效改进行为意愿的个人能力或欲望，例如，当员工面对“产品销售业绩好会有高额奖金”这样一个正面的信息反馈时，虽然他想通过绩效改进来提高销售业绩，但如果他发现顾客偏好已经发生变化，他的增进销售方面的绩效改进意愿（如采用有创意的销售方式）便难以转化为实际的绩效改进行为。总的说来，绩效改进行为难以产生主要是考虑到实现绩效改进行为的成本，包括机会成本（如时间、精力等)、目标附加成本等。如果成本过大,员工会改变绩效改进行为意愿的方向(如上例中员工可能考虑产品销售大幅增加的可能性),那么原先预期的绩效改进行为就难以实现。当然,对待风险与机遇的理解不同也影响着员工的决策。

员工的绩效改进行为实现的促进因素也是很多的。如责任感会通过员工的道德控制系统促使他的行为意愿形成实际的绩效改进行为。如当企业身处逆境时,一些有能力的员工的高度责任感会促使他有更强烈的动力来将绩效改进行为意愿转化为实际的绩效改进行为。

4. 模型的局限性和模型的可能发展

员工绩效改进行为的形成是组织行为科学内的一个相对独特领域。其形成过程是很复杂的。一种解释是,虽然它的两个分支,即心理学角度的研究与管理角度的研究有助于建立各自独特的研究特点(如管理学研究侧重于组织战略、组织文化等组织层面的研究,而涉及心理学的研究则强调员工的特质、个人动机等方面。),但是两个分支均有各自的局限性。本模型从组织心理角度来构建,类似于供给方研究法,探讨作为员工绩效改进行为的个人意愿和行为的可实现性,自然有着这类模型的共同局限性。另外,虽然本研究探讨了个人因素和境遇因素在解释不同员工绩效改进行为效率时的重要性,但模型在很多细节方面还有待于进一步研究,如员工自我知觉目标的范围究竟包括哪些等。

在下一节的研究中,将考虑本节模型和上一节模型的整合,以便后续的实证研究的顺利进行。首先,关于模型整合方面,可以考察某些相关变量的增减。例如,虽然本模型没有将离职意愿作为模型中的变量,但离职意愿确实是组织支持知觉和感情承诺的一个极重要的影响变量,可以考虑增加离职意愿变量。在本节的研究中,为了从理论上考察支持性人力资源实践的认知特性对组织支持知觉、感情承诺和绩效改进行为的影响,特别设置了支持性人力资源实践的来源特性、信息特性、自我知觉目标等变量。这些变量的设置主要是为了能有利于深入地从反馈学的角度研究绩效改进行为。可以说,这些概念有利于明确支持性人力资源实践对员工绩效改进行为的影响过程,但不是都要整合进拓展的理论模型中。员工的心理(特别是组织支持知觉和感情承诺)和行为会影响员工的工作绩效,并进一步影响人力资源部门绩效、制造绩效,乃至公司财务绩效。因此,本研究中员工的组织支持知觉、感情承诺等变量是从员工层面影响组织绩效的重要变量。其次,为了使整合的模型便于实证研究,可以先对一些易于量化的变量进行整合,然后对变量联系作一些初步的实证研究。而对有些难以量化的变量,如绩效改进行为则暂不考虑整合,待未来各方面研究成熟后,再考虑进一步的整合和全面的实证研究。

三、支持性人力资源实践、柔性战略和绩效的扩展理论分析

在第一节的基本模型中,没有引入个人层面的变量,更没有对绩效进行分类,下面我们引入组织支持知觉、感情承诺①等个人层面的变量,并将绩效分为人力资源绩效(主要考察自愿离职)、制造绩效和财务绩效②后,提出一个研究支持性人力资源实践、柔性战略与绩效的扩展理论框架。

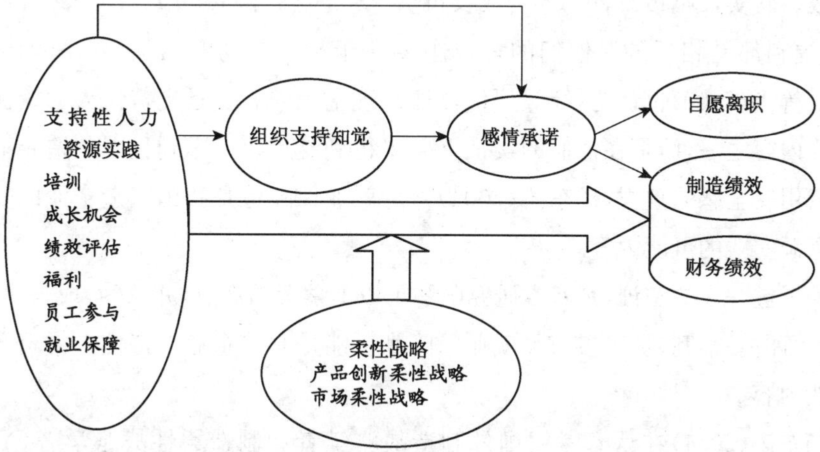

图 4-5　研究支持性人力资源实践、柔性战略与绩效的扩展理论框架

资料来源:作者根据本节内容绘制

图 4-5 显示了本节提出的一个研究“支持性人力资源实践、柔性战略与绩效”的扩展的理论框架。首先,从组织层面来说,支持性人力资源实践会对制造绩效和

① 感情承诺也可以看成是一种人力资源绩效,笔者注。

② 详细的界定参考本章的变量界定(第三节),笔者注。

财务绩效产生一般的直接影响。在这种影响中，不同的柔性战略（如产品创新柔性战略和市场柔性战略）会有不同的调和作用。其次，当加入个人层面的变量后，支持性人力资源实践会通过组织支持知觉、感情承诺对自愿离职及制造绩效产生间接影响。

（一）支持性人力资源实践、柔性战略与绩效

支持性人力资源实践（Supportive Human Resource Practice）是指“向员工投资并认可员工贡献”的一类实践。很多学者都强调了支持性人力资源实践对制造绩效的影响。然而，不同的学者对哪些属于支持性人力资源实践的重要内容的认识是不同的。David G. Allen（2003）认为，支持性人力资源实践主要包括：员工参与、奖赏公平和成长机会。John P. Meyer 和 Catherine A Smith（2000）对多个不同组织的员工进行调查，他们认为，职业发展、福利和培训是重要的支持性人力资源实践。其实，David G. Allen 的成长机会、奖赏公平和 John P. Meyer 等的职业发展、福利都是相近的。他们的争议主要在于员工参与和培训。另外，John P. Meyer 等人（2000）也认为，绩效评估往往在理论上被看成是支持性人力资源实践的重要内容之一，但是在他们的实证上并未得到支持。考虑到我国制造企业的员工对聘用安全感的重视，杨东涛（2004）认为就业保障也是我国制造企业的支持性人力资源实践的可能内容。

为了进一步的实证检验，本研究归纳了以上学者的观点，并认为，成长机会、培训、绩效评估、福利、员工参与和就业保障都可能是制造企业支持性人力资源实践的一般内容。

杨东涛（2004）在认真考察国外制造战略学者和制造柔性战略学者（Youndt 等，1996；Fernando F. Suarez 等，1996；Ram Narasimhan，1999；Browne 等，1984；Gerwin，1987，1993；Sethi，1990）的观点的基础上，结合我国制造企业的实际，将柔性战略分成两大类，即产品创新柔性战略和市场柔性战略。产品创新柔性战略涉及制造系统引入并制造新的部件和产品的能力；市场柔性战略涉及制造系统的调整以便适应市场或影响市场的能力。

本研究认为，与西方的一些国家相比，虽然我国制造企业的支持性人力资源实践的一般内容可能存在差异，然而它们与制造绩效或财务绩效会发生正向的联系。

并且不同的柔性战略(产品创新柔性战略或市场柔性战略)在支持性人力资源实践与制造绩效或财务绩效的联系中都有调和作用。

(二) 加入个人层面变量后的分析

与制造绩效一样,组织支持知觉和感情承诺也是支持性人力资源实践的后续变量。组织支持知觉涉及员工对"组织如何评价他们的贡献和关心他们的生活条件"的看法(Eisenberger 等,1986)。组织支持知觉在一定程度上代表员工对那些控制他们的资源和报酬的管理人员的总体评价(Maria L Kraimer 等,2001)。另外,按照 J. P. Meyer 和 N. J. Allen 的看法,组织承诺可分成三种:感情(Affective)承诺、继续承诺(Continuance)和规范(Normative)承诺。感情承诺涉及个人对组织的感情依赖;继续承诺涉及员工考虑了离职成本而留在组织中的动机;规范承诺则涉及员工对"保留为组织中的一员是一种义务"的感知。

本研究将感情承诺设计为研究变量,其主要理由是,支持性人力资源实践主要通过组织支持知觉对感情承诺产生影响。而继续承诺和规范承诺将会涉及更多的个人因素,支持性人力资源实践通过组织支持知觉对继续承诺和规范承诺的影响较小(John P. Meyer & Catherine A Smith, 2000)。

在本节的框架中,虽然我们认为中国企业的支持性人力资源实践的内容与国外的有所不同,但我们也认为组织支持知觉是感情承诺的重要影响因素,支持性人力资源实践会通过组织支持知觉与感情承诺发生联系。

当加入组织支持知觉和感情承诺等个体层面变量后,我们认为支持性人力资源实践可以通过组织支持知觉和感情承诺对制造绩效产生间接影响。虽然支持性人力资源实践对某一方面的制造绩效(如质量的改进、客户满意度或技术进步等)的影响可能不是显著的,但对整体的制造绩效则有可能存在间接影响的。另外,我们也认为,支持性人力资源实践可以通过组织支持知觉和感情承诺与自愿离职(作为人力资源管理部门的重要绩效)发生间接联系。

本节提出的研究框架主要是以战略性人力资源管理理论为基础。然而,在我国制造企业背景下,支持性人力资源实践的重要内容、支持性人力资源实践与不同柔性战略的匹配方式、支持性人力资源实践在组织层面对制造绩效的直接影响以及加入个体层面变量后对制造绩效及自愿离职的间接影响等都需要进一步的实证研究。下一节在扩展后的理论模型的基础上进行变量界定，以便进一步的实证研究。

四、扩展理论框架中的研究变量界定

为了便于实证展开，以便检验假设，有必要对扩展理论框架中涉及的变量进行严格的界定。本研究涉及的变量主要有：支持性人力资源实践、柔性战略、组织支持知觉、感情承诺和绩效等几个方面。下面将分别对各变量进行界定。

（一）支持性人力资源实践

本研究将支持性人力资源实践（Supportive Human Resource Practice）界定为"向员工投资并认可员工贡献"的一类实践（David G. Allen，2003）。正如我们前面所概括和补充的那样，我国制造企业的支持性人力资源实践的一般内容可以包括成长机会、培训、员工参与、绩效评估、福利和就业保障（David G. Allen，2003；John P. Meyer & Catherine A Smith，2000；杨东涛，2004）。

1. 成长机会

与成长机会非常接近的一个概念是职业发展。从组织角度广义地讲，职业发展涉及选拔、安置、定位、培训、轮换、指导甚至员工离职等多个方面①（Kevin C Wooten & Anthony T Cobb，1999）。职业发展也可以狭义地被界定为，组织重视和鼓励员工制订个人职业计划，并结合组织的需求和发展，给员工以多方面的咨询和指导，创造条件帮助员工实现个人的职业目标的过程②（何娟，2000）。本研究中的成长机会是一种狭义上的职业发展，是指组织为满足自身的人员需求和员工的需要，指导员工制定职业发展规划并公平地提供充分的发展机会和明确的升迁途径的过程（Delary 等，1997；杨东涛，2004）。

成长机会是公司可得到的、用以保证在未来的竞争中所需的关键方法之一。成长机会直接与公司对其环境作出灵活和富有适应性的改变的能力有关，是投资的一

① Kevin C Wooten & Anthony T Cobb（1999）界定的广义的职业发展的范围接近 Gutteridge 等（1993）概括的范围：给个人提供自我评估工具和机会；进行个别职业发展咨询；发布内部劳动力市场信息；设置潜能评价中心；实施培训、发展项目等。

② 何娟. 人力资源管理. 天津：天津大学出版社，2000，p136.

种形式[①]。由于这种投资既可理解为组织层面的也可以理解为个人层面的，因而，它是支持性人力资源实践的一项重要内容。在实证中，本研究从升迁途径的明确性、发展机会的充分性、公司是否重视以及升迁机会的多重性四个方面来衡量（表4-1）。

表 4-1　成长机会的界定

研究变量	项　目	检验维度
成长机会	公司内部员工的升迁有明确的途径 公司内部员工机会很少 员工在本公司内部的事业抱负被他们的直接主管所了解 谋求提升的员工拥有不止一个可被提升的潜在职位	指企业对内部劳动力市场的运用，即企业主要是通过从内部还是从外部进行招聘

2. 培训

培训是指公司为了有计划地帮助员工学习与工作有关的综合能力而采取的努力，这些能力包括知识、技能或者是对于成功地完成工作至关重要的行为（雷蒙德·A·诺依等，2001，p261）。它是一个培养技能、规则、理念或态度的系统工程，其结果有助于在雇员个性和就业要求之间达到较完美的结合（乔治·T·米尔科维奇等，2002，p385）。管理者的重视对成功的培训至关重要。虽然公司加强员工培训的目的主要源于工作需求，但客观上它是一种对员工的投资行为，因而，培训也是一种明显的支持性人力资源实践。

本研究从培训计划是否广泛、培训次数是否频繁、培训目的是否考虑技能以及员工的晋升等四个方面来界定培训的内涵（表 4-2）。我们强调培训计划是否广泛、培训的经常性是因为培训所关注的重点正从教授员工掌握具体的技能转变为对知识的创造和分享等更广的范围[②]；强调培训目的是因为成功的培训的一个重要条件是公司和员工的互相合作（Robert Rodgers 等，1993）。这些都从不同角度解释组织在培训上的支持性（Delary 等，1997；杨东涛，2004）。另外，虽然培训与员工的晋升往往是紧密相连的，但从这种联系的强弱上也可以看出组织对员工的支持程度。

---

① 迈克尔·比尔. 管理人力资本. 华夏出版社，1999，p51.

② Baldwin, T. T., Danielson, G., & Wiggenhorn, W., the evolution of learning strategies in organizations: from employee development to business redefinition, *academy of management executive*, 1997, 11, pp. 47 - 58.

表 4-2 培训的界定

研究变量	项　目	检验维度
培训	为员工提供了广泛的培训计划 员工每隔几年即可接受正常的培训计划 为员工提供正规的培训项目以教会他们从事该工作所必需的技术 为员工提供正规的培训项目以提高他们被提升的可能性	指企业是否为员工提供广泛而正规的培训，以使他们获得工作所需的技巧和升迁可能

3. 绩效评估

由于绩效存在不同的层面，如组织、团队、个人等，绩效评估的内涵也就存在显著的区别。本研究的绩效评估是指评估员工绩效的过程，员工绩效是指员工完成要求的工作的程度。乔治・T・米尔科维奇等(2002)认为绩效管理包括绩效的界定、绩效评价和绩效反馈。本研究的绩效评估除了将绩效定义在员工的层面外，还包括了员工对绩效评估过程是否合理的信息反馈。但这种信息反馈不同于乔治・T・米尔科维奇等的绩效反馈的概念，因为他们的绩效反馈是指组织向雇员提供信息反馈，以便员工能够根据组织的目标来改进自己的绩效。

绩效评估是组织决定员工培训、成长机会、福利等其他支持性人力资源实践的重要依据，并且，绩效评估的公平性涉及到对雇员的贡献的认可(John P Meyer 等，2000)，这样，我们便不难理解为什么许多国外学者在理论上将它理解为一种常见的支持性人力资源实践了。在实证中，我们从组织对绩效评估是否客观公平、员工是否有反馈能力等方面来界定绩效评估(Delary 等，1997；杨东涛，2004)(表 4-3)。

表 4-3 绩效评估的界定

研究变量	项　目	检验维度
绩效评估	每位员工皆有绩效目标 绩效评估基于客观的、可量化的效果之上 每位员工至少每年接受一次绩效评估 每位员工根据其个人表现支付工资 绩效评估时考虑下级的看法 根据小组或部门的绩效支付工资	绩效评估是否客观公平性、员工是否有反馈能力

4. 福利

员工福利是总体报酬的间接形式，它包含保险费、医疗保障、公共设施和退休金(乔治·T·米尔科维奇等,2002),也包括非生产性的奖金和津贴、高级管理人员津贴等(迈克尔·比尔,1999)。我国学者一般认为,员工福利是指雇主在工资之外给员工提供的待遇,包括现金福利、物质福利、带薪假期、专项服务等(杨燕绥,2003)。虽然国内外学者对福利的具体内容的看法千差万别,但在大的方面保持一致,如认为福利是指员工从组织所获得的报酬的间接形式,并认为员工福利既有货币型福利也有非货币型福利等。

福利的特征之一在于它与其他形式的报酬相比往往具有的法律性。尽管法律环境对于雇主的福利决策施加了某些重要的约束,雇主在福利决策方面仍然拥有很大的自主权,同时他们还需要对这些福利决策的回报情况进行评估(R. Broderick and B. Gerhart, 1996)。许多因素(如税收、安全稳定感)使得对报酬中的福利的强调比对工资的强调更为重要,其中很重要的一个因素是它能培养出一种作为大家庭的一部分而被关心的归属感。然而不同群体的员工要求公司提供不同的福利,这导致公司福利决策的困难(迈克尔·比尔,1999)。这一切都表明了福利政策是组织对员工支持的一个方面。

福利的满意性以合法性为前提,并且满意性意味着公司会对不同的员工群体制定不同规定。而福利的竞争性,不仅意味着更好的福利条件,还意味着支出的有效性①。本研究主要从公司为员工及其家属提供帮助与服务以及订有员工退休政策两个方面来考察福利政策(表 4-4)。

表 4-4　福利的界定

研究变量	项　目	检验维度
福利	公司为员工及其家属提供帮助与服务以解决其不时之需 公司订有员工退休政策	公司的家属安置以及员工退休政策等福利措施的满意性和竞争性

5. 员工参与

员工参与是指员工直接或间接参与所在公司内部事务的管理。员工参与有代表性参与和非代表性参与两种(马克·芬顿—奥克里维,撷英,2002)。代表性参与

① 实际上,福利设计需要达到三个目标,即竞争性、合法性和特殊规定。见乔治·T·米尔科维奇等,人力资源管理,机械工业出版社,2002,p515.

是指法律规定的员工参与①，如我国《劳动法》和《公司法》中规定的职工大会、职工代表大会、职工监事制度等代表性员工参与形式。本研究中的员工参与是指非代表性的参与，它主要由管理层发起，包括员工在工作本身、在工资福利政策制定等方面的参与。

员工在工作本身中的参与使得员工在控制工作目标和方法方面有更多的影响，员工也就被给于了更大的责任和权力对工作任务本身作出决策（迈克尔·比尔，1999）；在工资福利政策制定等方面的参与，使得员工对于工资福利政策的理解更清楚，同时也对这些政策有更强的认同感②。这些都表明了组织对员工的认可，因而使得员工参与成为组织的一种支持性人力资源实践方式。

表 4-5　员工参与的界定

研究变量	项　目	检验维度
员工参与	允许员工作出多项决策 上级经常要求员工参与决策 员工有机会提出有关改进的合理建议 上级与员工之间保持公开的交流	员工参与决策的范围、频率及申诉机制

本研究从员工参与的范围、频率以及员工在参与中是否有申诉机制等方面来对员工参与作一界定（Ding D 等，1997；杨东涛，2004）（表 4-5）。员工参与的范围、频率反映了管理者的重视程度。员工在参与中有申诉机制则说明了员工在参与中的深度和参与结果的有效性。

6. 就业保障

就业保障（Employment security），也称雇佣安全或就业安全，是指公司不会轻易解雇员工，它是与“周期性裁员”相对立的概念（Richard J. Parkin，1996）。显然，这与有的学者将就业安全理解为“寻找工作时不被欺骗”（游艳玲，2004）是完全不同的。另外，本研究中的就业保障与职业安全（Occupational safety）的概念也是不同，因为职业安全一般被理解为员工在工作中身体和心理的安全（雷蒙德·A·诺依等，2001），而就业保障是组织向员工提供的一个长期承诺，只要员工按照组织的

① 代表性参与在欧洲的许多地方盛行。另外，虽然有些国家（如美国）的税法鼓励员工持股计划，但员工持股计划一般被理解为鼓励员工非代表性参与（而不是代表性参与）的积极措施。笔者注。

② Jenkins, G. D., & Lawler Ⅲ E. E., Impact of Employee Participation in Pay Plan Development, *Organizational Behavior and Human Performance*, 1981, 28, pp. 111 - 128.

要求努力工作并有所创新，任何一个员工都不会轻易被解雇。

如何平衡员工对就业保障的需要和权利，以及公司对将人员流出当作成本削减和人事更新的方法的需要是经理面对的战略性两难问题(迈克尔·比尔，1999)。虽然裁员有时候也许是难以避免的，但是为了维护员工的忠诚度，应该采用各种办法，尽量保护员工的就业安全(蒋建华等，2004)。实际上，就业安全满足了员工的长期目标。当员工知道公司对它的最低回报是“不会解雇”时，有理由相信员工会成为最好的合作者，员工会更愿意为组织利益付出额外努力(George Becker，1996)。从这种角度来看，就业安全也可以理解为企业对员工的投资和认可。或者，换句话说，是一种支持性人力资源实践方式。

本研究从“只要愿意，员工可以永远留在公司内”、公司较难解雇员工、保证员工就业安全、员工属于最后被压缩的成本项目这四个题项来界定就业保障(Delary等，1997；杨东涛，2004)(表 4-6)。

表 4-6　就业保障的界定

研究变量	项　目	检验维度
就业保障	只要愿意，员工可以永远留在公司内 公司较难解雇员工 公司向员工保证就业安全 如公司遇到经济问题，员工属于最后被压缩的一项	指企业是否采取正式或非正式的就业保障政策，从而提高员工在就业方面的安全感

(二) 组织支持知觉和感情承诺

1. 组织支持知觉

在管理实践中，组织对员工提供的支持并不是总能被员工所觉察。组织支持知觉(Perceived organizational support)与一般意义上的组织支持是一个不同的概念。一般意义上的组织支持包括企业为员工提供的一切物质和精神资源。其中包括重视员工的价值，关心他们的福利待遇；也包括提供公平的工作和生活环境，还包括把所有员工的目标凝聚在一起，使员工的信念、价值观、能力与企业的需要相一致(刘小平，2002)。而组织支持知觉是指雇员对“组织如何评价他们的贡献和关心他们的生活条件”的政策的看法(Eisenberger 等，1986)。

对组织支持的评估包含个人心理层次和社会文化层次的评估两个方面(刘小

平,2002)。个体所评估的情景是他有意选择并加以界定过的,个体以其经验、能力,结合社会价值取向来接受外界刺激,那些具有评价性的社会刺激就构成了“支持性事件①”。正是这种对组织支持的评估形成了组织支持知觉,或者,组织支持感。

国内有些学者将组织支持知觉翻译成“知觉的组织支持”(徐哲,2004)、“组织支持感”(刘小平,王重鸣,2001)、“可感觉到的组织方的支持”(张治灿等,1997)等。虽然译法有所不同,但大部分学者都认为组织支持知觉是与组织承诺不同的,这与国外学者的观点一致(徐哲,2004;刘小平,王重鸣,2001),本研究也赞成这种观点。也有学者认为组织支持知觉是组织承诺的一种解释(韩建立,胡凤培,2003)②,这显然是值得商榷的。

本研究从组织支持政策的连贯性、合理性、公平性、正确性、开放性、可接受性、确定性等方面来考察公司是否会合理评价员工的贡献、是否会关心员工的生活条件以便界定组织支持知觉(表 4-7)。

表 4-7　组织支持知觉的界定

研究变量	项　目	检验维度
组织支持知觉	组织支持政策是否连贯 组织支持政策是否合理 组织支持政策是否公平 组织支持政策是否正确 组织支持政策是否开放 组织支持政策是否可接受 组织支持政策是否确定	员工对组织支持方面的政策的连贯性、合理性、公平性、开放性、确定性等方面的觉察和看法

2. 感情承诺

布坎南(B. Buchana, 1974)、波特(L. W. Porter, 1976)等在自己研究员工承诺行为的基础上,认为“组织承诺”更多的表现为员工对组织的一种感情依赖,而非贝克尔(H. S. Becker, 1960)所强调的“一种经济上的工具”;员工不愿离开某组织绝非由于自己在时间、金钱、精力等方面投入太多或担心失去养老金等福利的原

① 在本研究中,这种“支持性事件”主要是指“支持性人力资源实践”,笔者注。

② 韩建立等认为组织承诺的概念还可从另外两种角度解释:一是从经济学的角度,强调员工评价高升当前雇主的经济成本;二是从员工的情感的角度,强调员工与组织的情感联系。笔者认为这两种解释实际上是两种不同类型的组织承诺,即 John. P. Meyer 与 Natalie J. Alien 定义的持续承诺和感情承诺。笔者注。

因，主要是由于员工对组织产生了许多感情的依赖。梅耶(John. P. Meyer)与奥伦(Natalie J. Alien)在 1984 年将布坎甫、波特等提出的“承诺”命名为“感情承诺(Affective commitment)，即员工对其所属的组织与工作的一种积极的感情，这类员工常常表现出对组织的认同、依赖以及对工作的积极参与，而且这种表现完全是由感而发。

对组织的认同、依赖意味着“个人的身份与企业联系在一起”或“个体目标与企业目标越来越整合和匹配”。这体现了个体与企业的一种交换关系，即个体认同某个特定的企业及其目标，并希望维持企业的成员身份、帮助企业实现目标，以换取相应的奖励和报酬(刘小平，2002)。

凌文辁等(2000，2001)认为感情承诺是指员工对单位认同，感情深厚；愿意为单位的生存与发展作出奉献，甚至不计较报酬；在任何诱惑下都不会离职跳槽。本研究认为他们的界定值得商榷，且不说“在任何诱惑下”这种字眼过于严格，他们在界定感情承诺时，不应该引用“离职”的说法。因为感情承诺与离职意愿是两个概念，虽然感情承诺往往与离职意愿负相关。

感情承诺有态度说和行为说两种观点。行为说的观点认为，感情承诺是员工在公司目标下的行为反应，因此，可以从员工的行为表现来检验员工的感情依赖[①]，即感情承诺。本研究从员工在公司目标下的行为是否主动、热情，是否有生产积极性以及行动是否迅速等方面来考察感情承诺。

表 4-8　感情承诺的界定

研究变量	项　　目	检验维度
感情承诺	员工在公司目标下的行为是否主动 员工是否愿意参与到组织目标与行为中去 员工在公司目标下的行为是否热情 员工是否有生产积极性 员工在公司目标下的行为是否激进 员工在公司目标下的行为是否动态 员工的行动是否迅速	员工在公司目标下的行为是否主动、热情，是否有生产积极性以及行动是否迅速等方面来检验员工对组织的感情依赖

① Mowday 是 L. W. Porter 的学生。他们认为，员工在公司目标下的行为反应是考察员工对组织感情依赖，即感情承诺的重要方法。Mowday，Richard T.，Reflections on the study and relevance of organizational commitment，*Human Resource Management Review*，1998，8(4)，pp. 387－401.

(三) 柔性战略

虽然柔性战略(Flexible strategy)和战略柔性(Strategic flexibility)都强调企业应变环境不确定性的能力,但是它们是两个不同的概念。Madhavan(1996)把战略柔性定义为"在企业的战略基础中考虑并且实现变化的主动性和能力"①。Ranjan(2001)认为战略柔性不仅是组织对外部环境的被动适应,还包含企业能够以行动改变组织环境的能力②。所以,从企业环境特征分析,战略柔性是企业战略应对内外部环境不确定性的能力;如果从企业内部结构特征分析,战略柔性是企业内部的战略结构在一定范围内的可调整、可变革性(侯玉莲,2004)。

与此不同的是,柔性战略只是企业的一种制造战略,而不是指战略结构的可调整、可变革性。Yandnt 等(1996)将柔性战略界定为制造领域的敏捷能力、调整能力和反应能力。并将柔性战略划分为两个维度:交货柔性(Deliver flexibility)战略和范围柔性(Scope flexibility)战略。交货柔性战略是指企业能及时地引入新产品并完成交货,伴随此过程的是企业能快速地并且一般是柔性化地增加或减少生产;范围柔性战略是指企业调整产品组合,以小规模生产处理不标准的订单的能力。但 Ram Narasimhan 等(1999)认为战略层面的柔性是新产品柔性战略和市场柔性战略。

本研究引用杨东涛,陈社育等(2004)在 Ram Narasimhan 等(1999)的基础上发展的观点,即柔性战略涉及公司通过多品种、小批量的生产以及不断开展产品和服务创新来满足顾客的需要的能力。同时也引用了杨东涛,陈社育等(2004)对柔性战略的分类,将柔性战略分为产品创新柔性战略和市场柔性战略。产品创新柔性战略是指制造系统引入并制造新的部件和产品的能力。市场柔性战略是指制造系统调整产品以适应市场或影响市场的能力。

本研究从公司在产品投资、发展、介绍和推销产品、新技术和新服务方面的程度等来界定产品创新柔性战略。从公司满足消费者需求、市场区域位置、独特产

① Madhavan, R., Strategic Flexibility and Performance In the Global Steel Industry: The Role of Interfirm Linkages, Pittsburgh: Unpublished Ph. D. Dissertation, University of Pittsburgh, 1996, pg. 2.

② Ranjan, V., Strategic Flexibility and Firm Performance, Washington: Unpublished Ph. D. Dissertation. Washington University, 2001, pg. 1.

品、公司的生产及销售系统对市场的反应、独特的销售系统以及客户服务系统来界定市场柔性战略(杨东涛,陈社育等,2004)。

表 4-9　产品创新柔性战略和市场柔性战略的界定

研究变量	项　　目	检验维度
产品创新柔性战略	公司在产品的生产方式或者服务方式方面保持创新 公司提供多元化产品与服务 公司在产品或服务的新奇性方面保持创新 公司经常开发新产品或新技术 公司投入巨额资本进行生产过程的创新 公司通常在市场上率先提供新产品或新服务 即使在不确定情况下,公 司也冒险开发新产品或服务	主要从公司在投资、发展、介绍和推销产品、新技术和新服务方面的程度来衡量
市场柔性战略	公司专注于特定产品的生产以满足特定消费者的需求 公司在特定地理区位市场上扩展业务。 公司已创造出一种能够吸引一群忠实消费者的独特产品或服务 公司能够迅速地改变生产计划以满足特定消费者的需求 公司压缩销售系统并使之更有效率	主要从满足消费者需求、市场区域位置、独特产品、公司的生产及销售系统对市场的反应、独特的销售系统以及客户服务系统来进行衡量

(四) 绩效

早期的人力资源实践以及有关柔性战略的文献在研究它们对绩效的影响时,只是提出了绩效的概念,并认为组织的人力资源实践或柔性战略会导致组织效果的增加,但既没有确切地界定绩效的相关概念,也没有进行必要的分类。后来比尔(Beer)等人在 1984 年区分了短期绩效(包括个人水平上增加的满意感,竞争力成本效果和偶然效果)和长期效果(包括个人效果、组织效果和社会效果)(Truss & Gratton, 1994)。就目前的研究来看,国外的研究普遍持这样一种观点,即不仅要考虑财务方法作为业绩的评判方面,还要考虑到与顾客及雇员相联系的业绩。

在对绩效的界定和分类中,Dyer 和 Reees(1995)做出了杰出的贡献。他们回顾了检验人力资源实践和绩效关系的文献,认为绩效的检验可以分为四类。首先,是雇员的产出,主要包括雇员的态度和行为,特别是缺勤和离职等行为。其次,是关注于运作的组织产出,主要包括生产率和质量,它们中的一些或全部将是提高利润率的前提。再次,是财务方面的产出,主要包括费用,利润率等。最后,是以市场为基础的产出,如市场业务发展、资本市场对公司的评价,特别是股票价格及其变化。

从我们前面有关柔性战略的相关文献回顾的情况来看，柔性战略的绩效检验也主要是关注于运作的组织产出、财务方面的产出和以市场为基础的产出。也就是 Dyer 和 Rees(1995)总结的四类绩效中的后三类，很少有柔性战略方面的相关文献谈到雇员的产出。可以看出，Dyer 和 Reeves(1995)的前两类绩效分别是人力资源部门和制造部门的部门绩效，后两类是公司层面及业务层面的绩效。由于我们调查的企业有些是非上市公司，难以获得资本市场对公司的评价。另外，由于市场业务绩效(如市场占有率)的考察过于繁杂，它的信度和效度难以把握，也由于业务绩效一般是研究业务战略而不是柔性战略①必须考察的重要变量。因而，本书研究绩效时不考虑 Dyer 和 Rees(1995)的第四类绩效，即以市场为基础的产出。这样，本文主要是考察三类绩效，即人力资源部门绩效、制造绩效和财务绩效。

1. 人力资源部门绩效

本研究中的人力资源部门绩效主要是员工的感情承诺和自愿离职。员工的感情承诺是员工态度和行为中的一种，本研究不把它列为最终的人力资源部门绩效。实际上，人们对人力资源部门的最终绩效的主要考察指标有非自愿离职、自愿离职和离职。本文采用自愿离职。代表自愿离职的指标主要有离职意愿和自愿离职率，本研究用自愿离职率来代表自愿离职。

2. 制造绩效

在研究制造绩效的文献中，对制造绩效的界定有两种，一种是广义的制造绩效，另一种是狭义的制造绩效。广义的制造绩效，不仅包括制造部门的绩效(如质量改进)，也包括其他绩效，如利润率、市场占有率甚至是离职率(Lawrence M. Corbett & Norma J. Harrison，1992)。狭义的制造绩效主要是检查制造部门的产出，如质量改进、雇员生产率、顾客满意、技术进步等(Youndt 等，1996)。在本研究中，制造绩效主要是指狭义上的制造绩效，包括产品质量改进、消费者满意和技术进步。

3. 财务绩效

财务绩效包括变现能力、资产管理能力、偿债能力和盈利能力等多个方面。本研究主要是从盈利的角度来定义财务绩效。反映盈利能力的指标主要有投资报酬

① 由于柔性战略是一种制造战略，研究柔性战略时，重点应放在制造绩效的考察上。笔者注。

率(Rate of return on investment，ROI)、销售利润率、成本与销售收入比率等①。本文采用的财务绩效指标是ROI和销售利润率。

(五) 其他变量的界定

本研究中还将涉及到其他一些变量,这主要是控制变量。包括环境复杂程度、变化程度和公司规模。

(1) 环境复杂程度、变化程度

环境的复杂程度、环境的变化程度是影响公司绩效的主要外部力量。环境的复杂程度、环境的变化程度是研究人力资源实践与战略配合时的常用控制变量(Youndt等，1996)。在本研究中,“环境的复杂程度”是指组织必须迎合的外部因素的数量和异质性大小。在复杂的外部环境中，大量多样化外部因素之间相互作用且影响组织;在简单的外部环境中，外部环境因素对组织则没有或极少有影响。本研究的“环境变化程度”主要是指环境变化的速度与幅度 ,包括顾客品味、产量、服务技术或通涨率的变化速度和幅度。

(2) 公司规模

公司规模也是常用的控制变量,因为企业规模常常通过规模经济或规模不经济对绩效产生影响,因而有必要剔除它对绩效的影响。它的衡量一般采用资产规模、员工人数等,本书是采用员工人数来衡量。

① 张新民,吴革译.绩效管理(ACCA财务管理证书)[M].北京:中信出版社,2002年,pp.211-214.

第五章　支持性人力资源实践对人力资源部门绩效和制造绩效的实证分析

人力资源实践是否必然会促进绩效改进始终是管理实践者和学者们争议的话题。引发争议的主要原因在于:绩效改进可能是系统的综合作用,也可能是主导因素的影响。无论是个人绩效,部门绩效,还是业务、财务绩效,绩效的改进始终是系统的作用。同时,影响这些不同层面绩效的主导因素是不同的。

就企业中某个员工的个人工作绩效而言,其个人素质和能力、团队协作氛围和组织政策(包括人力资源政策)都可能是影响个人绩效改进的因素,但个人的价值观、能力等个性因素及个人实际努力程度的影响则相对更重要;就公司的业务和财务绩效而言,虽然公司的核心员工会在绩效改进中有重要影响,但员工个人层面的因素很难说是公司业务绩效和财务绩效改进的主要因素,组织的资源、战略和外部环境则更可能是影响绩效改进的重要因素,公司的人力资本、组织的战略和政策、产业和区域发展水平与特征、国家的政治和经济发展与结构等都是业务和财务绩效改进的重要影响因素;就部门绩效而言,人力资源部门绩效和制造绩效是制造企业的重要部门绩效,虽然影响部门绩效的因素是多样的,但人力资源实践,特别是面向员工的支持性人力资源实践是人力资源部门绩效的重要影响因素,并且也是影响相关部门绩效,特别是影响制造绩效的重要因素。需要指出的是,支持性人力资源实践对部门绩效影响过程是复杂的,可能存在间接的联系。组织的支持性人力资源实践可能会通过员工的认知(如组织支持知觉)来培养与员工的情感(如感情承诺)。进一步地,良好的员工情感因素表达了员工士气,其本身就是一种人力资源部门绩效,并会增进其他人力资源部门绩效(如自愿离职)和制造部门绩效。

图 5-1 显示了本章的整体研究构想。该构想通过两个实证研究,即支持性人力资源实践、组织支持知觉与感情承诺的实证研究以及感情承诺的中介作用的实证研究来实现。

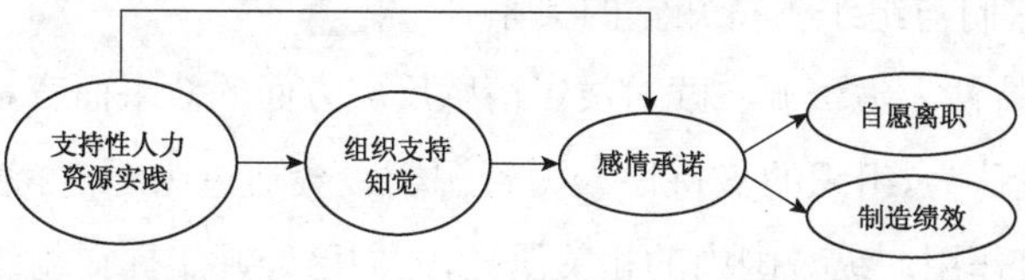

图 5-1　支持性人力资源实践与人力资源部门绩效和制造绩效的关系

一、支持性人力资源实践、组织支持知觉与感情承诺的实证研究

（一）问题的提出

支持性人力资源实践(Supportive Human Resource Practice)是指“向雇员投资并认可雇员贡献”的一类实践(Eisenerger 等，1986；David G. Allen，2003)。支持性人力资源实践所对应的重要因变量是组织支持知觉(Perceived Organizational Support，POS)。在这一点上，它是与高承诺实践不同的。这是因为高承诺实践所对应的重要因变量是组织承诺。在支持性人力资源实践内容研究领域，国外的学者一方面从理论上探讨支持性人力资源实践的一般内容，另一方面从实证上探讨和检验支持性人力资源实践的重要内容。从实证检验方面来看，探讨支持性人力资源实践的重要内容的主要依据是检验支持性人力资源实践的一般内容与组织支持知觉之间的关系。这些方面的研究有助于人们更好地理解“人力资源实践”与“员工心理和行为”之间的联系，从而为企业的支持性人力资源管理提供更好的建议。

Lee(1996)指出，在大多数的中国企业中，区别于西方管理的中国管理的一个重要特征是“以人为中心”。这使得注重对员工投资和评价员工贡献的支持性人力资源实践在中国的企业有一定的市场。这样，虽然不同企业的支持性人力资源实践存在差异，并且在不同企业中的地位不同，但其本质特征应该不会有太大的差别。类似地，员工的组织支持知觉和感情承诺也是如此。这样，我们的问题是：在中国企业背景下，支持性人力资源实践与组织支持知觉还存在一般的联系和特别的联系吗？在第四章的理论分析中，我们已经在必要的文献回顾的基础上界定了中国制造企业中支持性人力资源实践的一般内容。本节将在此基础上，从实证角度致力于探讨它们与组织支持知觉的关系。

另外，就支持性人力资源实践对员工情感反应方面的效果而言，国外的支持性人力资源实践理论认为，组织的支持性人力资源实践会通过组织支持知觉对员工的感情承诺发生间接作用。纵观国内的相关研究，人们已经开始探讨组织支持、组织承诺等概念在中国企业背景下的内涵，并在此基础上对各变量间的关系作了理论探讨(许小东等，2003)。但对支持性人力资源实践的内容以及它对一些后续变量的作用方式的研究明显缺乏。那么，在中国企业背景下，如果支持性人力资源实践的内容发生了变化，那么它们还是通过组织支持知觉对感情承诺发生间接联系吗？

(二) 研究分析与研究假设

1. 支持性人力资源实践与组织支持知觉

传统的人力资源实践主要是基于组织的现状和战略目标，为组织当前的任务需要和未来的发展需要进行人力资源的开发和管理。现代的人力资源实践则兼顾组织和员工利益来对组织的人力资源进行开发和管理。正是从这种意义上来讲，支持性人力资源实践被界定为“向员工投资并认可雇员贡献的实践”。就本质上来讲，支持性人力资源实践与那种义务性质实践是有区别的。一些义务性的实践，如国家劳动关系相关法律法规规定的最低工资、休假政策等，由于是义务性质的，因而员工对这类政策的知觉敏感度较低，对员工士气的鼓舞或打击不大。而一些强调员工利益和价值的支持性人力资源实践对发展员工的组织支持知觉是至关重要的。一般而言，这类政策的知觉敏感度较高，对员工士气的鼓舞或打击较大。

哪些是支持性人力资源实践的内容呢？不同学者在研究中强调的重点有明显的差别。David G. Allen 等(2003)认为参与决策制定、奖赏公平和成长机会都是重要的支持性人力资源实践。Wayne 等(1997)则强调了成长机会、开发和员工参与。他们认为，“成长机会”表明公司认识并评价员工的贡献，并且它暗示了公司可能在未来提供更多的支持。他们也发现提拔和开发与组织支持知觉之间也存在正向的联系。类似地，允许员工参与决策也表明员工的贡献得到了评价。

Eisenberger 等(1986)认为，“组织通过政策对员工施加影响”可以被看成是员工的组织支持知觉的先兆。在组织中，带有支持性质的政策更容易被员工知觉到。例如，如果员工的贡献能被公平地承认并给予奖赏，那么可以说组织是愿意关心员工的福利并愿意向员工投资的(Fasolo，1995)。Rhoades 等(2001) 则认为，对组织奖赏和程序公平的觉察预示了组织支持知觉。Whitener(2001)则强调了员工对这类实践的觉察的重要性。员工并不是总能认识到作为组织意愿的某种实践的目标。比如，组织也许鼓励员工在决策中参与，甚至有合作参与的正式机制，然而，如果雇员没有觉察到组织或它的代理机构对员工参与意愿或行为的开明态度，他们是不可能觉察到组织是真正地鼓励参与的。类似地，大多数组织认为他们的薪酬体系是相对公平的，然而，员工并不这样认为。因此，并不是所有支持性的人力资源实践都能被员工很好地知觉，只是一些组织提供的员工认为重要的支持性人力资源实践能够更好地被员工觉察。并且，其觉察程度会影响到员工的态度和行为。

正如我们在前面第四章的理论分析中所指出的那样，为了探索我国制造企业管理中支持性人力资源实践的主要内容以及进一步的实证检验，本书认为，我国企业支持性人力资源实践的一般内容包括：成长机会、培训、绩效评估、福利、员工参与和就业保障。其中，就业保障是考虑到我国员工风险规避心理特征而增加的内容。即使本书的支持性人力资源实践的一般内容与国外的类似研究相比发生了变化，仍不妨可以提出如下假设：

假设 1　支持性人力资源实践与员工的组织支持知觉有一般的联系

假设 1a　成长机会与员工的组织支持知觉有正向的联系

假设 1b　培训与员工的组织支持知觉有正向的联系

假设 1c　绩效评估与员工的组织支持知觉有正向的联系

假设 1d　福利与员工的组织支持知觉有正向的联系

假设 1e　员工参与与员工的组织支持知觉有正向的联系

假设 1f　就业保障与员工的组织支持知觉有正向的联系

2. 支持性人力资源实践与感情承诺

组织承诺的概念起源于社会交换理论。在对组织承诺(Organizational commitment)的概念界定中有两种典型的理解，即波特(L. W. Porter)的概念和梅耶(J. P. Meyer)与奥伦(N. J. Allen)的概念。波特将组织承诺界定为员工对组织的认同和参与的整体程度。在此定义中，组织承诺被认为有多个组成部分，但只是“感情依赖”这种单一维度结构。梅耶与奥伦将组织承诺分成三种：感情(Affective)承诺、继续(Continuance)承诺和规范(Normative)承诺。感情承诺涉及个人对组织的感情依赖;继续承诺涉及员工考虑了离职成本而留在组织中的动机;规范承诺则涉及员工对"保留为组织中的一员是一种义务"的感知。实际上波特的组织承诺和梅耶与奥伦的感情承诺基本上是重叠的。

从人力资源实践(HRP)对组织承诺的直接影响出发,可将人力资源实践分成两种类型:控制型和满意型。控制型 HRP 的目标是增进效率和减少直接劳动成本;有严格的工作规则和章程;奖励基于产出的多少。相反,满意型 HRP 的目标是提高效力和生产率;鼓励员工界定组织目标并完成这些目标。代表高满意策略的 HRP 包括一系列影响员工组织承诺和动机的政策和章程,如员工对工作安排有选择机会;面向员工发展的绩效评估;兼顾效率和公平的薪酬设计;充分的成长与培训活动。同时,在满意型 HRP 的内容中,面向员工发展的绩效评估和兼顾效率和公平的薪酬设计,要比员工对工作安排有选择机会、充分的成长与培训活动要重要(Ellen M. Whitener, 2001)。

在检验人力资源实践对组织承诺的直接联系的研究中,模型的构造主要有三类。一类是只检验人力资源实践的某一维度对组织承诺的影响,如龙力荣等(2002)检验了组织职业生涯管理对员工承诺的影响,并认为组织职业生涯管理是个多维结构,由公平晋升、发展性培训、员工自我认识和职业发展信息沟通四个方面组成;同时也认为组织的职业生涯管理对员工的心理和行为产生积极的影响。另一类是将人力资源实践作为影响组织承诺的一个维度,在检验其他因素对组织承诺的影响的同时检验人力资源实践对组织承诺的影响,如刘小平和王重鸣(2001)提出的模型中将组织文化与团队管理、领导、成员和领导风格共同作为员工组织承诺的影响因子。并用此模型检验了中西方文化背景下员工组织承诺的不同。刘小平(2002)认为中国经济文化背景下员工的组织归属感与长期利益导向的价值取向有较强的关联,并且这种组织归属感较多地基于社会性交换原则,而西方经济文化背景下员工的组织归属感与短期利益导向的价值取向更有关联,并认为这种组织归属感较多地基于经济性交换原则。还有一类是直接考察人力资源实践对组织承诺的影响。如 Stanley B. Malos 等(2002)认为有低的起始工资,但有较高水平的职业发展和组织支持、较大的升迁比率和严格的进出规则的公司的员工对组织的满意度较高,从而有较低的离职率。

从国内外的文献回顾来看，人力资源实践对组织承诺中的感情承诺的影响较大，继续承诺和规范承诺则受个人的因素影响较大。本书虽然不是象 Ellen M. Whitener(2001)那样从人力资源实践对组织承诺的直接影响出发来定义满意型或承诺型人力资源实践，而是象 David G. Allen 等(2003)那样从人力资源实践对组织支持的直接影响出发来定义“支持性人力资源实践”，并且，我们的支持性人力资源实践的内容与国外的一些研究相比增加了就业保障的内容，但是，由于其他方面，如成长机会、培训、员工参与等是类似的，因而我们仍然可以提出如下假设：

假设 2　支持性人力资源实践与感情承诺有一般的联系

就人力资源实践与感情承诺的特别联系而言，高承诺人力资源实践的研究者对此作了有益的探索。充分的成长与培训活动、对员工参与组织生活和工作的重视等都能使员工感觉到是组织的一员，从而产生高度的情感归属(Ellen M Whitener, 2001)。这里我们不妨进一步地提出如下假设：

假设 2a　成长机会与感情承诺有正向的联系

假设 2b　培训与感情承诺有正向的联系

假设 2c　员工参与与感情承诺有正向的联系

3. 组织支持知觉在“支持性人力资源实践——感情承诺”中的中介作用

近年来，有一些研究将组织支持知觉作为中间变量重新考虑人力资源实践与组织承诺的关系。与满意型人力资源实践不同，支持性人力资源实践的直接结果变量不是工作满意或组织承诺，而是员工对组织支持的觉察，即组织支持知觉。如 David G. Allen 等(2003)认为参与决策制定、奖赏公平和成长机会对组织支持知觉有贡献，而组织支持知觉是引起组织承诺和工作满意的媒介。Ellen M. Whitener,(2001)认为组织层面的人力资源实践与组织支持知觉及信任管理等有直接联系，并认为信任管理部分地调和了组织支持知觉与组织承诺之间的关系。

假设 3　组织支持知觉中介了“支持性人力资源实践——感情承诺”之间的联系

(三) 检验方法与模型

本研究采用的分析软件为 SPSS11.0。主要的分析方法包括信度分析、因子分析、描述性统计、相关分析和层级回归分析。本研究的假设检验主要采用层级回归分析。层级回归(Hierarchical Regression)涉及一系列的回归。在回归中,回归方程的变化是通过变量的增减来促成的。层级回归可以用来界定最优回归方程、控制变量、检验变量间的交互作用,也可以做一些其他的分析。以下将根据假设检验的要求,结合层级回归分析方法,建立具体的数学模型。

1. 支持性人力资源实践的主要内容的检验方法和模型

在多元回归中,变量的系数代表了该变量与因变量的联系。这种联系是控制了方程中所有其他变量后的联系。在层级回归中,对控制其他变量后某变量的效应检验是通过先加入方程中所有其他变量,后加入该变量进行的。在这种情况下,该变量的系数代表了该变量与因变量的联系。我们也可以检验该变量解释的变异量。

为了评估某变量(在控制了其他变量后)的变异量,可以计算 ΔR^2。R^2 的变化的检验是看 ΔR^2。ΔR^2 的检验是通过 F 检验来进行。另外,控制其他变量后,组变量对因变量的影响也可以通过 ΔR^2 来检验。先将控制变量进入回归,再将组变量进入回归,便可检验 ΔR^2。

为考察支持性人力资源实践的重要内容,本研究将环境的复杂程度(EC)、环境的变化程度(EV)、公司规模(用员工总数衡量,FS)作为控制变量,将支持性人力资源实践的一般内容,即成长机会(DC)、培训(TR)、福利(BE)、员工参与(WP)、绩效评估(PA)和就业保障(CS)作为主要的自变量,将组织支持知觉(POS)作为因变量。具体方程如下:

$$POS = \beta_0 + \beta_1 EC + \beta_2 EV + \beta_3 FS + \varepsilon \tag{1}$$

$$\begin{aligned} POS = {} & \beta_0 + \beta_1 EC + \beta_2 EV + \beta_3 FS + \beta_4 DC + \beta_5 TR + \\ & \beta_6 BE + \beta_7 WP + \beta_8 PA + \beta_9 CS + \varepsilon \end{aligned} \tag{2}$$

其中,ε 是随机扰动项。

2. 支持性人力资源实践对感情承诺的直接和间接影响的检验方法与模型

上面已经提到,若要检验控制变量下自变量与因变量的联系,层级回归分析的做法是先引入控制变量,后引入自变量。如要检验某变量在自变量对因变量作用时的中介作用,或者说检验自变量对因变量的间接联系,可以在引入自变量后再引入中介变量,并且,若中介变量不止一个,可以多次引入。如果 ΔR^2 的变化是显著的,并且,自变量的系数发生了显著的变化,那么中介变量的作用是存在的。这意味着自变量通过中介变量与因变量发生联系。

在本研究中,为考察支持性人力资源实践对感情承诺的直接影响以及组织支持知觉在“支持性人力资源实践——感情承诺”中的中介作用,本研究将环境的复杂程度(EC)、环境的变化程度(EV)、公司规模(用员工总数衡量,FS)作为控制变量,将支持性人力资源实践的一般内容,即成长机会(DC)、培训(TR)、福利(BE)、员工参与(WP)、绩效评估(PA)和就业保障(CS)作为主要的自变量,将组织支持知觉(POS)作为中介变量,将感情承诺(AC)作为因变量。具体方程如下:

$$AC = \beta_0 + \beta_1 EC + \beta_2 EV + \beta_3 FS + \varepsilon \tag{3}$$

$$AC = \beta_0 + \beta_1 EC + \beta_2 EV + \beta_3 FS + \beta_4 DC + \beta_5 TR + \beta_6 BE + \beta_7 WP + \beta_8 PA + \beta_9 CS + \varepsilon \tag{4}$$

$$AC = \beta_0 + \beta_1 EC + \beta_2 EV + \beta_3 FS + \beta_4 DC + \beta_5 TR + \beta_6 BE + \beta_7 WP + \beta_8 PA + \beta_9 CS + \beta_{10} POS + \varepsilon \tag{5}$$

其中,ε 是随机扰动项。

(四) 数据来源、整理与问卷检验

为了进一步的假设检验,下面先对数据的来源、初步整理作了介绍,接着对问卷的信度和效度作了检验。

1. 数据来源

本节的研究及后续的研究数据来源于杨东涛教授主持的国家自然基金课题《人力资源管理系统与公司战略的配合对公司绩效影响的实证研究》的调查数据。本人是该课题组的主要参与人之一。数据来源方式主要是问卷调查。考虑到研究过程的清楚和完整,在此加以简要的介绍。

为了获得较为客观的调查数据,原课题组在每个企业中都从多方面收集数据,并明确要求企业战略定位方面的问题由总经理或其代理来回答,人力资源管理系统方面的问题由人力资源主管来回答。这样做,一方面是与信息来源相匹配,另一方面可以克服偏见。虽然 Barry Gerhart 等(2000)质疑来源于单一反应的人力资源实践的检验,但 Huselid 和 Becker(2000)则认为在许多情况下,单一填卷人(如

人力资源部门经理)是最好的,因为只有他们能提供较完备的人力资源实践信息。实际上,这类信息会涉及他们的多种工作。

调查的方式主要以问卷调查为主,辅之抽样访问调查。这种调查方式,既能降低调查工作量,确保调查对象具有一定的覆盖面,又能有重点地对部分企业进行个案分析,了解问卷调查中存在的问题,及时予以补救,确保调查资料的客观性和准确性。原课题组面向江苏、上海和广东三地的企业进行调查,这些企业有国有企业、外资(包括独资、合资和合作)企业、民营企业。在这个总体中,数量和规模上占绝大多数的是国有企业和外资企业。根据研究总体的特点,他们将调查企业的抽取重点放在国有企业和外资企业,同时兼顾民营企业。共发放问卷800套,其中国有企业600套,外(合)资企业200套。共回收问卷464套,回收率为58%。其中:国有企业345套,回收率为57.5%;外(合)资企业119套,回收率为59.5%。

本研究中涉及的公司背景、环境因素、业绩资料及后续研究中涉及的战略部分的资料的采用是面向公司高层行政主管(主要是总经理)发放问卷调查的方式取得。本研究及后续研究中涉及人力资源管理实践的资料,如招聘、内部成长机会、培训、工作规程、绩效评估、福利、员工参与、就业安全、自愿离职率等来源于面向公司的人力资源主管的调查。组织支持知觉和感情承诺来自于面向普通员工的调查。需要指明的是,这些数据来源于管理者和员工的"自我评级报告",其理由是:首先,由于不全是上市公司,很难有完全的精确的统一数据。其次,不是每个公司都情愿告知详细的数据。再次,由于各企业来自于不同的细分制造产业,各种数据的标准检验也难以比较。这样,较好的方法是管理者和员工联系各自产业的竞争对手自我评估他们的政策、感受或绩效(Youndt 等, 1996)。

问卷的预处理采取了以下步骤:

(1) 筛选。对原始调查答卷进行审核,将作答不完整和数据明显存在问题(如战略定位中不管何种战略条目都选同一等级,或不管正反向条目都选相同等级,或选答前后矛盾等)的答卷剔除。

(2) 编码。对审核后符合要求的答卷进行数据录入,并分别建立各类数据文件。在数据录入之前,进行了统一的数据编码,并尽可能地进行了数据细分,如根据公司名称和其他资料,进行了地区分类(包括江苏、广东、上海)及行业分类。

（3）调整。在调查问卷制定时，为了防止被调查的公司在答卷时敷衍应付，增加答卷的可信度，问卷中的部分条目具有反向性。因此课题组还对数据文件中具有反向性的数据进行了方向性调整。A卷和B卷调整的方法是：最高取值－当前取值＋1＝调整后的数值；C卷调整的方法是在当前取值前加上负号即可。

2. 研究数据的初步整理

根据本节的研究设计，从建立的原始数据文件中选择了上海地区122家制造企业的样本数据。需要强调的是，原课题组不仅调查了成长机会、培训、福利等支持性人力资源实践，也调查了招聘、利润分享、工资标准、工作规程等其他方面的人力资源实践；不仅调查了柔性战略，也调查了成本战略和质量战略。因此，本节研究及后续研究选用的数据只是其中的部分数据。

本研究在原数据文件的基础上建立新的数据文件，供进一步分析时使用。为此，除了选用数据，还对原数据进行了初步整理，初步整理包含以下几个方面：

（1）对企业支持性人力资源实践的分类处理。处理的方法是：先在因子分析①的基础上进行数据浓缩后，再分别对B卷中不同支持性人力资源实践因子的各保留条目取值进行累加，即得该企业各支持性人力资源实践分值。

（2）对组织支持知觉、感情承诺的处理。处理的方法是，在先在因子分析的基础上进行数据浓缩后，再分别对组织支持知觉、感情承诺的各保留条目取值进行累加，即得该企业员工组织支持知觉、感情承诺分值。

3. 问卷的信度与效度检验

原课题组已对原问卷中的一些变量进行了信度和效度检验，然而由于样本量的变动，特别是研究变量外延上的变化，有必要对问卷的信度和效度进行重新检验。就研究变量外延上的变化而言，原课题将工作规程、招聘作为人力资源管理系统分类时所考察的变量，而本研究中这两个变量均不作为支持性人力资源实践的一般内容。因此，重新对问卷数据进行信度和效度检验是完全必要的。

① 具体内容见本章问卷效度分析。

市场调查研究的误差就是在理论——经验——理论的转化过程中产生的，这些偏差的大小是通过效度和信度来衡量的[①]。可见，信度（reliability）与效度（validity）是所有测量的重要议题。在问卷调查中，两者都是为了保证问卷的具体条目能正确预测相应的变量。实际上，信度和效度本身的功用就在于检验测量本身是否稳定和精确。因而，本文在假设检验等实证分析之前，先进行问卷的信度和效度分析，以保证数据的真实性和可靠性。

（1）问卷的信度分析

贝利给信度下的定义是：信度就是测量前后的一致性[②]。Coetz 等（1984）认为信度就是一项研究在多大程度上具有可重复性。检验信度的方法有很多种，主要有：再测法（Retest Method）、复本相关法（Equivalent-Forms Method）、折半法和 Cronbach α 系数法。再测法是指使用同一份问卷，对同一群受测者，在不同的时间，前后测试两次，求出两次分数的相关系数，此系数又称为稳定系数（Coefficient of Stability）。复本相关法的复本是指内容相似、难易度相当的两份测验，对同一群受测者，第一次用甲份测试，第二次使用乙份，两份分数的相关系数为复本系数（Coefficient of Forms）或等值系数（Coefficient of Equivalence）。折半法是将同一量表中测验题目（项目内容相似），折成两半（单数题，偶数题），求这两个各半测验总分的相关系数。此系数又称为折半信度系数（split-half coefficient）

虽然复本相关法是检验信度的一种最好方法，但是要编制复本测验相当困难.而且复本相关法并不受记忆效用的影响，对测量误差的相关性也比再测法低。而 1951 年 Cronbach 提出 α 系数，克服部分折半法的缺点，为目前社会科学研究最常使用的检验信度的方法。因而，本文采用 Cronbach'α 值来衡量问卷的信度。Cronbach'α 值介于 0 和 1 之间，越趋近于 1 其信度越高，反之，其信度越低。一般认为，Cronbach'α 值小于 0.35 为低信度，应予以拒绝，在 0.50 或0.60以上可以接受，在 0.7 以上为高信度[③]。

从本研究的信度分析结果来看，各层面的总体信度值都比较高[④]（表 5-1）。

---

① 苗兴状，市场调查的质量控制与评估，工业技术经济，2004 年，第二期，p87.

② 贝利.现代社会研究方法.上海人民出版杜，1987，p92.

③ 也有的文献称 0.30 以下为低信度，但一般都认为 0.50 以下就不是很可信了，笔者注。

④ 对一些具体变量的信度分析结果见各因子分析表，笔者注。

表 5-1　支持性人力资源实践和对公司看法的总体信度值

层　面	变　量	衡量题数	Cronbach'α 值
支持性人力资源实践	成长机会	4	0.835 3
	培训	4	
	绩效评估	6	
	福利	2	
	员工参与	4	
	就业保障	4	
对公司的看法	组织支持知觉	7	0.867 3
	感情承诺	7	

支持性人力资源实践和对公司的看法的 Cronbach'α 值在 0.8 以上。这说明各层面的各变量的题项表现出较高的一致性。从总体信度分析的结果来看，支持性人力资源实践的 Cronbach'α 值相对较低，为 0.8353，支持性人力资源实践的范围目前尚未有统一的说法，由于我们选择的支持性人力资源实践的各题项是试图表现支持性人力资源实践的各个方面，因而其信度值低一些是可以理解的。实际上我们选择的支持性人力资源实践的各变量都将各自作为一般内容进行假设检验。所以，只要其信度值超过可接受的水平，即使信度值再低一些也不影响本研究。

（2）问卷效度分析

效度就是正确性程度，即测量工具在多大程度上反映了我们想要测量的概念的真实含义。效度越高，即表示测量结果越能显示出所要测量的对象的真正特征。效度是一个多层面的概念，它是相对于特定的研究目的和研究侧面而言的。因而，检验效度必须针对其特定的目的及适用范围，从不同的角度收集各方面的资料分别进行。检验效度的方法大体有三种：内容效度、准则效度和建构效度。

考察内容效度旨在系统地检查测量内容的适当性，并根据我们对所研究的概念的了解，去鉴别测量内容是否反映了这一概念的基本内容。检验内容效度就是检验由概念到指标的经验推演是否符合逻辑，是否有效[①]。内容效度实质上是一

① K. D. 贝利. 现代社会研究方法. 上海人民出版社，1987.

个判断问题①。准则效度是指被假设或定义为有效的测量标准，符合这种标准的测量工具是可以作为测量某一特定现象或概念的效标。当我们对同一现象或概念进行测量时，我们可以使用多种测量工具，每种测量方式与效标的一致性就成为准则效度。考察建构效度就是要了解测量工具是否反映了概念和命题的内部结构，这种方法常常在理论的研究中使用。由于它是通过与理论假设相比较来检验的，因此建构效度也被称为理论效度，或结构效度。

根据本项研究的要求和特点，本研究所涉及的问卷的效度评价主要着重于问卷的内容效度和建构效度。在原问卷的设计过程中，各变量的内涵的界定都是基于已有的理论和实证文献基础上，并且，各问卷的题项都多次征求一些专家、学者及企业界有识之士的意见，因而，原问卷的各题项都较好地反映了测量内容，具有较高的内容效度。本研究对原问卷的建构效度分析采用因子分析的方法进行。

因子分析是研究相关矩阵的内部依赖关系，将多个变量综合为少数几个因子，以再现原始变量与因子之间的相关关系。因子分析的目的是寻求变量基本结构、简化观测系统，即达到减少变量维数、用一个变量子集来解释整个问题。因子分析不仅可以考察量表结构效度，也可以简化数据和模型，提取所需变量，以便进一步的分析。为了检验各量表实际测量到的变量情况是否符合原先的设计要求，本研究在进行因子分析时利用 SPSS 软件的主成分分析方法（Principal Components Method），通过最大方差正交旋转后进行主成分分析，选取特征值大于 1、因子负荷大于 0.4 指标。在因子分析前，本研究采用了 KMO 检验方法。KMO 是 Kaiser-Meyer-Olkin 的取样适当性指标，是相关系数与偏相关系数的一个比值。KMO 值最大接近 1。当 KMO 值愈大时，表示变量间的共同因素愈多，愈适合进行因子分析。KMO 值小，对因子分析不利。一般认为，如果 KMO 的值小于 0.5 时，较不宜进行因子分析。

为了进行支持性人力资源实践的因子分析，本研究从原始问卷中选取了涉及支持性人力资源实践部分的题项共 24 个，包括成长机会、培训、绩效评估、福利、员工参与和就业保障六个方面。其中，成长机会、培训、员工参与、就业保障各有 4 个题项，福利有 2 个题项，绩效评估有 6 个题项。通过相关分析和因子分析，删除了

① 风笑天. 社会学研究方法. 中国人民大学出版社，2001.

B2、B3、B12、B13、B14、B19、B20、B21 等不满足研究要求的项目。支持性人力资源实践的因子分析结果见表 5-2。

表 5-2　支持性人力资源实践的因子分析结果

项　目	F1	F2	F3	F4	F5
公司内部员工的升迁有明确的途径	**0.650**	0.139	0.291	−0.076	0.221
谋求提升的员工拥有不止一个可被提升的潜在职位	**0.436**	0.318	0.253	0.035	−0.187
为员工提供了广泛的培训计划	**0.855**	0.157	0.079	0.074	−0.024
员工每隔几年即可接受正常的培训计划	**0.693**	0.259	−0.243	0.256	−0.063
为员工提供正规培训项目以教会其从事工作所必需的技术	**0.735**	−0.001	0.167	−0.028	0.230
为员工提供正规培训项目以提高他们被提升的可能性	**0.685**	0.103	0.051	0.254	0.093
公司较难解雇员工	0.037	0.083	−0.096	**0.858**	0.087
公司保证就业安全	0.360	0.104	0.303	**0.516**	0.136
员工一般是最后被压缩的项目	0.104	0.019	0.321	**0.679**	0.106
允许员工作出多项决策	0.032	0.057	**0.853**	0.001	0.159
上级经常要求员工参与决策	0.222	0.079	**0.779**	0.247	0.011
公司为员工及其家属提供帮助与服务	0.147	0.054	0.217	0.202	**0.741**
公司订有员工退休政策	0.057	0.008	−0.005	0.052	**0.910**
每位员工皆有绩效目标	0.146	**0.889**	0.109	0.064	−0.001
绩效评估基于客观的、可量化的效果之上	0.085	**0.854**	0.029	0.190	−0.078
每位员工至少每年接受一次绩效评估	0.292	**0.760**	0.014	−0.091	0.242
特征值	3.190	2.370	1.916	1.786	1.654
解释的变异量(68.219%)	19.936	14.809	11.974	11.161	10.338
Cronbach'α 值	0.82	0.68	0.73	0.69	0.84
KMO			0.793		

第一个因子 F1 包括六个题项:公司内部员工的升迁有明确的途径(B1)、谋求提升的员工拥有不止一个可被提升的潜在职位(B4)、为员工提供了广泛的培训计

划(B5)、员工每隔几年即可接受正常的培训计划(B6)、为员工提供正规培训项目以教会其从事工作所必需的技术(B7)、为员工提供正规培训项目以提高他们被提升的可能性(B8)。该因子所包含的题项是与员工内部成长及员工培训密切相关的题项,本研究将F1取名为成长与培训。

第二个因子F2包括每位员工皆有绩效目标(B9)、绩效评估基于客观的、可量化的效果之上(B10)、每位员工至少每年接受一次绩效评估(B11)。员工有绩效目标是绩效评估的公平性和经常性的前提。根据各题项的含义和内在联系,本研究将F2取名为绩效评估。

第三个因子F3包括允许员工作出多项决策(B17)、上级经常要求员工参与决策(B18)。这两个题项从决策范围和管理者的重视程度等方面考察公司的员工参与决策。根据题项的含义和内在联系,本研究将F3取名为员工参与。

第四个因子F4包括公司较难解雇员工(B22)、公司保证就业安全(B23)、员工一般是最后被压缩的项目(B24)。这三个题项考察了公司对员工就业保障的重视程度,本研究将F4取名为就业保障。

第五个因子F5包括公司为员工及其家属提供帮助与服务(B15)、公司订有员工退休政策(B16)。公司为员工及其家属提供帮助与服务以及订有员工退休政策表明了公司福利的满意性和竞争性,是公司福利的主要内容。根据各题项的含义和内在联系,本研究将F5取名为福利。

需要说明的是,虽然分别只有两个项目归类于福利和员工参与,但由于福利和员工参与在很多理论及实证研究中是支持性人力资源管理实践的主要组成部分,我们保留了这些项目,同时用于进一步的检验。这5个因子的同质性信度Cronbach'α值分别是0.82、0.68、0.73、0.69和0.84。

为进行组织支持知觉和感情承诺的因子分析,本研究选用了原问卷中14个涉及组织支持知觉和感情承诺的项目。其中,组织支持知觉和感情承诺各有7个题项。通过相关分析和因子分析,删除了C2、C4、C6、C9、C11、C13等不满足研究要求的项目。因子分析结果见表5-3。

第一个因子F1包括四个题项:组织支持政策是否连贯(C1)、组织支持政策是否公平(C3)、组织支持政策是否开放(C5)、组织支持政策是否确定(C7)。该因子所包含的题项反映了员工对公司的组织支持政策的看法,根据各题项的含义和内在联系，本研究将F1取名为组织支持知觉。

第二个因子F2也包括四个题项：员工在公司目标下的行为是否主动(C8)、员工在公司目标下的行为是否热情的(C10)、员工在公司目标下的行为是否激进(C12)、员工的行动是否迅速(C14)。该因子所包含的题项从员工的行为角度反映了员工对公司的感情归属，根据各题项的含义和内在联系，本研究将F2取名为感情承诺。

表5-3 员工观点的因子分析结果

项　目	F1	F2
组织支持政策是否连贯	**0.864**	0.191
组织支持政策是否合理	**0.720**	0.166
组织支持政策是否公平	**0.759**	0.372
组织支持政策是否确定	**0.801**	0.184
员工在公司目标下的行为是否主动	0.164	**0.824**
员工在公司目标下的行为是否热情	0.344	**0.759**
员工在公司目标下的行为是否激进	0.156	**0.771**
员工的行动是否迅速	0.230	**0.756**
特征值	2.675	2.658
解释的变异量(66.652%)	33.432	33.220
Cronbach'α值	0.84	0.83
KMO	0.81	

另外，组织支持知觉和感情承诺这2个因子的同质性信度Cronbach'α值分别是0.84、0.83。

从因子分析的结果来看，本研究调查支持性人力资源实践、组织支持知觉和感情承诺的问卷也具有较好的建构效度。

（五）相关分析、假设与模型调整

接下来，本研究在相关分析后，结合上面的因子分析对原假设和具体的数学模型进行了调整。

1. 相关分析

本研究在假设检验前先对各主要研究变量作了相关分析。因为相关分析是回归分析的基础,它有助于本研究的进一步进行。

各主要变量的平均值、标准差和相关系数见表5-4。可以看出:支持性人力资源实践的各变量(成长与培训、绩效评估、福利、员工参与和就业保障)相关程度很高,但不是不可区分的;除福利外,支持性人力资源实践各变量与组织支持知觉高度相关;所有的支持性人力资源实践、组织支持知觉都与感情承诺高度相关。

以上这些都是与其他研究相一致的,特别需要指出的是,我们没有发现福利与组织支持知觉有较强的相关联系。

表5-4 支持性人力资源实践、组织支持知觉和感情承诺的平均值、标准差和相关系数

变量	平均值	标准差	1	2	3	4	5	6	7
成长与培训	15.160 9	3.394	1.000						
绩效评估	8.413 8	2.175	0.453**	1.000					
福利	5.444 4	1.516	0.242*	0.101	1.000				
员工参与	4.669 5	1.396	0.317**	0.197*	0.254**	1.000			
就业保障	7.104 3	2.010	0.365**	0.197*	0.327**	0.461**	1.000		
组织支持知觉	5.517 9	1.676 0	0.258**	0.484**	0.149	0.206**	0.220**	1.000	
感情承诺	4.181 8	1.602 2	0.334**	0.232**	0.214*	0.444**	0.301**	0.518**	1.000

注:* 表示 p 在0.05水平差异显著,* * 表示 p 在0.01水平差异显著

2. 假设和模型的调整

(1) 假设的调整

支持性人力资源管理实践的原始项目共24个,通过因子分析,本文将抽取的5个因素F1、F2、F3、F4、F5分别取名为成长与培训、绩效评估、员工参与、就业保障和福利。由于成长机会和培训被合为一个因子,这样,我们有必要对原假设作调整,调整后的假设汇总见表5-5。这里的假设调整主要是将假设1a和假设1b调整为一个假设,即假设1ab;将假设2a和假设2b调整为一个假设,即假设2ab:

假设1ab 成长与培训同员工的组织支持知觉有正向的联系

假设2ab 成长与培训同感情承诺有正向的联系

表 5-5　调整后的支持性人力资源实践、组织支持知觉和感情承诺假设汇总

序　号	研　究　假　设
假设 1	支持性人力资源实践与员工的组织支持知觉有一般的联系
假设 1ab	成长与培训同员工的组织支持知觉有正向的联系
假设 1c	绩效评估与员工的组织支持知觉有正向的联系
假设 1d	福利与员工的组织支持知觉有正向的联系
假设 1e	员工参与与员工的组织支持知觉有正向的联系
假设 1f	就业保障与员工的组织支持知觉有正向的联系
假设 2	支持性人力资源实践与感情承诺有一般的联系
假设 2ab	成长与培训同感情承诺有正向的联系
假设 2c	员工参与与感情承诺有正向的联系
假设 3	组织支持知觉中介了“支持性人力资源实践——感情承诺”之间的联系

(2) 模型的调整

调整后的数学模型是相对综合的数学模型，共有 5 个，将用来检验 3 个基本的假设以及进一步的假设。其中，模型 1、2 将用来检验支持性人力资源实践与组织支持知觉的一般联系以及各单项支持性人力资源实践与组织支持知觉的联系，即假设 1、假设 1ab、假设 1c、假设 1d、假设 1e、假设 1f。模型 3、4、5 将用来检验支持性人力资源实践与感情承诺的一般联系以及组织支持知觉在其中的中介作用，即假设 2、假设 2ab、假设 2c、假设 3。调整后的模型汇总见表 5-6。

表 5-6　调整后的支持性人力资源实践、组织支持知觉和感情承诺检验模型汇总

检验的假设	调整后的数学模型	
假设 1、1ab、1c、1d、1e、1f	$POS=\beta_0+\beta_1 EC+\beta_2 EV+\beta_3 FS+\varepsilon$	(1)
	$POS=\beta_0+\beta_1 EC+\beta_2 EV+\beta_3 FS+\beta_4 DT+\beta_5 BE+\beta_6 WP+\beta_7 PA+\beta_8 CS+\varepsilon$	(2)
假设 2、2ab、2c 假设 3	$AC=\beta_0+\beta_1 EC+\beta_2 EV+\beta_3 FS+\varepsilon$	(3)
	$AC=\beta_0+\beta_1 EC+\beta_2 EV+\beta_3 FS+\beta_4 DT+\beta_5 BE+\beta_6 WP+\beta_7 PA+\beta_8 CS+\varepsilon$	(4)
	$AC=\beta_0+\beta_1 EC+\beta_2 EV+\beta_3 FS+\beta_4 DT+\beta_5 BE+\beta_6 WP+\beta_7 PA+\beta_8 CS+\beta_9 POS+\varepsilon$	(5)

注：ε 是随机扰动项。环境的复杂程度(EC)、环境的变化程度(EV)、公司规模(员工总数，FS)、成长与培训(DT)、福利(BE)、员工参与(WP)、绩效评估(PA)和就业保障(CS)、组织支持知觉(POS)、感情承诺(AC)

(六) 假设检验结果分析

1. 支持性人力资源实践与组织支持知觉

我们采用回归分析考察支持性人力资源实践与组织支持知觉的联系(见表

5-7)。我们将环境复杂程度、环境变化程度和公司规模(以员工总数来衡量)作为控制变量,以便控制外部因素对员工的可觉察组织支持的影响。回归分析的统计结果表明,支持性人力资源实践对员工的组织支持知觉有一般的联系($R^2=0.339$, $p<0.01$),假设 1 得到统计的显著支持;绩效评估与组织支持知觉有正向的显著联系($\beta=0.501$, $p<0.01$),假设 1c 得到统计的显著支持。然而,我们没有发现成长与培训、福利、员工参与以及就业保障与组织支持知觉有显著的正向联系,这样,假设 1ab、1d、1e、1f 均没有得到统计结果的显著支持。

表 5-7 支持性人力资源实践与组织支持知觉

因变量	自变量	β	T	R^2
组织支持知觉				0.339
	环境复杂程度	−0.038	−0.381	
	环境变化程度	−0.044	−0.446	
	公司规模	−0.177+	−1.905	
	成长与培训	0.021	0.195	
	绩效评估	0.501**	4.813	
	福利	0.096	1.002	
	员工参与	0.060	0.580	
	就业保障	0.063	0.604	

注:+ 和 * * 分别表示 p 在 0.1 及 0.01 水平差异显著

从支持性人力资源实践与组织支持知觉的回归分析结果中可以看出,支持性人力资源实践与组织支持知觉存在一般的联系,并且,绩效评估与组织支持知觉之间存在特别的正向联系。这与和 John P. Meyer 等(2000)的理论观点是一致的。然而,与 David G. Allen(2003)等观点不同的是,我们并没有发现更多的这种特别联系。这里,我们并不否认其他支持性人力资源实践(如员工参与等)对员工在组织支持政策觉察的影响,但我们要强调的是,由于中西方文化的差异,我国制造企业的员工在对组织支持的觉察上,更注重公平、客观的绩效评估。

2. 支持性人力资源实践与感情承诺的一般联系和间接联系

为了检验支持性人力资源实践与感情承诺的一般联系以及是否会通过组织支持知觉与感情承诺发生间接联系,本文采用层级回归分析的方法来检验这种联系。分析步骤为:第一步,引入控制变量(包括环境复杂程度、环境变化程度、公司规模),其目的是控制外部环境的影响以及公司规模本身的影响。第二步,引入支持性人力资源实践变量(包括成长与培训、绩效评估、福利、员工参与和就业保障),其目的是检验支持性人力资源实践对感情承诺的一般联系和特别联系。第三步,引入组织支持知觉变量,其目的是为了判断支持性人力资源实践与感情承诺的联系是否依然显著。如果 R^2 有一定程度的变化,并且,第二步中某项支持性人力资源实践与感情承诺的联系是显著的,而在第三步中这种联系不再显著,那么有证据表明这种联系主要是一种间接联系;如果第三步中这种联系依然显著,但只要 β 权重有较大幅度的降低,仍能说明存在部分的中介作用(Christopher J. Collins, 2000)。从表 5-8 中可以看出,支持性人力资源实践与感情承诺有一般的联系($R^2=0.341$, $F=5.111$, $p<0.01$),假设 2 得到统计结果的显著支持。并且,成长与培训($\beta=0.227$, $p<0.05$)和员工参与($\beta=0.407$, $p<0.01$)是显著地与感情承诺相联系的,假设 2ab 和假设 2c 得到统计结果的显著支持。在加入组织支持知觉以后(见表 5-8 中的第二步),组织支持知觉与感情承诺的联系是非常显著的($\Delta R^2=0.201$, $\beta=0.542$, $p<0.01$)。但是,支持性人力资源实践与感情承诺的联系依然显著,只是 β 权重有所降低。因而,组织支持知觉的中介作用不是明显的,假设 3 只能是得到统计结果的有限支持。

表 5-8 支持性人力资源实践、组织支持知觉与感情承诺

变　量	第一步	第二步	第三步
环境复杂程度	0.128	0.245*	0.269**
环境变化程度	0.001	−0.046	−0.034
公司规模	0.016	−0.068	0.028
成长与培训		0.227*	0.202*
绩效评估		0.052	−0.231
福利		0.045	−0.011
员工参与		0.407**	0.385**
就业保障		0.048	0.012
组织支持知觉			0.557**
ΔR^2		0.324	0.201
R^2	0.017	0.341	0.542
F	0.488	5.111**	10.254**

注:* 和 * * 分别表示 p 在 0.05 及 0.01 水平差异显著

支持性人力资源实践与感情承诺存在一般的联系,并且成长与培训以及员工参与同感情承诺存在显著的联系,这与国外类似的研究是一致的,然而,我们只是发现组织支持知觉部分中介了支持性人力资源实践与感情承诺的联系，这与 David G. Allen(2003)的观点有所不同，而与 John P. Meyer 等(2000)的观点接近。由于某些支持性人力资源实践(如成长与培训)与感情承诺有较强的直接联系，这使得它们的间接联系不明显。

二、感情承诺的中介作用的实证研究

(一) 问题的提出

基于社会交换理论，组织的支持性人力资源实践及组织支持知觉等被认为是感情承诺的前因变量，但由于管理文化等的差异，其内容及影响会随企业所在行业、国度等发生变化。近年来，学者们对中国企业的人力资源实践进行了大量的研究。但多数限于满意型(而不是支持性)人力资源实践内涵或结构上的探讨，并且很少从实证上对支持性人力资源实践及其后续变量的影响在中国企业背景下进行检验，特别是对支持性人力资源实践及组织支持知觉对自愿离职(Voluntary turnover)、制造业绩等变量的间接联系的检验。

国外的很多学者都强调了感情承诺在"支持性人力资源实践、组织支持知觉——自愿离职或制造绩效"中的中介作用。然而它需要进一步检验。虽然感情承诺一直被认为是影响离职、缺勤乃至制造业绩等的主要因素之一，并且，肯定感情承诺影响的学者坚持认为，对员工来说，对组织的感情承诺感增强本身代表着个人自我价值的提高；对组织来说，员工对组织的承诺水平提高则意味着离职和缺勤的减少，意味着组织有增加制造业绩的潜力，但近年来确实出现了许多不同的看法：由于管理变革(如流程再造等)的影响，组织承诺与离职、缺勤以及公司业绩之间的相关程度大大降低(Baruch，1998)。

在上节的研究中，我们已经检验了支持性人力资源实践的一般内容和主要内容，并考察了组织支持知觉在"支持性人力资源实践——感情承诺"中的中介作用。本节的研究将在此基础上进一步检验感情承诺在支持性人力资源实践与人力资源部门绩效(以自愿离职为代表)和制造绩效联系中的中介作用。也就是说，本研究将检验支持性人力资源实践、组织支持知觉通过感情承诺对自愿离职的间接影响，也检验支持性人力资源实践、组织支持知觉通过感情承诺对制造业绩的间接影响。

(二) 研究分析与研究假设

1. 感情承诺在“SHRM、POS——自愿离职”中的中介作用

(1) 支持性人力资源实践与离职

从上个世纪末以来,许多研究者认为,组织对员工以及他们的发展进行投资的人力资源实践可以减少员工离职。比如,Huselid(1995)认为,鼓励员工发展的高绩效工作实践(如内部选拔,团队建设等)能够增进员工继续为公司工作的意愿,从而与公司的离职率有负向的关系。类似地,Shaw 等(1998)认为,投资于人力资本的人力资源实践(如薪酬体系)以及增进员工对组织承诺的实践(如过程公平,参与等)将减少公司的离职率。

尽管有证据表明组织层面的某些支持性人力资源实践与公司的离职率是负向相关的,但是,在员工层面上,员工对这些实践的觉察是否与员工个人的自愿离职也相关还有待于进一步研究。因此,有必要弄清不同类型的支持性人力资源实践与个人自愿离职的关系。

(2) 组织支持知觉与离职

组织支持知觉影响离职吗?基于社会交换理论,由于组织支持知觉能够激发员工对义务的感知,从而支持组织目标,因而,较高的组织支持知觉可能导致较低的离职率(Eisenberger 等, 1990; Whitener 等, 1997)。互惠的思想使得人们觉得有义务去帮助曾经给过他们帮助的人。就组织而言,人们愿意向那些提供福利和机会给他们的组织进行回报。因此,Eisenberger 等(1986)认为,个人越是能从组织中觉察到组织支持,越是觉得有义务回报组织。

个人回报组织的一种方式是持续地参与。Eisenberger 等(1990)认为,组织支持知觉会鼓励组织成员将自我定位为组织的重要组成部分。这样,个人越是觉察到组织支持越是不太可能去寻找可以替代的职位或者离开组织。类似地,Whitener 等(1997)认为,基于社会交换理论,员工和组织之间在经历了一定的时间后可能会发展出一种互惠的方式,那些觉察到较低的组织支持的员工可能更容易离开组织。

从理论上看,这些观点与自愿离职的“诱因-贡献”框架是一致的(Hom 等, 1995)。March 和 Simon(1958) 认为,员工是否决定继续作为组织的一员很大部

分取决于“诱因”和“贡献”的平衡。“诱因”主要是靠组织提供,“贡献”主要是看员工的期望。觉察到更多诱因的员工将不太可能离开组织。尊重和关心员工可以被看成是提供某种形式的诱因,从而激发员工义务地回报组织。因此,无论我们是从“诱因-贡献”理论还是从社会交换理论出发,都可以认为,组织支持知觉在员工的离职过程中扮演了重要的角色。可以说,个人越是觉察到更多的组织支持越是不太可能自愿地离职。

(3) 感情承诺的中介作用

组织支持知觉在离职过程中所扮演的角色并没有完全被人们所理解。正如前面提到的,组织支持知觉可能直接地影响离职,然而,许多离职模型则认为组织承诺中介了组织支持知觉和离职的关系(Rhoades 等, 2001)。特别是感情承诺无论是在组织支持知觉文献还是在离职文献中都扮演了关键的角色。

需要指出的是,强调感情承诺的这种中介作用的大多数模型都是将“离职”而不是将“自愿离职”作为因变量。这里,当我们考察支持性人力资源实践、组织支持知觉、感情承诺和自愿离职的关系时,不妨提出如下的假设:

假设 1　感情承诺中介了“SHRM、POS——自愿离职”之间的联系

2. 感情承诺在“SHRM、POS—制造绩效”中的中介作用

虽然实证研究中较少有将组织承诺与制造绩效相联系。但很多模型认为组织承诺与员工工作业绩有正向联系,如 Natalie J. Allen(2001)认为组织承诺与顾客反应(如顾客满意、重复购买行为等)有正向联系。值得一提的是也有研究认为公司业绩会通过“薪酬一致性”等变量对组织承诺产生影响(David G. Allen,1999)。

当我们考察支持性人力资源实践、组织支持知觉、感情承诺与制造绩效之间的联系时,不妨也作出如下假设:

假设 2　感情承诺中介了“SHRM、POS——制造绩效”之间的联系

(三) 检验方法与模型

本研究采用的分析软件为 SPSS11.0。主要的分析方法包括描述性统计分析、相关分析和层级回归分析:本研究的假设检验主要采用层级回归分析。

层级回归中所谓的层级,是指自变量之间的关系或等级。从逻辑上,根据自变量之间的关系,从其相互产生影响的顺序,将自变量分成多层。自变量的影响作用

越是基础，其层级等级越高，层级高的自变量可能会影响层级低的自变量。与一般的回归分析不同的是，衡量变量是否进入方程的标准不是其对因变量贡献量的大小，而是其对因变量起作用的逻辑顺序。这样，在进行统计分析时，自变量由高层级到低层级的顺序，逐步加入回归方程，可以说有多少个层级，就要计算相应个数的回归方程。层级回归（Hierarchical Regression）涉及一系列的回归。在回归中，回归方程的变化是通过变量的增减来促成的。层级回归可以用来界定最优回归方程、控制变量、检验变量间的交互作用，也可以做一些其他的分析。本节将根据假设检验的要求，结合层级回归分析方法，建立具体的数学模型。

在多元回归中，变量的系数代表了该变量与因变量的联系。这种联系是控制了方程中所有其他变量后的联系。在层级回归中，对控制其他变量后某变量的效应检验是通过先加入方程中所有其他变量，后加入该变量进行的。在这种情况下，该变量的系数代表了该变量与因变量的联系。我们也可以检验该变量解释的变异量。若要检验控制变量下自变量与因变量的联系，层级回归分析的做法是先引入控制变量，后引入自变量。如要检验某变量在自变量对因变量作用时的中介作用，或者说检验自变量对因变量的间接联系，可以在引入自变量后再引入中介变量，并且，若中介变量不止一个，可以多次引入。如果 ΔR^2 的变化是显著的，并且，自变量的系数发生了显著的变化，那么中介变量的作用是存在的。这意味着自变量通过中介变量与因变量发生联系。

为考察感情承诺在“支持性人力资源实践、组织支持知觉——自愿离职或制造绩效”中的中介作用，本研究将环境的复杂程度（EC）、环境的变化程度（EV）、公司规模（用员工总数衡量，FS）作为控制变量，将支持性人力资源实践的一般内容，即经过上一节研究检验后的成长与培训（DT）、福利（BE）、员工参与（WP）、绩效评估（PA）和就业保障（CS）以及组织支持知觉（POS）作为主要的自变量，将感情承诺作为中介变量，将自愿离职（FP_1）制造绩效（FP_2）作为因变量。具体方程如下：

$$FP_{1,2}=\beta_0+\beta_1 EC+\beta_2 EV+\beta_3 FS+\beta_4 DT+\beta_5 BE+\beta_6 WP+\beta_7 PA+\beta_8 CS+\beta_9 POS+\varepsilon \tag{1}$$

$$FP_{1,2}=\beta_0+\beta_1 EC+\beta_2 EV+\beta_3 FS+\beta_4 DT+\beta_5 BE+\beta_6 WP+\beta_7 PA+\beta_8 CS+\beta_9 POS+\beta_{10} AC+\varepsilon \tag{2}$$

其中，ε 是随机扰动项。

(四) 研究样本的描述性统计分析

1. 样本企业的行业分布

本研究根据调查企业的名称、主导产品等资料，按《国民经济行业分类》(GB/T 4754—2002)标准①，结合调查地区的实际情况，将制造企业分为电子、家具、服装纺织、机械、化工医药和其他六个大类。表 5-9 归纳了本研究样本企业的行业分布。在问卷调查的 122 家样本企业中，电子类制造企业有 15 家，所占比重为 12.3%；家具类制造企业有 6 家，占样本总数的 4.9%；服装纺织类制造企业有 9 家，占样本总数的 7.4%；机械类制造企业 12 家，占样本总数的 9.8%；化工医药类制造企业有 20 家，占样本总数的 16.4%；其他类制造企业有 60 家，占样本总数的49.2%。从本研究的样本企业的行业分布结果来看，样本企业在电子、家具、服装纺织、机械、化工医药等各大类中的分布超过半数以上，并且在化工医药和电子两大类的分布都超过两个百分点。因此，虽然本研究的样本企业在其他类别的企业数目较多，但涵盖了化工医药、电子、机械等主要的制造产业，因而具有一定的行业代表性。

表 5-9 样本企业的行业分布

行业名称	样本企业数目	占样本总数百分比
电 子	15	12.3%
家 具	6	4.9%
服装纺织	9	7.4%
机 械	12	9.8%
化工医药	20	16.4%
其 它	60	49.2%
总 计	122	100%

① 根据《国民经济行业分类》(GB/T 4754—2002)，制造业划分为农副食品加工业、食品制造业、饮料制造业、烟草制品业、纺织业、纺织服装、鞋、帽制造业、皮革、毛皮、羽毛(绒)及其制品业、木材加工及木、竹、藤、棕、草制品业、家具制造业、造纸及纸制品业、印刷业和记录媒介的复制、文教体育用品制造业、石油加工、炼焦及核燃料加工业、化学原料及化学制品制造业、医药制造业、化学纤维制造业、橡胶制品业、塑料制品业、非金属矿物制品业、黑色金属冶炼及压延加工业、有色金属冶炼及压延加工业、金属制品业、通用设备制造业、专用设备制造业、交通运输设备制造业、电气机械及器材制造业、通信设备、计算机及其他电子设备制造业、仪器仪表及文化、办公用机械制造业、工艺品及其他制造业、废弃资源和废旧材料回收加工业等 29 个子类。

2. 样本企业的成立时间分布

本研究是考察支持性人力资源实践、组织支持知觉通过感情承诺对自愿离职和制造绩效的作用。如果企业的成立时间较长，则人力资源实践具有相对的制度化、规范化，并且人力资源实践的长期效果可以凸显。另外，成立时间较长的企业的政策制定和实施不仅相对更正式化，并且对绩效也具有较强的影响。因此，虽然不是时间越长越好，但也要求被调查的企业最好具有一定的成立年限。

从本研究的样本企业的成立时间来看成立 5 年以下的企业有 48 家，占样本总数的 39.3%。绝大多数为成立 5 年以上、15 年以下的企业，有 69 家，占样本总数的 56.6%。另外，有少数企业成立的时间为 15 年以上，有 5 家，占样本总数的 4.1%(表 5-10)。

表 5-10　样本企业的成立时间分布

成立年数	样本企业数目	占样本总数百分比	累计百分比
5 年以下	48	39.3%	39.3%
5～15 年	69	56.6%	95.9%
15 年以上	5	4.1%	100%
总计	122	100%	

3. 样本企业的员工人数分布

企业的员工人数在一定程度上反映了企业的规模。从本研究所调查的员工人数分布来看，基本上呈现出一种正态分布。100 人以下的小企业和 2 000 人以上的大企业的数目分别为 37 家和 3 家，分别占样本总数的 30.3%和 2.5%(其中 1 万人以上的大企业占 4.1%)。大部分的企业集中在 100 到 2 000 人，有 82 家，占样本总数的 67.3%。其中，100 到 500 人的企业有 54 家，占样本总数的 44.3%；500 到 2 000 人的企业有 28 家，占样本总数的 23%(见表 5-11)。

表 5-11　样本企业的员工人数分布

员工人数(人)	样本企业数目	占样本总数百分比	累计百分比
100 以下(含 100)	37	30.3%	30.3%
101～500	54	44.3%	74.6%
501～2 000	28	23.0%	97.5%
2 000 以上	3	2.5%	100.0%
总　计	122	100%	

4. 样本企业的年销售收入分布

从样本企业的年销售收入的分布来看，绝大多数样本企业的年销售收入都在1 000万元以上，占样本总量的82%。其中，年销售收入在1 000万到1亿元的有32家，占样本总量的26.2%；年销售收入在1亿到5亿元的有23家，占样本总量的18.9%；年销售收入在5亿元以上的有45家，占样本总量的36.9%。年销售收入在1 000万元以下的只有22家，占样本总数的18.0%。其中，年销售收入在500万元以下的有12家，占样本总量的9.8%；年销售收入在500万到1 000万元的有10家，占样本总量的8.2%(表5-12)。

表5-12　样本企业的年销售收入分布

年销售收入(人民币元)	样本企业数目	占样本总数百分比	累计百分比
500万以下	12	9.8%	9.8%
500万～1 000万	10	8.2%	18.0%
1 000万～1亿	32	26.2%	44.2%
1亿～5亿	23	18.9%	63.1%
5亿以上	45	36.9%	100%
总计	122	100%	

(五) 相关分析和假设检验结果分析

从相关分析的结果(见表5-13)可以看出，不是所有的支持性人力资源实践都与自愿离职率保持较强的负相关。实际上，只有成长与培训同自愿离职率有较强的负相关联系。组织支持知觉与自愿离职率保持较强的负相关，但没有发现感情承诺与自愿离职率有较强的负相关联系。

除了绩效评估与产品质量改进没有表现出相关联系以外，成长与培训和绩效评估都与各制造绩效(产品质量改进、消费者满意度和技术进步)高度相关；组织支持知觉和感情承诺都与各制造绩效(产品质量改进、消费者满意度和技术进步)保持较强的正相关，但是感情承诺与各制造绩效(产品质量改进、消费者满意度和技术进步)表现出更强的相关关系。在各种绩效的相关分析结果中，本研究没有发现自愿离职率与各制造绩效(产品质量改进、消费者满意度和技术进步)的相关性，但本研究确实发现，在制造绩效之间，消费者满意度与产品质量改进表现出较强的相关性。

表 5-13　感情承诺相关变量的相关分析

变　量	平均值	标准差	1	2	3	4	5	6	7	8	9	10	11
成长与培训	15.160 9	3.394	1.000										
绩效评估	8.413 8	2.175	0.453**	1.000									
福利	5.444 4	1.516	0.242*	0.101	1.000								
员工参与	4.669 5	1.396	0.317**	0.197*	0.254**	1.000							
就业保障	7.104 3	2.010	0.365**	0.197*	0.327**	0.461**	1.000						
组织支持知觉	5.517 9	1.676 0	0.258**	0.484**	0.149	0.206**	0.220**	1.000					
感情承诺	4.181 8	1.602 2	0.334**	0.232**	0.214*	0.444**	0.301**	0.518**	1.000				
自愿离职率	3.281 1	1.812 1	−0.229*	−0.112	−0.056	0.045	−0.112	−0.234*	−0.192**	1.000			
产品质量改进	3.241 7	0.898 1	0.383*	0.161	0.062	0.153	0.160	0.213**	0.260**	−0.072	1.000		
消费者满意度	3.733 3	0.730 3	0.389**	0.227*	0.103	0.114	0.151	0.264**	0.305**	−0.200	0.714**	1.000	
技术进步	2.716 7	0.899 8	0.220*	0.271**	−0.029	0.091	0.023	0.254**	0.331**	0.075	0.370**	0.381**	1.000

注：* 表示 p 在 0.05 水平差异显著，** 表示 p 在 0.01 水平差异显著

1. 感情承诺在"SHRM、POS—自愿离职"中的中介作用

为检验感情承诺在"SHRM、POS—自愿离职"中的中介作用，我们采用层级回归分析的方法来检验这种作用。分析步骤为：以自愿离职率为因变量，第一步，引入环境复杂程度、环境变化程度、公司规模以及支持性人力资源实践变量（包括成长与培训、绩效评估、福利、员工参与和就业保障）和组织支持知觉变量；第二步，引入感情承诺变量。如果在第一步中，支持性人力资源实践或组织支持知觉与自愿离职率的联系是显著的，而在第二步中这种联系不再显著，那么有证据表明这种联系主要是一种间接联系（Christopher J. Collins，2000）。从表5-14可以看出，由于F值不显著，这两步中所涉及的模型不成立，感情承诺没有中介支持性人力资源实践和组织支持知觉与自愿离职率的联系，假设4没有得到统计结果的显著支持。

表5-14　感情承诺在"SHRM、POS—自愿离职"中的中介作用

变　量	第一步	第二步
环境复杂程度	0.077	0.153
环境变化程度	0.062	0.067
公司规模	−0.113	−0.111
成长与培训	−0.136	−0.083
绩效评估	0.081	0.035
福利	0.001	−0.004
员工参与	0.154	0.233
就业保障	−0.089	−0.072
组织支持知觉	−0.340*	−0.200
感情承诺		−0.252
ΔR^2		0.118
R^2	0.162	0.192
F	1.248	1.351

注：+、*和**分别表示p在0.1、0.05及0.01水平差异显著

2. 感情承诺在"SHRM、POS—制造绩效"中的中介作用

为检验感情承诺在"SHRM、POS—制造绩效"中的中介作用，我们仍采用层级回归分析的方法来检验这种作用。分别以产品质量改进、消费者满意度和技术

进步为因变量，在第一步引入环境复杂程度、环境变化程度、公司规模以及支持性人力资源实践（包括成长与培训、绩效评估、福利、员工参与和就业保障）和组织支持知觉，在第二步引入感情承诺。从表 5-15 可以看出，在以产品质量改进为因变量时，当引入感情承诺以后，原来的成长与培训（β=0.396，$p<0.01$）依然显著（β=0.391，$p<0.01$），感情承诺却不显著。类似地，在以消费者满意度为因变量时，当引入感情承诺以后，原来的成长与培训（β=0.385，$p<0.01$）依然显著（β=0.341，$p<0.01$），感情承诺也不显著。在以技术进步为因变量时，第一步的模型没有通过 F 检验，在第二步中，我们发现感情承诺与技术进步有微弱的联系（β=0.281，$p<0.1$）。因而假设 5 没有获得支持。感情承诺没有中介支持性人力资源实践和组织支持知觉与制造绩效的联系。

表 5-15　感情承诺在“SHRM、POS—制造绩效”中的中介作用

变量	以产品质量改进为因变量		以消费者满意度为因变量		以技术进步为因变量	
	第一步	第二步	第一步	第二步	第一步	第二步
环境复杂程度	0.087	0.081	−0.064	−0.110	0.213+	0.144
环境变化程度	0.010	0.011	0.001	0.004	−0.055	−0.050
公司规模	−0.142	−0.143	0.165	0.159	−0.021	−0.030
成长与培训	0.396**	0.391**	0.385**	0.344**	0.173	0.112
绩效评估	−0.076	−0.069	0.016	0.064	0.033	0.105
福利	−0.121	−0.120	−0.158	−0.155	−0.086	−0.082
员工参与	0.079	0.069	−0.003	−0.070	0.051	−0.051
就业保障	0.015	0.015	−0.089	−0.092	0.017	0.013
组织支持知觉	0.175	0.160	0.259*	0.151	0.254+	0.091
感情承诺		0.027		0.187		0.281+
ΔR^2		0.000		0.015		0.076
R^2	0.229	0.229	0.279	0.294	0.164	0.200
F	2.536*	2.257*	3.304**	3.170**	1.679	1.897+

注：+、* 和 ** 分别表示 p 在 0.1、0.05 及 0.01 水平差异显著

在支持性人力资源实践、组织支持知觉与自愿离职或制造绩效的联系中，当加入感情承诺变量后，我们可以看到，感情承诺的中介作用是不明显的，这只能说支持性人力资源实践、组织支持知觉与自愿离职率或制造绩效”的间接联系不明显，

而不能说感情承诺与自愿离职或制造绩效没有联系。实际上，从相关分析中，我们已经看到，感情承诺与各绩效变量都存在一定的相关性。并且，感情承诺与各制造绩效的相关性都很强。

感情承诺与公司业绩的这种相关关系是可以解释的。在中国的制造企业中，员工的报酬与公司的业绩基本上存在一定的联系。当企业的销售状况良好，员工获得更好的报酬时，员工很容易与企业建立感情联系。这种联系也许反过来促进公司的产品成本降低，并被更多的消费者接受，从而有助于公司的业绩的提高。

第六章　支持性人力资源实践、柔性战略与制造绩效和财务绩效的实证分析

在上一章的两个实证研究中，我们一方面探讨和检验了支持性人力资源实践的一般内容和主要内容以及对感情承诺的直接影响和间接影响。另一方面，在感情承诺的中介作用的检验中，我们没有发现感情承诺在“支持性人力资源实践——制造绩效”的联系中有较强的中介作用，这引发我们猜想支持性人力资源实践与制造绩效(乃至财务绩效)的联系更可能是直接的联系，并且这种联系中柔性战略可能扮演重要的调和作用。为此，本章将不再考虑员工个体心理和行为的影响，从组织中部门政策实践的角度实证研究支持性人力资源实践、柔性战略与制造绩效和财务绩效的联系。

一、支持性人力资源实践、柔性战略与制造绩效的实证研究

(一) 问题的提出

人力资源实践、战略与绩效的关系问题一直是企业管理理论者和实践者探讨的热门话题。在人力资源管理系统与企业绩效关系的研究中，一个备受关注的问题就是这种相关性是否会受到企业战略以及产业背景的影响。范秀成和比约克曼(2003)对 62 家在中国经营的制造业外商投资企业进行了研究，其结果表明，高绩效人力资源管理实践及其与企业战略整合的程度会对组织绩效(包括制造绩效)产生积极的影响。进一步的分析发现，在来自国外的 11 项高绩效实践中，有 3 项对绩效有显著影响。因此，范秀成和比约克曼认为，同西方国家相比，某些高绩效人

力资源管理实践在中国可能效果不明显。顾琴轩等(2004)从我国企业人力资源管理现状出发，结合相关理论，采用问卷设计和调查，对人力资源管理与组织绩效展开实证研究。他们的研究发现，在我国背景下，企业人力资源管理与组织绩效具有相关性。人力资源管理的重要性正在被越来越多的企业所认识，并积极付诸于实践中，不同程度地影响组织的财务绩效与非财务绩效，特别是对非财务绩效(包括制造绩效)。当一些研究不同程度地表明，在我国企业背景下，人力资源实践与制造绩效存在相关联系时，我们的问题是作为一种重要的人力资源实践方式的“支持性人力资源实践”与制造绩效有一般的联系吗？如果有，又是哪些支持性人力资源实践呢？

制造绩效是一种非常重要的非财务绩效。在制造战略与制造绩效的联系方面，有的学者认为中国企业对制造战略的重视不够，有些企业甚至无制造战略可言，因而制造战略与绩效的关系不明显。我们认为，由于显性的战略与隐性的战略对绩效的影响不同，中国制造企业也确实有必要将制造战略列入正式的战略规划并实施，但我们不能否认中国制造企业没有制造战略，特别是柔性战略，因为任何制造企业都面临生产规模的调整或引入新产品。另外，我们也不排除某些行业的制造企业可能更重视低成本战略或质量战略，但柔性战略至少是隐性地存在着，只是柔性战略与绩效的关系需要检验。

作为重要的人力资源实践方式的“支持性人力资源实践”和作为重要的制造战略的“柔性战略”的配合便是一个关键的研究领域。柔性战略需要支持性人力资源实践作为一种重要的“基础设施”为柔性战略的规划和实施提供支持。因而，柔性战略难以作为充分条件与绩效发生联系，这里的问题是，如果支持性人力资源实践与制造绩效存在联系，柔性战略会调和这种影响吗？另外，我们要进一步考察的问题是，当柔性战略存在次级分类，如产品创新柔性战略和市场柔性战略(杨东涛，2004)时，不同的柔性战略对“支持性人力资源实践—制造绩效”都有调和作用吗？

(二) 研究分析与研究假设

1. 支持性人力资源实践与制造绩效

当代组织环境的剧烈变动和复杂性要求公司不仅依靠核心员工的努力，也要依靠普通员工的贡献。这种依靠性增强了员工之间的独立互惠的联系，也使得在协调和控制时很少使用命令方式。支持性人力资源实践增进了员工对组织支持的觉察，从而提高了员工对组织的归属感，使得员工不太可能最小化绩效预期。另外，支持性人力资源实践增进了"高质量"员工的获得、培养和保持，从而进一步提高了组织的效率。Huselid(1995)认为，具有支持性人力资源实践特征的某些实践显著地与组织绩效的多个方面(包括工作依附，劳动生产率等)有正向的联系。Delaney & Huselid(1996)认为，具有支持性人力资源实践特征的某些实践，如内部选拔、激励补偿和培训都正向地与组织绩效相联系。茅宁(2001)在分析无形资产的价值创造作用时强调，企业人力资源管理实践通过在培训、以激励为目的的报酬计划等方面的投资，提高了员工的劳动生产率。

正如我们在理论框架中所指出的那样，我国制造企业的支持性人力资源实践的一般内容可以包括成长机会、培训、员工参与、绩效评估、奖赏和就业保障。为了检验我国制造企业管理中支持性人力资源实践对制造绩效的影响，我们不妨在已界定的支持性人力资源实践的一般内容的基础上，作如下假设：

假设1 支持性人力资源实践与制造绩效有一般的联系

2. 不同柔性战略对"支持性人力资源实践—制造绩效"的调和影响

虽然很少有文献从支持性人力资源实践的整体角度研究支持性人力资源实践与不同柔性战略的配合，但一些文献已提出支持性人力资源实践的某些方面与某种柔性战略的配合对绩效能产生积极的影响。Fernando F. Suarez 等(1996)认为，一支接受过良好的培训和教育的员工队伍能提高产品创新柔性战略的实施；在产品发展过程中的高度参与能提高产品创新柔性战略对绩效的影响。更多的文献则是从柔性战略的整体角度探讨它对"人力资源实践—绩效"的调和影响，如 Ravi Kathuria 等(1999)调查了美国 99 家制造企业的 483 名员工，他们的回归分析的结果表明，当强调柔性战略时，采用关系定位的实践(如团队建设、支持、网络组织、激励、认同等)，特别是员工参与领导的公司的绩效较高。Robert H Chenhall(1996)基于 37 家公司的数据，实证检验了"制造柔性与管理者的绩效评估对制造绩效的提高有交互作用"。作者认为，要使制造柔性真正获得成功，必须发展一种平衡的方法，即在追求制造柔性的同时，必须同时考虑市场需求和成本的影响。为了帮助组织发展这种柔性战略的平衡方法，在制造过程中设计和实施正式的管理者绩效评估是非常重要的。对管理过程和结果的评估能够提供一种反馈，这能增进组织学习，结果促进绩效的提高。这是因为反馈有助于在兼顾市场和成本战略时理解决策形式，界定风险和机会。同时，制造过程中的评估反馈也有助于目标和预期的分类。另外，管理者的绩效评估也有助于激励他们去实现目标。

于是，在引用了柔性战略的次级分类（杨东涛，2004）的基础上，我们可以有如下的假设：

假设 2　柔性战略对“支持性人力资源实践—制造绩效”有一般的调和作用

假设 2a　产品创新柔性战略对“支持性人力资源实践—制造绩效”有调和作用

假设 2b　市场柔性战略对“支持性人力资源实践—制造公司绩效”有调和作用

（三）检验方法与模型

若要检验两个变量对某因变量的交互作用，可以采用调和回归技术。调和回归是一种层级过程。在此过程中，变量的乘积进入到第二步回归中。为此，先要创建乘积变量，这可以通过计算两个变量的乘积来进行。在第一步回归中，引入两个独立变量。第二步引入乘积变量。这样可以评估 R^2 的变化（ΔR^2）。如果 ΔR^2 的变化是显著的，那么两个变量间存在交互作用。这意味着一个变量变化时另个一变量与因变量的关系会发生变化。

这个过程会在单变量与乘积变量间产生一定程度的多重共线性，并影响回归系数的精确性，然而它们不会影响 R^2。由于系数的不精确，方程不能用于预测。为了解释交互作用，以某一自变量的平均值为界线，先将样本分成两组。然后，利用各组样本数据，在另一自变量和因变量间进行简单回归。比较回归线的不同坡度可以解释交互作用的存在。

我们采用层级回归（Hierarchical Regression）的方法来检验支持性人力资源实践与制造绩效的主要联系，同时也检验不同柔性战略对“支持性人力资源实践—制造绩效”的调和作用。假设检验模型的具体方程如下：

$$FP_{1,2,3} = \beta_0 + \beta_1 EC + \beta_2 EV + \beta_3 FS + \varepsilon \quad (1)$$

$$FP_{1,2,3} = \beta_0 + \beta_1 EC + \beta_2 EV + \beta_3 FS + \beta_4 DT + \beta_5 BE + \beta_6 WP + \beta_7 PA + \beta_8 CS + \varepsilon \quad (2)$$

$$FP_{1,2,3}=\beta_0+\beta_1 EC+\beta_2 EV+\beta_3 FS+\beta_4 DT+\beta_5 BE+\beta_6 WP+\beta_7 PA+\beta_8 CS+\beta_9 NFST+\beta_{10} MFST+\varepsilon \tag{3}$$

$$\begin{aligned}FP_{1,2,3}=&\beta_0+\beta_1 EC+\beta_2 EV+\beta_3 FS+\beta_4 DT+\beta_5 BE\\&+\beta_6 WP+\beta_7 PA+\beta_8 CS+\beta_9 NFST+\beta_{10} MFST\\&+\beta_{11} DT\times NFST+\beta_{12} BE\times NFST+\beta_{13} WP\times NFST\\&+\beta_{14} PA\times NFST+\beta_{15} CS\times NFST+\beta_{16} DT\times MFST\\&+\beta_{17} BE\times MFST+\beta_{18} WP\times MFST+\beta_{19} PA\times MFST\\&+\beta_{20} CS\times MFST+\varepsilon\end{aligned} \tag{4}$$

上述模型中,(1)(2)式用于检验支持性人力资源实践与制造绩效的主要联系,ε是随机扰动项。(3)(4)式用于检验不同柔性战略对“支持性人力资源实践—制造绩效”的调和作用。ε是随机扰动项。EC表示环境复杂程序,EV表示环境变化程度,FS表示公司员工总数,DT表示成长与培训,BE表示福利,WP表示员工参与,PA表示绩效评估,CS表示就业保障,NFST表示产品创新柔性战略,MFST表示市场柔性战略,$FP_{1,2,3}$表示制造绩效,其中FP_1表示产品质量改进,FP_2表示消费者满意度,FP_3表示技术进步。

方程(4)中的单变量与乘积变量间会产生一定程度的多重共线性,并影响回归系数的精确性,然而它们不会影响R^2。我们可以通过R^2的变化是否明显以及β的显著性来检验假设(Jason Senjem, 2000)。

(四) 变量选择与问卷信度和效度检验

正如上面模型中指出的那样,本研究的自变量主要是支持性人力资源实践维度的变量,因变量是制造绩效维度变量,调和变量是柔性战略维度变量,控制变量有三个,即环境变化程度、环境复杂程度和公司规模(以公司员工总数表示)。

本研究的样本企业为122家上海、江苏、广东三地的制造企业,问卷的调查数据主要来自中高层管理者。问卷中考察支持性人力资源实践的各指标结果主要来自人力资源管理部门的主管。在上一章的实证研究中我们已经检验了支持性人力资源实践的主要内容为:成长与培训、绩效评估、福利、员工参与、就业保障。上一章实证检验中也可以看出,支持性人力资源实践部分的问卷具有较高的信度和效度。

本研究中的调和变量和因变量，即柔性战略及公司制造绩效的各指标结果主要来自企业的高层管理者。由于问卷调查的质量直接影响研究结论的可靠性和有效性，因而有必要对这部分的问卷质量作检验。

需要指出的是本节的绩效部分主要是考察制造绩效，下节的研究则主要考虑财务绩效。由于制造绩效和财务绩效都是由总经理填答的，因此，虽然本节研究不涉及财务绩效部分，但为了更好地使制造绩效和财务绩效有较好的区分度，也为了下一节对财务绩效影响的研究能顺利地进行。这里有必要将本节研究涉及的制造绩效问卷和下节研究涉及的财务绩效问卷在这里作统一的信度和效度检验。

表 6-1　柔性战略和绩效的信度分析

层　面	变　量	衡量题数	Cronbach'α 值
柔性战略	产品创新柔性战略	7	0.778 8
	市场柔性战略	5	
绩　效	产品质量改进	1	0.723 6
	消费者满意度	1	
	技术进步	1	
	销售利润率	1	
	投资报酬率	1	

检验问卷质量一般是通过信度和效度分析来反映的。依据调查中获得的数据，首先对问卷总体信度作检验，柔性战略和绩效部分的总体信度都很高，Cronbach'α 系数都超过了 0.7。由于问卷条目的选择在参考大量文献的基础上，广泛征求了专家意见，因此问卷具有较高的名义效度。以下主要检验柔性战略和绩效部分问卷的结构效度。而因子分析方法是检验问卷结构效度的常用方法。识别问卷设计是否适合因子分析，不仅需要较高的信度，还需要依据 KMO 和 Bartlett 球体检验结果。从检验结果来看，柔性战略部分 KMO 为 0.80，Bartleu 球体检验为零假设，绩效部分 KMO 为 0.693，Bartleu 球体检验为零假设，因此都适合作因子分析。

1. 柔性战略

本研究从原问卷(A 卷)选取了涉及柔性战略部分的原始项目共 12 个，包括产品创新柔性战略和市场柔性战略两个方面。其中，产品创新柔性战略有 7 个题项，市场柔性战略有 5 个题项。通过相关分析和因子分析，删除了 A7、A10 这两个不满足研究要求的项目。因子分析结果见表 6-2。

表 6-2　柔性战略的因子分析结果

项　目	F1	F2
公司在产品的生产方式或者服务方式方面保持创新	**0.760**	0.251
公司提供多元化产品与服务	**0.700**	0.143
公司在产品或服务的新奇性方面保持创新	**0.821**	−0.009
公司经常开发新产品或新技术	**0.711**	0.064
公司投入巨额资本进行生产过程的创新	**0.630**	0.319
公司通常在市场上率先提供新产品或新服务	**0.800**	0.091
公司专注于特定产品的生产以满足特定消费者的需求	0.253	**0.733**
公司在特定地理区位市场上扩展业务	0.146	**0.707**
公司能够迅速地改变生产计划以满足特定消费者的需求	0.332	**0.565**
公司压缩销售系统并使之更有效率	−0.146	**0.595**
特征值	3.500	1.897
解释的变异量(53.967%)	34.999	18.968
Cronbach'α 值	0.86	0.85
KMO	0.80	

第一个因子 F1 包括六个题项：公司在产品的生产方式或者服务方式方面保持创新(A1)、公司提供多元化产品与服务(A2)、公司在产品或服务的新奇性方面保持创新(A3)、公司经常开发新产品或新技术(A4)。公司投入巨额资本进行生产过程的创新(A5)、公司通常在市场上率先提供新产品或新服务(A6)。该因子所包含的题项反映了公司引入新产品的数量、种类、频率等多个方面，根据各题项的含义和内在联系，本研究将 F1 取名为产品创新柔性战略。

第二个因子 F2 包括四个题项：公司专注于特定产品的生产以满足特定消费者的需求(A8)、公司在特定地理区位市场上扩展业务(A9)、公司能够迅速地改变生产计划以满足特定消费者的需求(A11)、公司压缩销售系统并使之更有效率(A12)。该因子所包含的题项反映了公司根据市场的变化调整产品的数量、种类、频率等多个方面，根据各题项的含义和内在联系，本研究将 F2 取名为市场柔性战略。

在因子分析后，进一步检验了产品创新柔性战略和市场柔性战略这2个因子的同质性信度Cronbach'α值分别是0.86、0.85。

需要指出的是，在对柔性战略进行因子分析后，我们对企业柔性战略定位数据进行了分类处理。处理的方法是：在因子分析的基础上进行数据浓缩后，分别对不同柔性战略因子的各保留条目取值进行累加，即得该企业不同柔性战略分值。

2. 绩效的因子分析

在本研究中，正如前面变量界定时所指出的那样，人力资源部门绩效有感情承诺和自愿离职。感情承诺的因子分析结果已在前面描述。由于自愿离职的考察指标只有自愿离职率一个指标（在原B卷），因而没有必要进行因子分析。本研究根据研究设计，选取原问卷A卷的绩效部分的项目共5个，涉及制造绩效和财务绩效两个方面。其中，制造绩效有3个题项，财务绩效有2个题项。因子分析过程中未删除任何题项。因子分析结果见表6-3。

表6-3 绩效的因子分析结果

项 目	F1	F2
产品质量改进	**0.753**	0.320
消费者满意度	**0.790**	0.330
技术进步	**0.792**	−0.079
销售利润率	0.075	**0.891**
投资报酬率	0.236	**0.862**
特征值	1.880	1.836
解释的变异量（74.317%）	37.592	36.725
Cronbach'α值	0.727 4	0.784 9
KMO	0.693	

第一个因子F1包括三个题项：产品质量改进（D1）、消费者满意度（D2）、技术进步（D3）。第二个因子F2包括两个题项：销售利润率（D4）、投资报酬率（D5）。根据各题项的含义和内在联系，本研究将F1和F2分别取名为制造绩效和财务绩效。

在因子分析后，进一步检验了制造绩效和财务绩效这2个因子的同质性信度

Cronbach'α 值分别是 0.7274 和 0.7849。

从因子分析的结果可以看出，柔性战略和绩效部分的问卷具有较高的结构效度。

（五）相关分析与假设调整

本节对支持性人力资源实践、柔性战略与制造绩效的各主要研究变量作了相关分析。因为相关分析是回归分析的基础，它有助于本节的进一步研究。各主要变量的平均值、标准差和相关系数见表 6-4。可以看出：支持性人力资源实践的各变量（成长与培训、绩效评估、福利、员工参与和就业保障）相关程度很高，但不是不可区分的。

除了绩效评估与产品质量改进没有表现出相关关系以外，成长与培训和绩效评估都与各制造绩效（产品质量改进、消费者满意度和技术进步）高度相关，也与产品创新柔性战略高度相关；在与制造绩效的联系中，市场柔性战略只是与技术进步高度相关，而产品创新柔性战略则与各制造绩效（产品质量改进、消费者满意度和技术进步）都有较强的相关联系。在柔性战略之间，产品创新柔性战略与市场柔性战略也保持相关，但还是可以区分的。

在相关分析结果中可以看出，各制造绩效之间都表现出了很强的相关性，并且，消费者满意度与产品质量改进之间有着最强的相关联系。

特别需要指出的是，由于产品创新柔性战略与各制造绩效（产品质量改进、消费者满意度和技术进步）都有较强的相关联系；虽然市场柔性战略与产品质量改进、消费者满意度之间没有相关联系，但与技术进步有较强的相关联系，因此有必要增加假设：

假设 3　柔性战略与制造绩效有一般的联系

假设 3a　产品创新柔性战略与制造绩效有正向的联系

（六）假设检验结果分析

为了检验支持性人力资源实践、柔性战略与制造绩效的一般联系以及柔性战略对“支持性人力资源实践——制造绩效”的调和作用，本节采用如下的分析步骤：第一步，引入控制变量（包括环境复杂程度、环境变化程度和公司规模），其目的是

表 6-4　支持性人力资源实践、柔性战略与制造绩效的平均值、标准差和相关系数

变量	平均值	标准差	1	2	3	4	5	6	7	8	9	10
成长与培训	15.160 9	3.394	1.000									
绩效评估	8.413 8	2.175	0.453**	1.000								
福利	5.444 4	1.516	0.242*	0.101	1.000							
员工参与	4.669 5	1.396	0.317**	0.197*	0.254**	1.000						
就业保障	7.104 3	2.010	0.365**	0.197*	0.327**	0.461**	1.000					
产品创新柔性	17.106[2]	3.924 2	0.388**	0.446**	0.169	0.083	0.214*	1.000				
市场柔性	11.141 6	2.203	−0.060	0.088	0.115	0.104	0.113	0.380**	1.000			
产品质量改进	3.241 7	0.898 1	0.383*	0.161	0.062	0.153	0.160	0.358**	0.151	1.000		
消费者满意度	3.733 3	0.730 3	0.389**	0.227*	0.103	0.114	0.151	0.404**	0.157	0.714**	1.000	
技术进步	2.716 7	0.899 8	0.220*	0.271**	−0.029	0.091	0.023	0.466**	0.219*	0.370**	0.381**	1.000

注：*表示 p 在 0.05 水平差异显著，**表示 p 在 0.01 水平差异显著

控制外部环境影响以及公司规模本身的影响。第二步，引入支持性人力资源实践变量（包括成长与培训、绩效评估、福利、员工参与和就业保障），其目的是检验支持性人力资源实践与制造绩效的联系，同时也为了后面检验柔性战略与制造绩效的联系以及"支持性人力资源实践—柔性战略"的交互作用时能控制支持性人力资源实践与制造绩效的主要联系。第三步，引入柔性战略变量（包括产品创新柔性战略和市场柔性战略），其目的是为了检验柔性战略与制造绩效的联系，也为了后面检验"支持性人力资源实践—柔性战略"的交互作用时能控制柔性战略与制造绩效的主要联系。第四步，引入支持性人力资源实践和柔性战略的乘积变量，主要用于检验"支持性人力资源实践—柔性战略"的交互作用。

表 6-5　支持性人力资源实践、柔性战略与产品质量改进

变　量	第一步	第二步	第三步	第四步
环境复杂程度	−0.004	0.047	0.065	0.031
环境变化程度	−0.110	−0.108	−0.130	−0.140
公司规模	0.198+	0.118	0.123	0.118
成长与培训		0.275*	0.245+	1.584+
绩效评估		−0.009	0.027	−0.977
福利		0.046	−0.046	−0.248
员工参与		−0.062	−0.094	0.345
就业保障		0.105	0.058	0.174
产品创新柔性战略			0.251+	0.335
市场柔性战略			0.046	0.751
产品创新柔性战略 * 成长与培训				−0.705
产品创新柔性战略 * 绩效评估				1.336
产品创新柔性战略 * 福利				−0.444
产品创新柔性战略 * 员工参与				0.057
产品创新柔性战略 * 就业保障				−0.249
市场柔性战略 * 成长与培训				−1.358
市场柔性战略 * 绩效评估				−0.788
市场柔性战略 * 福利				−0.135
市场柔性战略 * 员工参与				1.344
市场柔性战略 * 就业保障				0.011
ΔR^2		0.104	0.057	0.073
R^2	0.040	0.144	0.201	0.274
F	1.152	1.639	1.914+	1.247

注：+和 * 分别表示 p 在 0.1 及 0.05 水平差异显著

从统计分析的结果（见表 6-5、表 6-6 和表 6-7）可以看出，支持性人力资源实践与产品质量改进、技术进步都没有显著的联系，只是发现支持性人力资源实践与消费者满意度之间有微弱的联系($R^2=0.170$，$F=2.002$，$p<0.1$)，这种微弱的联系体现在成长与培训同消费者满意度的联系上($\beta=0.273$，$p<0.05$)。因此，假设1只是得到统计结果的有限支持。

这里的实证研究表明，企业在员工成长与培训方面的支持性人力资源实践能够促进消费者满意度的提高，这在理论上是较容易解释的。当员工获得较多的培训和开发时，其为消费者服务的能力和经验可能得到了积累。同时，当企业侧重于内部招聘，为员工提供较多的内部晋升机会，这也就意味着员工有动力为消费者提供服务。也就是说，当企业为员工在成长和培训方面提供支持时，也就意味着员工为消费者服务时有了能力和动力支持，从而也就提高了消费者满意度。

表 6-6　支持性人力资源实践、柔性战略与消费者满意度

变量	第一步	第二步	第三步	第四步
环境复杂程度	−0.170	−0.137	−0.112	−0.089
环境变化程度	−0.042	−0.049	−0.082	−0.092
公司规模	0.185	0.124	0.135	0.191
成长与培训		0.273*	0.225+	0.515
绩效评估		0.134	0.037	−0.404
福利		−0.025	−0.056	−0.157
员工参与		−0.086	−0.046	−0.334
就业保障		0.008	−0.040	−0.301
产品创新柔性战略			0.290*	−0.200
市场柔性战略			−0.002	−0.130
产品创新柔性战略*成长与培训				−0.470
产品创新柔性战略*绩效评估				2.081*
产品创新柔性战略*福利				0.254
产品创新柔性战略*员工参与				−0.014
产品创新柔性战略*就业保障				−0.821
市场柔性战略*成长与培训				−0.053
市场柔性战略*绩效评估				−1.132
市场柔性战略*福利				−0.026
市场柔性战略*员工参与				0.312
市场柔性战略*就业保障				1.105
ΔR^2		0.143	0.061	0.101
R^2	0.027	0.170	0.231	0.332
F	1.799	2.002+	2.285*	1.641+

注：+和*分别表示p在0.1及0.05水平差异显著

从表6-5、表6-6和表6-7中我们可以看到，柔性战略与技术进步存在显著的联系（$R^2=0.304$，$F=3.320$，$p<0.01$），与消费者满意度（$R^2=0.231$，$F=2.285$，$p<0.05$）、产品质量改进（$R^2=0.201$，$F=1.914$，$p<0.1$）也存在一定的联系。因此，柔性战略与制造绩效的一般联系是存在的，假设3得到统计结果的支持。

我们进一步发现，产品创新柔性战略与技术进步存在显著的正向联系（$\beta=0.444$，$p<0.01$），与消费者满意度（$\beta=0.290$，$p<0.05$）、产品质量改进（$\beta=0.251$，$p<0.1$）也存在一定的正向联系。可见，产品创新柔性战略与制造绩效的正向联系是存在的，假设3a得到统计结果的支持。

表6-7　支持性人力资源实践、柔性战略与技术进步

变　量	第一步	第二步	第三步	第四步
环境复杂程度	0.147	0.225+	0.256*	0.237+
环境变化程度	0.015	−0.014	−0.054	−0.124
公司规模	0.007	−0.090	−0.080	−0.095
成长与培训		0.161	0.109	0.211
绩效评估		0.209+	0.048	−0.690
福利		−0.057	−0.114	−0.124
员工参与		0.088	0.153	−0.383
就业保障		−0.013	−0.096	0.528
产品创新柔性战略			0.444**	0.599
市场柔性战略			0.084	−0.415
产品创新柔性战略*成长与培训				0.542
产品创新柔性战略*绩效评估				−0.017
产品创新柔性战略*福利				−1.305
产品创新柔性战略*员工参与				0.093
产品创新柔性战略*就业保障				0.414
市场柔性战略*成长与培训				−0.576
市场柔性战略*绩效评估				0.944
市场柔性战略*福利				1.138
市场柔性战略*员工参与				0.735
市场柔性战略*就业保障				−1.228
ΔR^2		0.100	0.180	0.067
R^2	0.024	0.124	0.304	0.371
F	0.680	1.377	3.320**	1.946*

注：+和*分别表示p在0.1及0.05水平差异显著

从表6-5、表6-6和表6-7中我们还可以看到，柔性战略对“支持性人力资源实践——产品质量改进”没有显著的调和作用；对“支持性人力资源实践——技术进步”没有显著的调和作用；对“支持性人力资源实践——消费者满意度”的调和作用显得微弱（$\Delta R^2=0.101$，$F=1.641$，$p<0.1$）。进一步地说，产品创新柔性战略与绩效评估，在与消费者满意度相联系时有一定的交互作用（$\beta=2.081$，$p<0.05$），因此，假设2、假设2a得到统计结果的有限支持，假设2b没有得到统计结果的支持。

从支持性人力资源实践、柔性战略与制造绩效的检验中，我们发现，支持性人力资源实践与制造绩效的一般联系很微弱，它只是反映在成长与培训同消费者满意度之间的联系。柔性战略与制造绩效的联系的检验结果则表明，柔性战略与制造绩效的一般联系是显著的，并且，产品创新柔性战略与各制造绩效（产品质量改进、消费者满意度和技术进步）都有正向的联系。这与Swamidass和Newell(1987)的观点是类似的。实际上，柔性战略的制定和实施有助于企业形成独特的制造柔性，这种制造柔性有可能成为企业的核心资源（大卫·J·科利斯等，2000），从而提高公司的制造业绩。

柔性战略在各单项支持性人力资源实践与制造绩效的联系中的调和作用不是十分明显，这从一个侧面支持了Youndt等（1996）、杨东涛（2004）的观点。实际上，Youndt等（1996）、杨东涛（2004）都认为，柔性战略更容易在人力资源系统与绩效的系统联系中表现出调和作用。

二、支持性人力资源实践、柔性战略与财务绩效的实证研究

（一）问题的提出

近年来，“世界级制造”已成为企业管理理论者和实践者探讨的热门话题。制造企业要达到“世界级制造”标准，获取长期竞争优势，需要人力资源实践、企业文化、制造技术、制造战略等多方面的协调配合，而人力资源实践和制造战略的配合是关键的配合之一（Hill，1987）。在研究和实践人力资源实践和制造战略的配合时，我们有必

要重视它们在细节上对公司绩效的影响。人力资源实践的研究者已提出高承诺人力资源实践(Ellen M. Whitener, 2001)、"家庭友好"人力资源实践(Honeycutt, 1997)、支持性人力资源实践(Eisenerger 等, 1986; David G. Allen, 2003)等多种概念。制造战略也有质量战略、低成本战略、柔性战略的分类(Youndt 等, 1996)。上节的研究已经考察了支持性人力资源实践、柔性战略与制造绩效的联系,本研究则主要考察支持性人力资源实践、柔性战略与公司财务绩效的联系。

支持性人力资源实践(supportive human resource practices)是指"向雇员投资并认可雇员贡献"的一类实践(Eisenerger 等, 1986; David G. Allen, 2003)。一些国外学者认为,从整体上看,支持性人力资源实践与公司绩效有显著联系。然而,他们对哪些支持性人力资源实践是影响绩效的主要方面尚存在争议(David G. Allen, 2003; John P. Meyer, 2000)。联系到我国制造企业的实际,我们的问题是,支持性人力资源实践对我国制造企业的公司绩效有特别联系吗?如果有,又是哪些支持性人力资源实践呢?

国内外的学者在强调人力资源实践与公司绩效之间的联系时,都强调战略的调和作用。如范秀成等(2003)对 62 家制造业外商投资企业进行了调查,分析了人力资源管理实践与企业绩效之间的关系。他们认为,企业绩效同人力资源管理与企业战略的整合程度有关。需要指出的是,当技术进步的速度加快,顾客的个性化需求需要企业持续关注时,柔性战略已成为最重要的制造战略之一(汪应洛,2004;孙天法,2004)。一些文献也强调柔性战略对"人力资源实践—公司绩效"的调和作用,如 Nagarur 等(1999)认为,为了保持运作的高效率,就目前的产品种类繁多的现状,企业只有求助于某些特定的战略,特别是柔性战略。该文献中特别强调,柔性战略的实施,如产品组件标准化(或大众化)和机器柔性能极大地降低制造系统的复杂性(包括人力资源实践的支持)并提高绩效。上一节研究中也有柔性战略有限调和了"支持性人力资源实践—制造绩效"的结论。现在我们要进一步考察的问题是,当柔性战略存在次级分类(如新产品柔性战略和市场调整柔性战略)时,不同的柔性战略对"支持性人力资源实践—财务绩效"是否有调和作用。

(二) 研究分析与研究假设

1. 支持性人力资源实践与财务绩效

早期的人力资源管理文献倾向于提出有关绩效的概念,介绍组织内的 HRM

会促使组织效果的增加。虽然一些文献没有确切地指明“组织效果”到底包含哪些内容，但总是暗示这意味着财务绩效，并倾向于将财务绩效的增加作为人力资源管理效果的最终测定(Cathering Truss, 2001)。Huselid(1997)在关注高绩效工作实践时，用了大量的技术证明了高绩效工作实践和一系列结果变量间的联系。这些结果变量既包括个人水平上提高的雇员知识、技术和能力、增强的动机，也包括组织水平上的持续竞争优势。然而，他的研究工作主体仍是把财务绩效作为因变量，并认为，高绩效工作实践与公司财务绩效之间有正向的联系。

当我们将视角转向支持性人力资源实践时，我们不妨提出如下假设：

假设1　支持性人力资源实践与财务绩效有一般的联系

2. 不同柔性战略对“支持性人力资源实践—财务绩效”的调和作用

在研究人力资源管理与战略的配合与财务绩效的联系中，近年的一个“权变”观点的例子是Simon(2003)的研究，他采用从63家公司的调查数据，应用相关分析的方法分析了人力资源实践与战略定位和财务绩效的联系。认为成长与培训与质量战略和创新战略有显著的相关性；冲突解决渠道与创新战略显著相关；严格的工作设计与低成本战略显著相关。需要指出的是，他的创新战略非常接近本文的产品创新柔性战略。

具有支持性人力资源实践特征的一些人力资源实践有助于增进实施柔性战略所需要的人力资源。这种实践能使员工更广泛地理解柔性战略，并提高他们的整体反应能力，正是这种原因导致企业获取长期竞争优势，并使得财务绩效得以提高(Rene Cordero, 1997)。基于技术而不是资历的员工选拔对柔性战略的成功是重要的。认知能力和听取建议的能力在选拔员工时很重要。如认知能力有助于员工对专家系统及柔性制造系统的理解，也有助于他们持续学习。听取建议的能力有助于员工在自我管理的团队工作中交流更有效(Goldhar & Lei, 1995; Teresko, 1995)。正式的或者是工作中的员工培训对柔性战略的成功也是很重要的(Chang, 1989; Treece & Oster, 1992)。他们需要知道如何执行不同的任务以便适应团队中的不同位置。这一切都需要培训(Cook, 1990; Harris & DeSimone, 1994)。福利和职业发展体系也是需要强调的人力资源实践。职业规划和福利不应该取决于工作资历，而应该取决于对柔性制造系统技术变化所承担的责任。另外，制造企业可以采用基于知识的报酬体系(Gerwin 等, 1987)。

当我们以“权变”的观点，关注于柔性战略和支持性人力资源实践的配合与财务绩效的联系时，我们不妨提出如下假设：

假设2　柔性战略对“支持性人力资源实践—财务绩效”有一般的调和作用

假设2a　产品创新柔性战略对“支持性人力资源实践—财务绩效”有调和作用

假设2b　市场柔性战略对“支持性人力资源实践—财务绩效”有调和作用

（三）研究设计与方法

1. 数据来源

本研究的调查对象是上海、江苏、广东三地的制造企业，样本企业数目为122个。问卷的调查数据主要来自中高层管理者。问卷中考察支持性人力资源实践的各指标结果主要来自人力资源管理部门的主管，考察柔性战略及公司绩效的各指标结果主要来自企业的高层管理者。

虽然Barry Gerhart等(2000)质疑来源于单一反应的人力资源实践的检验，但Huselid和Becker(2000)则认为，在许多情况下，单一填卷人(如人力资源部门经理)是最好的，只有他们能提供完备的人力资源实践信息，因为这类信息会涉及多种工作。

2. 变量设计

本研究的变量主要涉及公司财务绩效、环境复杂与变化程度、公司规模、支持性人力资源实践、柔性战略等。其中有些变量在前面的研究中多有涉及，但考虑到内容结构上的完整性，以下作一简要表述。

(1) 公司财务绩效

Dyer和Reees(1995)回顾了检验人力资源实践和绩效关系的文献，认为绩效的检验可以分为4类。首先，是雇员的产出，主要包括雇员的态度和行为，特别是缺勤和离职等行为。其次，是关注于运作的组织产出，主要包括生产率和质量，它们中的一些或全部将是提高利润率的前提。再次，是财务方面的产出，主要包括费用、利润率等。最后，是以市场为基础的产出，如市场业务发展、资本市场对公司的评价，特别是股票价格及其变化。可以看出，Dyer和Reeves(1995)的前两类绩效分别是人力资源部门和制造部门的部门绩效，我们已在前面的研究中考察过两类绩效。后两类是公司层面的绩效。本研究则通过问卷形式，以管理者感知的财务绩效数据，并非实际的财务数据。这主要是出于几个原因：第一，在我国现有背景下，难以找到比较权威的公开的关于企业财务数据；第二，问卷的发放不是集中在某一个或某几个公司，而是涉及一定数量的公司，难以就每个公司的财务数据展开分析；第三，采用员工感知的财务绩效数据，从实践上比较简单，易于操作（顾琴轩等，2004）。这样，当我们以公司财务绩效作为因变量时，财务绩效主要考虑两个方面：利润指标和回报指标，分别用销售利润率（FP1）和投资回报率（FP2）来衡量。

（2）环境复杂程度、变化程度

环境的复杂程度（EC）、环境的变化程度（EV）是影响公司绩效的主要外部力量（Youndt 等，1996），本文也将它们列为控制变量。在本研究中，"环境的复杂程度"是指组织必须迎合的外部因素的数量和异质性大小。在复杂的外部环境中，大量多样化外部因素之间相互作用且影响组织；在简单的外部环境中，环境因素对组织则没有或极少有影响。"环境变化程度"主要是指环境变化的速度与幅度，包括顾客品味、产量、服务技术或通涨率的变化速度和幅度。

（3）公司规模

公司规模（FS）也是常用的控制变量，因为企业规模常常通过规模经济或规模不经济对绩效产生影响，因而有必要控制它对绩效的影响。它的衡量一般采用资产规模、员工人数等，本研究是采用员工人数来衡量。

（4）支持性人力资源实践

支持性人力资源管理实践问卷的原始项目共 18 个，主要来自 John P Meyer 等（2000）、Patrick M. Wright 等（2003）、Ding D. 等（1997）的问卷（略有调整）。通过相关分析和因素分析，删除了 2 个项目。我们将抽取的 5 个因素 F1、F2、F3、F4、F5 分别取名为成长与培训（DR）、绩效评估（PA）、福利（BE）、员工参与（WP）和就业保障（CS）。需要说明的是，虽然分别只有两个项目归类于福利和员工参与，但由于福利和员工参与在很多理论及实证研究中是支持性人力资源管理实践的主要组成部分，我们保留了这些项目，同时用于进一步的检验。这 5 个因子的 Cronbach α 系数分别是 0.82、0.68、0.73、0.69 和 0.84。成长与培训主要从内部升迁和培训机会的充分性、内部升迁的公平性以及培训的经常性等方面来衡量；绩效评估主要从公司为员工提供的绩效评估的公平性、满意性程度以及员工在评估过程中是否有反馈能力等方面来衡量；福利主要从公司提供的福利政策的公平性和竞争性两方面来衡量；员工参与主要从员工参与决策过程的正式性、申诉机制等方面来衡量；就业保障主要从公司较难解雇员工、保证员工就业安全、经济困难时员工属于最后被压缩的成本项目等方面来衡量。

（5）柔性战略

柔性战略的原始项目共 12 个，主要来自 Ramasesh(1991)的问卷（略有调整）。通过相关分析和因素分析，删除了 2 个项目。我们将抽取的 2 个因素 F1、F2 分别取名为产品创新柔性战略（NFST）和市场柔性战略（MFST）。这 2 个因子的 Cronbach α 系数分别是 0.86 和 0.85。产品创新柔性战略主要从公司引入新产品的内容、范围、投入、频率等方面来衡量；市场柔性战略主要从公司是否能够迅速地改变生产计划以满足特定消费者的需求、产品调整的频率和范围等方面来衡量。

2. 检验方法与模型

与上一节的实证研究相类似，我们采用层级回归（Hierarchical Regression）的方法来检验支持性人力资源实践与财务绩效的主要联系，同时也检验不同柔性战略对"支持性人力资源实践—财务绩效"的调和作用。假设检验模型的具体方程如下：

$$FP_{1,2}=\beta_0+\beta_1 EC+\beta_2 EV+\beta_3 FS+\varepsilon \tag{1}$$

$$FP_{1,2}=\beta_0+\beta_1 EC+\beta_2 EV+\beta_3 FS+\beta_4 DT+\beta_5 BE+\beta_6 WP+\beta_7 PA+\beta_8 CS+\varepsilon \tag{2}$$

$$FP_{1,2}=\beta_0+\beta_1 EC+\beta_2 EV+\beta_3 FS+\beta_4 DT+\beta_5 BE+\beta_6 WP+\beta_7 PA+\beta_8 CS+\beta_9 NFST+\beta_{10} MFST+\varepsilon \tag{3}$$

$$FP_{1,2}=\beta_0+\beta_1 EC+\beta_2 EV+\beta_3 FS+\beta_4 DT+\beta_5 BE+\beta_6 WP+\beta_7 PA+\beta_8 CS+\beta_9 NFST+\beta_{10} MFST+\beta_{11} DT\times NFST+\beta_{12} BE\times NFST+\beta_{13} WP\times NFST+\beta_{14} PA\times NFST+\beta_{15} CS\times NFST+\beta_{16} DT\times MFST+\beta_{17} BE\times MFST+\beta_{18} WP\times MFST+\beta_{19} PA\times MFST+\beta_{20} CS\times MFST+\varepsilon \tag{4}$$

其中，(1)(2)式用于检验支持性人力资源实践与财务绩效的主要联系，ε 是随机扰动项。(3)(4)式用于检验不同柔性战略对"支持性人力资源实践—财务绩效"的调和作用。ε 是随机扰动项。EC 表示环境复杂程度，EV 表示环境变化程度，FS 表示公司员工总数，DT 表示成长与培训，BE 表示福利，WP 表示员工参与，PA 表示绩效评估，CS 表示就业保障，NFST 表示产品创新柔性战略，MFST 表示市场柔性战略，FP_1 表示销售利润率，FP_2 表示投资回报率。

(四) 相关分析与假设调整

支持性人力资源实践、柔性战略与公司财务绩效各主要变量的平均值、标准差和相关系数见表 6-8。可以看出，支持性人力资源实践的各变量（成长与培训、绩效评估、福利、员工参与和就业安全）有一定的相关，但不是不可区分的；成长与培训和绩效评估都与新产品柔性战略、销售利润率以及投资回报率高度相关；产品创新柔性战略与销售利润率以及投资回报率都高度相关，并且与市场柔性战略也保持相关，但不是不可以区分；销售利润率与投资回报率有着最强的相关关系。这些都是与其他研究相一致的。需要指出的是，我们没有发现市场柔性战略与支持性人力资源实践有较强的相关联系。

在支持性人力资源实践与绩效的相关分析中，我们发现，绩效评估与各财务绩效（投资报酬率、销售利润率）保持了一致的强相关性。为此，为进一步的实证检验，有必要增加假设：

假设 1a　绩效评估与财务绩效之间有正向的联系

(五) 假设检验结果分析

本小节采用与上一小节类似的方法来检验支持性人力资源实践对财务绩效的主效应以及柔性战略对“支持性人力资源实践——财务绩效”的调和作用，分析步骤为：第一步，引入控制变量（包括环境复杂程度、环境变化程度和公司规模），其目的是控制外部环境影响以及公司规模本身的影响。第二步，引入支持性人力资源实践变量（包括成长与培训、绩效评估、福利、员工参与和就业保障），其目的是检验支持性人力资源实践与财务绩效的联系，同时也为了后面检验“支持性人力资源实践—柔性战略”的交互作用时能控制支持性人力资源实践与财务绩效的主要联系。第三步，引入柔性战略变量（包括产品创新柔性战略和市场柔性战略），其目的是为了后面检验支持性人力资源实践—柔性战略” 的交互作用时能控制柔性战略对财务绩效的主要联系。第四步，引入支持性人力资源实践和柔性战略的乘积变量，主要用于检验“支持性人力资源实践—柔性战略”的交互作用。

当环境复杂程度、环境变化程度和公司规模作为控制变量时，支持性人力资源实践与销售利润率有一般的联系（$\Delta R^2=0.201$，$F=5.429$，$P<0.01$）（见表 6-9），

表 6-8　支持性人力资源实践、柔性战略与财务绩效的平均值、标准差和相关系数

变量	平均值	标准差	1	2	3	4	5	6	7	14	15
成长与培训	15.160 9	3.394	1.000								
绩效评估	8.413 8	2.175	0.453**	1.000							
福利	5.444 4	1.516	0.242*	0.101	1.000						
员工参与	4.669 5	1.396	0.317**	0.197*	0.254**	1.000					
就业保障	7.104^3	2.010	0.365**	0.197*	0.327**	0.461**	1.000				
产品创新柔性战略	17.106 2	3.924 2	0.388**	0.446**	0.169	0.083	0.214*	1.000			
市场柔性战略	11.141 6	2.203	−0.060	0.088	0.115	0.104	0.113	0.380**	1.000		
销售利润率	2.791 7	0.924 8	0.224*	0.382**	−0.117	0.006	0.031	0.268**	0.105	1.000	
投资报酬率	2.816 7	0.907 3	0.274**	0.336**	−0.053	0.101	0.120	0.275**	0.083	0.646**	1.000

注：* 表示 p 在 0.05 水平差异显著，* * 表示 p 在 0.01 水平差异显著。

与投资报酬率也有一般的联系($\Delta R^2=0.127$，$F=2.114$，$P<0.05$)(见表6-10)，假设1得到统计的显著支持。进一步地，绩效评估与销售利润率有显著的正向联系($\beta=0.388$，$p<0.01$)，与投资报酬率也有显著的正向联系($\beta=0.273$，$p<0.05$)。假设1a得到统计结果的显著支持。另外，我们发现，福利与销售利润率有显著的负向联系($\beta=-0.261$，$p<0.05$)。

表6-9　支持性人力资源实践、柔性战略与销售利润率

变　量	第一步	第二步	第三步	第四步
环境复杂程度	−0.172	−0.123	−0.107	−0.189+
环境变化程度	−0.211+	−0.268*	−0.290**	−0.237*
公司规模	0.218*	0.220*	0.229*	0.173+
成长与培训		0.043	0.009	1.953**
绩效评估		0.388**	0.335**	0.151
福利		−0.261**	−0.277**	−0.660
员工参与		−0.154	−0.131	−2.058**
就业保障		0.025	0.001	−0.129
产品创新柔性战略			0.172	−1.076+
市场柔性战略			−0.026	0.853
产品创新柔性战略 * 成长与培训				0.359
产品创新柔性战略 * 绩效评估				0.056
产品创新柔性战略 * 福利				0.471
产品创新柔性战略 * 员工参与				0.792
产品创新柔性战略 * 就业保障				0.250
市场柔性战略 * 成长与培训				−3.041**
市场柔性战略 * 绩效评估				0.341
市场柔性战略 * 福利				0.019
市场柔性战略 * 员工参与				1.991**
市场柔性战略 * 就业保障				−0.072
ΔR^2		0.236	0.018	0.172
R^2	0.122	0.358	0.376	0.558
F	3.858*	5.429**	4.581**	4.719**

注：+、* 和 ** 分别表示 p 在0.1、0.05及0.01水平差异显著

柔性战略与销售利润率没有显著的联系，也没有调和支持性人力资源实践与

投资报酬率的联系。然而，柔性战略调和了支持性人力资源实践与销售利润率的联系（$\Delta R^2=0.172$，$F=4.719$，$P<0.01$）。假设 2 得到统计结果的部分支持。进一步地，我们没有发现产品创新柔性战略对“单项支持性人力资源实践—财务绩效”的调和作用，假设 2a 没有得到统计结果的支持。然而，统计结果显示，市场柔性战略同成长与培训在与销售利润率相联系时存在负向的交互作用（$\beta=-3.041$，$p<0.01$），市场柔性战略同员工参与在与销售利润率相联系时存在正向的交互作用（$\beta=1.991$，$p<0.05$），但没有发现市场柔性战略的更多的这种调和作用。这样，假设 2b 得到了统计结果的有限支持。

表 6-10　支持性人力资源实践、柔性战略与投资报酬率

变　量	第一步	第二步	第三步	第四步
环境复杂程度	−0.232+	−0.172	−0.169	−0.207
环境变化程度	−0.015	−0.021	−0.024	−0.018
公司规模	−0.002	−0.054	−0.056	−0.113
成长与培训		0.140	0.141	1.637+
绩效评估		0.273*	0.236+	−0.432
福利		−0.121	0.137	0.319
员工参与		−0.057	−0.044	−1.496*
就业保障		0.032	0.011	−0.198
产品创新柔性战略			0.085	0.489
市场柔性战略			0.059	−0.335
产品创新柔性战略 * 成长与培训				−1.299
产品创新柔性战略 * 绩效评估				0.174
产品创新柔性战略 * 福利				−0.681
产品创新柔性战略 * 员工参与				0.814
产品创新柔性战略 * 就业保障				0.398
市场柔性战略 * 成长与培训				−1.085
市场柔性战略 * 绩效评估				0.803
市场柔性战略 * 福利				−0.050
市场柔性战略 * 员工参与				1.259
市场柔性战略 * 就业保障				−0.104
ΔR^2		0.127	0.002	0.170
R^2	0.051	0.178	0.191	0.305
F	1.495	2.114*	1.791+	1.445

注：+、* 和 ** 分别表示 p 在 0.1、0.05 及 0.01 水平差异显著

从上面检验支持性人力资源实践与财务绩效的实证结果可以看出，支持性人力资源实践从整体上来说对投资报酬率、销售利润率等财务绩效表现出一般的联系，然而，从细节上看，不同的支持性人力资源实践对同类的财务绩效表现出不同的联系。如绩效评估与销售利润率有显著的正向联系，而福利与销售利润率有显著的负向联系。这反映出某些支持性人力资源实践作为激励和成本的双向特征。如果将企业的支持性人力资源实践看成是一种激励组合的话，当这种激励组合不在能力约束线上时，可能意味着企业为低能力的员工提供了过多的激励，导致成本增加(郑丽勇，施建军，2004)。实际上，本研究从一个侧面表现了支持性人力资源实践与财务绩效的联系更可能是一种系统的作用。这要求我们在管理实践中要注重支持性人力资源实践的整合效应。

研究结果也表明了柔性战略在“支持性人力资源实践—财务绩效”中的部分调和作用。这与国外类似的研究是一致的。然而，进一步地，我们没有发现产品创新柔性战略的这种调和作用，也没有发现产品柔性战略与财务绩效的显著联系。上一节已经提到，产品柔性战略对制造绩效显著的正向联系，按理说它与制造绩效的正向联系应该最终反映在财务绩效上，然而，本节研究确实没有检验到产品柔性战略与财务绩效的显著联系。其可能原因有二：一是柔性战略与财务绩效的联系被分解了，因为我们检验到市场柔性战略在支持性人力资源实践与财务绩效的联系中有部分的调和作用。另一个可能的原因是我们选用的柔性战略与绩效的数据是截面数据，而产品创新柔性战略财务绩效的联系更可能表现出较长期的影响。综合地看，两种原因都有可能，但第一个理由不能忽视，这提示我们在制造企业的柔性战略管理中，要注重柔性战略的综合运用，我们既要重视产品创新柔性战略，也要发展市场柔性战略。

从实证结果可以看出，市场柔性战略在“支持性人力资源实践——销售利润率”中表现出部分的调和作用。然而，在不同的支持性人力资源实践与销售利润率的联系中，市场柔性战略的调和作用是不同的。在成长与培训同销售利润率相联系时，市场柔性战略表现出负向的调和作用，而在员工参与同销售利润率的联系中，市场柔性战略表现出正向的调和作用。这里再次表明，某些支持性人力资源实践有激励和成本的双向特征。

第七章 基于战略一致性的支持性人力资源实践的案例研究

我国绝大部分的酒类制造企业原来都属国企。至2006年，已有一部分完成了改制，转变为民营企业。由于中国传统“酒文化”的影响，而且随着近年来消费者收入的增加，酒产品的销售势头旺盛，很多酒类制造企业在近些年取得了较大的发展。如，今世缘酒业有限公司2004年的销售收入还不到3亿元，2006年已达7亿元，2007年则有望达到10亿元。未来一些年，酒类制造企业还会面临一些新的机遇。首先，随着《国家酒类管理办法》、《关于白酒产业发展的指导意见》、《葡萄酒国家标准》等政策和标准的推出及落实，酒市场秩序将逐步规范，酒类制造企业将有更好的政策环境。其次，虽然酒消费的取向有所变化，如高度白酒的销量将有所变缓，但对酒的总体需求量将稳步增加。再次，自2002年以来，在微生物学研究、发酵工艺研究、人工培养老窖、蒸馏技术改进、低度酒研制、后处理技术等领域都有大量的新技术被开发和利用。这将使得酒类制造企业在成本降低和质量提高上有着很大的潜力。然而，酒类制造企业也面临着多方面的风险。其中，产品结构的变化，外来资本的介入和销售终端竞争白热化是几个主要的风险因素。首先，虽然中国人的传统习惯以白酒为主，但随着人民健康意识的增强，保健酒、啤酒、葡萄酒将给白酒(特别是高度白酒)带来竞争上的压力。酒类产品趋向低度化，尤其是白酒低度化趋势更为显著。其次，随着酒业关税降低，外资企业将大举进入中国酒业，国外品牌及资本渗透的力度将会加大，跨国酒业巨头将会进一步渗透性、渐进式地占领中国市场。最后，随着酒行业竞争加剧，为了达到在商超渠道更高的铺货率和获得酒店的“专卖权”，企业通过价格、产品、销售方式的竞争来争夺市场的现象将更加普遍，更有一些生产企业、经销商为了获得品牌的独家经销权，向卖场提供的“进场费、赞助费”等这些不正当竞争手段将会加剧，恶性竞争手段将会升级。

在这样一个改制、新技术革新、外来资本介入等多重背景下的特殊时期，酒类制造企业要想构建自身的核心资源和核心竞争力，需要人力资源管理的支持，需要做好人员的招募、开发、使用和保留等工作。这使得酒类制造企业的人力资源策略是否得当显得尤为关键。而酒类制造企业存在自身的特殊性。例如，由于水源的关系，绝大部分的酒类制造企业的总部和酿酒中心都在乡镇，这对人才吸引构成了较大的障碍。因此，酒类制造企业的人力资源实践需要关注员工利益，需要关注对员工的投资和价值认可，需要将人力资源实践的重点落实到培训开发、薪酬管理等支持性人力资源实践领域。另一方面，一些酒类制造企业的利润快速增长也为企业实施支持性人力资源实践提供保证。本章将以酿酒行业的江苏省今世缘酒业有限公司为例，探讨基于战略一致性的支持性人力资源实践问题。本章先是介绍了今世缘酒业有限公司的一般概况和人力资源实践概况，然后指出了基于战略一致性分析的人力资源规划的原则与流程，接着对今世缘酒业有限公司的人力资源供需、流存以及人力资源策略与公司战略的匹配进行了分析，最后探讨了今世缘酒业有限公司支持性人力资源策略的重点与保障措施。

一、今世缘酒业有限公司的人力资源实践概况分析

(一) 公司背景

至 2006 年，江苏今世缘酒业有限公司已发展成拥有“今世缘”、“高沟”两个著名白酒品牌，员工2 000余人，总资产 5 亿元，年销售额 7 亿元，税利 2 亿元的国家大型酿酒企业，中国白酒业 20 强企业。自 2002 年以来，公司主要经济指标逐年大幅增长，“今世缘”已成长为“中华婚宴首选品牌”、“中国十大文化名酒”、“江苏省接待用酒”。企业已呈现出良好的发展态势。未来几年还将面临一些新的发展机遇，如市场秩序逐步规范、需求量稳步增加、新技术大量涌现等。随着我国市场化进程的深入，白酒业整合力度的加大，作为一个成长型白酒企业，今世缘近期的发展目标是：打造苏酒第一品牌、中国缘文化代表品牌，用五年左右时间的努力，跻身全国白酒业 15 强。

今世缘酒业有限公司的前身是高沟酒厂。从“高沟”到“今世缘”，不仅使公司摆脱了历史包袱，而且使未来有了发展空间。在这方面，最重要的体现是，公司创

立了新的更具有生命力的品牌。2006 年以前，在两次改制过程中，共减员 359 人，使得公司在人力成本上有了明显的降低。此外，公司在高层领导所倡导的一系列的组织变革中，在制度上给公司奠定了未来发展的制度基础。企业现有一个高效、合作的高层管理者队伍。这个团队不仅克服了历史形成的组织架构方面的某些不足，而且在很大程度上弥补了某些部门员工素质不高的弊病。公司的高层管理团队将伴随着公司的管理实践，塑造企业的重要核心资源，为公司的持续竞争优势做贡献。

在公司高层管理团队的领导下，"十五"期间，公司累计投入 6 000 余万元，对厂区进行全面改造，恢复了东厂区所有酿酒能力，新建了国内一流的白酒包装中心、营销中心、酒库群和瓶库等基础设施，使公司在基础设施方面具有一定的优势。在技术方面，公司加大了科研投入，建成了省级酿酒科研中心，与中科院成都微生物研究所及江南大学等高校密切合作，淡雅型酒、芝麻香型酒的科研攻关都取得了显著进展。同时，以全新的理念大力做好品牌，已形成一定的品牌效应。随着我国酒类市场竞争的日趋激烈，公司在广告传播、公关推广、文化营销等市场手段上不断加大力度，消费者"指名消费"的现象已愈发普遍，公司因此也从中获取了显著的市场优势和利润回报。"今世缘"品牌效应引发的顾客忠诚度不但可以确保市场份额，创造竞争优势，而且已经超过完全靠"扩大生产规模，降低单位成本"所带来的收益。

然而，要实现公司目标，还有一定的外部环境风险和资源上的劣势。在外部环境风险方面，主要是消费者对酒产品需求结构的变化、外来资本的介入以及终端竞争更加白热化等。在资源方面，首先，品牌建设任重而道远。不可否认，自 2002 年以来，今世缘的品牌建设取得了巨大的成绩，但与国内白酒业的知名品牌相比，仍有较大的差距。其次，质量和技术需进一步提高。虽然在"缘"文化上独辟特色，但在品质和技术上仍有很大的不足。实践已经证明，任何一种真正品牌的内涵在于为消费者创造价值。虽然公司通过"缘"文化满足了消费者的某些心理效用，但更需要在质量和技术上下功夫。实际上，没有一种品牌是只靠营销，那样的结果只是昙花一现。

为了提升品牌和技术优势，公司急需人力资源管理的支持。人力资源及其管理是企业获取核心资源和核心能力的途径之一。面对越来越激烈的市场竞争，只有有效地开发人力资源，增值人力资本，科学配置和使用人力资源，企业才能不断的走向成功。

（二）人力资源实践概况分析

1. “今世缘”在人力资源管理方面的成绩

从2002年到2006年，在公司高层管理者的领导下，今世缘酒业有限公司在人力资源管理方面取得了一定的成绩。主要集中在以下几个方面：

（1）人力资源管理制度建设日益完善

公司深化了三项制度改革，包括中基层干部竞聘上岗、转岗交流及能上能下的人事制度，职工合理配置、能进能出的用工制度，以及“人才价值市场化，以业绩为取向”的分配制度。另外，其他的一些制度，如试用人员管理规定等也在建立和不断完善。人力资源管理制度建设是“今世缘”今后一定时期内人力资源管理工作的重点内容。近年来的人力资源管理制度建设为今后的人力资源管理工作的有效展开提供了保证，也为今后制度的进一步完善提供了基础。

（2）引人工作取得了可喜的成绩

2005年面向地方企事业单位的公开招聘中，共录用员工7人，补充了管理人员队伍。2006年新招大学毕业生115人，为公司的管理、营销和技术三支队伍添加了生力军。针对大学毕业生的心理特点，为了加强新进大学生的管理，人力资源部还制定了《新聘大学生管理方案》，促进新员工管理方面的制度建设。

（3）培训育人内容丰富、方式多样

人力资源部门提出了2006年度教育培训工作要求。计划了17个外训项目，21个内训项目。这种内训与外训相结合的方式，有效地整合了企业内外部资源优势。《职工培训、学习考试等费用开支管理办法》的执行有效地提高了员工参与培训的积极性。

（4）薪酬制度改革成效显著

公司大力加强了薪酬制度改革。自2002年以来，公司在薪酬水平上已逐步和市场接轨，制定并实施了较为合理的分配制度。在薪酬调查中很满意人数占到54.2%.从运行的情况看，效果显著，极大地提高了企业员工的工作积极性。在2006年，公司根据公司发展战略和“三个增加”的指导思想，对分配制度进行了完善，主要是：体现人才价值市场化，根据市场的水准，保持公司的薪酬体系在本地区有较强的竞争力；分配向管理、营销、技术等重点岗位适度倾斜，月度奖、年终奖与业绩挂钩；适岗激励，薪酬宽带化。

2. 今世缘的人力资源管理中的不足

虽然公司在人力资源管理方面取得了一定的成绩，但还是有很多不足之处。

(1) 对人力资源管理的重视、投入不足

除了某些高层管理人员外，公司上下对人力资源管理工作的重视和投入仍显不足。目前，人力资源部工作条件还很不完善。一些中基层管理人员的心中仍有人力资源管理只是人力资源部门的事。实际上，与其他工作一样，人力资源管理中的很多工作是共同合作、协调完成的。

(2) 人力资源管理的流程仍然不够规范

人力资源管理的很多工作都是细致的基本技术工作，需要遵循科学、规范的操作流程。但是，在工作紧急、人手不足的特定情况下，有些工作展开的流程显得不够规范。如在招聘工作之前必须有详细的工作分析，给出各岗位的职位说明书。然而，在招聘之前，岗位分析和设计工作显得粗糙。这势必留下后遗症。理论和实践都验证了这样会增加招聘成本，因为这样的招聘无论是从公司招聘所需的员工的角度，还是从应聘者寻找自己满意的工作角度都是极大的考验。另外，由于制度的不够完善，流程不规范问题也是很多的，如培训对象的确立没有与绩效考核挂钩等等。

(3) 绩效考核问题突出

绩效考核是人力资源管理工作中的关键环节。它是员工培训、薪酬发放以及晋升的基础。在公司目前的人力资源管理业务工作中，绩效考核问题显得极为突出，特别是绩效考核的结果没有归口管理。人力资源部负责考核定性部分的员工绩效、企业管理部负责考核量化方面的员工绩效。虽然考核过程可以分开，但考核结果应该归口管理。这种“结果不归口”增加了沟通成本，也即“交易费用”，不利于公司对员工绩效的统筹把握。另外，绩效考核的制度不够完善、标准不够科学、方法不够灵活合理等问题也表现突出。

(4) 其他方面的问题

在目前的人力资源管理工作中，还存在很多的其他方面的问题，在管理基础方面，组织结构有待完善、工作描述规章不健全等。在人力资源管理业务方面，培训项目评估缺失、薪酬等级宽带化落实不明显、员工晋升通道狭窄、员工参与管理不足等等。

二、基于战略一致性分析的人力资源规划的原则和流程

原则与流程在大方向上规定了人力资源规划的有效性。要使企业的人力资源规划更有效,必须深入思考原则和流程问题。

1. 基于战略一致性分析的人力资源规划的原则

(1) 重视规划的稳健性

目前,今世缘酒业有限公司正处于成长期,需要制定人员扩张的人力资源规划,其基本内容和目标是为了企业的壮大和发展。同时,由于公司又是处于改制转型期,特别需要制定战略性的人力资源规划,明确公司人力资源管理的未来发展方向,协调好劳资关系。然而,对现时期的今世缘酒业有限公司来说,鉴于前期发展迅速,为了确保企业在快速发展中稳健发展,更加迫切需要的是一个稳健的人力资源规划。

(2) 注意规划的针对性

从理想的角度讲,人力资源规划最好能充分考虑企业内外部环境的变化,适应需要,做到为企业发展服务。然而,酒类制造企业的外部环境变化较难把握,特别是来自市场的变化。因此,更应注重企业内部环境特点,使规划具有针对性,能解决问题。一个典型的例子就是规划必须与企业文化的匹配。就文化来讲,它主要是高层管理者价值观的延伸。这就需要规划在制定和实施时充分体现,而高层管理者的积极支持和参与是重要的一环。

(3) 注重规划的完整性

从目前的实际来看,今世缘酒业有限公司原有的人力资源规划只包括人员增长、人员补充、人员调配和员工离职等方面的计划。在酒产品销售竞争激烈且人力资源管理日益成熟的条件下,这些是远远不够的。除了少数企业,绝大多数酒类制造企业的人力资源规划需要强调完整性,需要体现对员工的尊重和支持的特征。因此,今世缘酒业有限公司的人力资源规划应该包括总体规划、人员配置规划、人员需求规划、招聘规划、培训规划、绩效考核规划、薪酬管理规划、人员晋升规划等,

它们将力求反映人力资源管理工作的内部一致性。

2. 基于战略一致性分析的人力资源规划的流程

一般的人力资源规划流程是从企业战略出发,结合企业内外部环境的特点,考察人力资源战略,然后分析人力资源的供给、需求和存量,制定出人力资源规划的方案,最后是规划的评价和控制。针对今世缘酒业有限公司的实际,我们认为,该公司的人力资源规划流程可以作以下一些调整。首先,在对战略的梳理上,不仅要关注人力资源战略,还要关注企业其他各层面的战略,特别是要分析人力资源战略与企业其他战略的匹配性。其次,不仅仅要分析人力资源供给、需求和存量,更要分析人力资源管理整个现状。再次,在进行规划与战略的一致性分析中结合其他分析,给出总体规划和业务策略规划,并进一步给出年度人力资源规划和短期规划(如图 7-1)。

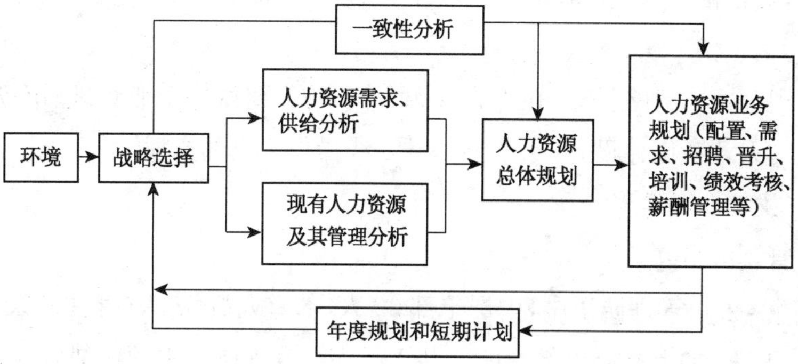

图 7-1　基于战略一致性的人力资源规划流程图

在此流程中,重点要关注两大方面,一是战略选择和战略的一致性分析;二是总体规划及业务规划。基于战略选择的战略的一致性分析主要包括两个层面,即公司人力资源战略与其他战略的一致性,以及人力资源规划与战略的一致性。这种一致性分析是人力资源规划有效性的前提,是一种事前评价和控制。就总体规划和业务规划而言,它们关注于人力资源管理的关键环节,使其明确化、细致化后成为可执行的规则,保证了企业短期人力资源规划的可行性和有效性。因此,虽然一些外部环境因素的变化周期缩短,企业也应重视制定年度人力资源规划和短期计划,但总体规划和业务规划仍是重点。

三、公司人力资源供需及流存量现状分析

(一) 公司人力资源需求分析

公司的战略目标是:到“十一五”末,销售总额超10亿元,利税达到3亿元以上,主要经济指标在2005年基础上翻一番,跻身中国白酒业十五强之列。按照“永远领导淮安市场,全面抢占江苏市场,重点拓展省外市场”的思路,至“十一五”末,淮安市场销售总额达到3亿元左右;江苏市场销售达到8亿元左右;外省市场实现销售2亿元左右。不断优化产品结构,努力增强市场竞争力,国缘酒实现销售1亿元以上;今世缘系列销售7亿元左右;高沟系列酒实现销售2亿元以上。严格控制产品开发,使正常销售产品控制在100个左右,三大品牌20个左右,主导产品销售超过6亿元。

为实现公司的战略目标,在人力资源方面,首先要做好企业管理、市场营销、专业技术三支人才队伍建设,其次还要提升一线操作工人的素质。

1. 三支队伍的需求分析

(1) 管理人员

2006年,公司管理队伍中,中层干部32人,部室人员87人(含驻外人员),高层管理人员10人,加上基层干部23人,共152人。管理队伍中的优势在于高层管理队伍素质较高,善于沟通,能精诚合作,可以称得上是一支高效的工作团队。由于业务量的即将增大,未来在管理队伍中要补充的是经理助理、部门副职等。

在管理队伍中需求量较大的是部室人员。不仅在数量上要求有一定的增加,更主要的是在质量上有较大的提高。目前的部室人员中,除各部室的负责人外,普通管理人员的素质不高。实际上,作为中基层管理队伍的部室人员,是公司战略规划和实施的关键执行者,需要重点补充和建设。

(2) 营销人员

2006年的营销人员总数为150人。包括六个销售分公司。公司所取得的成绩与营销人员的努力是分不开的。然而,这些业绩的取得,主要是公司高层的战略方向的正确以及管理上方法得当的结果。公司在营销领域的一个突出问题是,营

销队伍中一般营销人员的素质和能力有限。为实现公司的销售目标，亟待解决的问题是，不仅要增加营销人员的数量，以适应业务发展以及销售分公司布点的需要，还要提升销售队伍中一般营销人员的素质和能力。

（3）技术人员

2006年，公司有技术人员11人。虽然公司的研发技术主要是同江南大学等科研单位的合作，但基于未来长期发展的需要，公司亟需建立一支拥有高学历、高水平的科研技术人才队伍。目前，在科研人员中还没有一名研究生，这与公司的长期发展极不适应，与其他队伍建设不同的是，科研队伍建设中不仅要注重大学生的引进和培训，更要引进或培养高级技术人才。

2. 操作工人的需求分析

相比三支队伍的建设，操作工人（主要包括酿酒工和包装工）的需求相对比较好解决。然而不是没有难处。主要的问题是，目前的操作工人，尤其是酿酒工、包装工的年龄结构大、文化程度低现象严重。公司也亟待需要一批年轻、稳定、具有一定文化程度的工人。

（二）人力资源供给分析

人力资源供给有外部供给和内部供给。就今世缘的人力资源供给而言，无论是外部供给，还是内部供给，将主要取决于今世缘的经济实力和人力资源政策。

1. 人力资源外部供给

今世缘的人力资源外部供给主要有三方面：一是应届毕业生，主要是每年淮安、苏北地区乃至省内外的大学毕业生。二是人力资源流动。主要是淮安市企事业单位和科研机构员工、苏北地区在职人员乃至省内外人员。三是普通劳动力资源。从目前情况看，今世缘的人力资源外部供给较为宽松，即供给市场是买方市场。

（1）应届毕业生供给

应届毕业生的供给量充足。2006年，江苏省预计需求应届高校毕业生19.68万人，但江苏省共有高校毕业生28.68万人，比2005年增加3.5万人，增幅13.9%。其中：毕业研究生2.07万人，本科毕业生13.08万人，专科毕业生13.53

万人。加之外省院校江苏籍毕业生以及往年未就业的毕业生,实际需要就业的毕业生人数突破40万人。淮安市是一座历史文化名城,拥有丰富的教育资源。淮安市现有两所普通本科院校,即淮阴工学院和淮阴师范学院,还有几所职业技术学院。未来几年将为今世缘的发展提供丰富的人力资源选择空间。仅淮阴工学院来说,2006—2009年,累计毕业生人数达到1.4万余人。另外,苏北地区的其他高校毕业生也是今世缘可能的人力资源。可以说,未来几年,对今世缘来说,应届毕业生的供给量基本是充足的。

但是,还必须看到,对今世缘发展所需的某些紧缺专业(如生物工程、企业策划、新品设计、机电一体化、市场营销、土木工程等)来说,由于这些紧缺专业的毕业生就业形式较好,而今世缘总公司所在地是高沟镇,生活环境一般。这样,对“今世缘”来说,供给量就显得相对不足。

(2) 人力资源流动

虽然,从员工队伍稳定的角度来讲,人力资源流动方面的供给渠道主要是淮安市企事业单位和科研机构员工。然而,目前淮安市的人才队伍是极其缺乏的。如“每万人口中专业技术人员数”在江苏省的排名是倒数第二。因此,人力资源流动方面的供给要重点考虑省内,尤其是苏北地区其他市企事业单位和科研机构员工的人力资源流动供给。对一些高级营销人员和科研人员还需要将视野放在省外人才市场。

(3) 普通劳动力资源

虽然普通劳动力资源不是问题,但就企业的长期发展来说,需要的是年轻化、有一定文化基础的劳动力供给。然而,本地的高中毕业生以及中专院校的学生倾向于去苏南或广东等发达地区打工,而安徽、江西等中西部地区的类似人员也有此现象。实际上,目前公司的操作工人的整体薪酬水平在人才市场上还是有一定竞争力的。因此,在可能的情况下,可以考虑从安徽、河南等中西部地区招募一批有一定文化基础的酿酒工和其他方面的操作工人,提高操作工人的整体素质。

2. 人力资源内部供给

目前,今世缘的人力资源内部供给较为匮乏。公司队了拥有少数新招大学生资源外,几乎没有其它人才资源供给优势,这可以从下面的人力资源存量分析和流量分析中窥见一斑。

（三）人力资源存量和流量分析

1. 人力资源存量分析

（1）人力资源总量

截至2006年6月30日，今世缘拥有各类人力资源总量1849人，其中男性为1314人，占员工总数的71.06%；女性为535人，占员工总数的28.94%。男女比例为7∶3。考虑到公司的实际情况，近一年内，人员总量（包括今年新进的大学生）和男女比例基本正常。

（2）年龄结构

截至2006年6月30日，今世缘人力资源年龄构成中，30岁以下人数为299人，占员工总数的16.17%；30～35岁人数为258人，占员工总数的13.95%；35～40岁为538人，占员工总数的29.10%；40岁以上员工有754人，占员工总数的40.78%。从年龄上看，35岁以上可以说是中年，这样，今世缘中年以上人员占员工总数的69.88%，也就是70%。而30岁以下人数占员工总数的16.17%。可见，现存人力资源中，青年员工队伍在数量上不足的问题较为突出。

（3）学历结构

截至2006年6月30日，"今世缘"人力资源的学历构成中，具有大专以下学历的员工为1 589人，占员工总数的85.94%；具有大专学历的员工为133人，占员工总数的7.19%；具有本科学历的员工为124人，占员工总数的6.71%；具有硕士学历的员工有2人，占员工总数的0.11%；具有博士学历（包括留学回国人员）的员工1人，占员工总数的0.05%。从学历结构上看，受过高等教育的人员占员工总数的14.06%。其中，受过研究生以上教育的占员工总数的0.16%。虽然，酒类企业属制造企业，不需要高科技企业那样的学历结构，但从公司的长期发展来看，尤其是要进入行业十五强，要走出国门，必须要有一定比例的高学历员工队伍，特别是研究生以上的员工。

（4）职称结构

截至2006年6月30日，今世缘人力资源职称构成中，具有高级职称的员工为3人，占员工总数的0.16%；具有中级职称的员工为38人，占员工总数的2.06%；具有初级职称的员工为63人，占员工总数的3.41%；没有职称的员工为1 745

人，占员工总数的94.37%。从职称结构上来看，无职称的员工占员工总数的86%，而具有高级职称的员工仅员工总数的0.16%，这显然与公司目前的发展需要不符。在未来要注意适当引进具有中高级职称的员工，尤其是科研技术人员。另外，要加强公司内部的职称管理。

(5) 职能结构

根据员工在企业中担任工作的职能不同，企业员工可分为管理人员142人、技术人员11人、营销人员150人和一般人员1 546人。管理人员与被管理人员比例为1∶12.05。管理人员队伍略低，但从成本角度考虑，基本正常。

2. 人力资源流量分析

(1) 人力资源流进

在近三年的招聘中，“今世缘”共招聘大专以上学历员工151人、酿酒工148人。“今世缘”招聘的大专以上学历员工主要来自本市，共75人，约占招聘的大专学历员工的一半，其中，又以涟水县居多，有47人，占招聘的大专学历员工总数的31.3%。在招聘的大专学历员工中是苏北地区其他市的也有一定比例。而省外人员流进人数极少，共14人，占招聘的大专学历员工总数的9.3%。酿酒工148人全部来自涟水县，又以高沟为主。从人力资源流进来看，为避免当地人员过多，可考虑在苏北地区其他市的人力资源流进。对销售分公司的人员流进，可适当提高销售分公司所在地的人员流进比例。

(2) 人力资源流出

2004年初，“今世缘”共有员工2016人(其中含退休工人34人，内退人员95人)。改制中2004年11月协议解除113人，2005年3、4月份协议解除246人，两次改制共减员359人，从今世缘离职的员工(未到退休年龄)主要的去向是到苏南、广东等发达地区打工。当时的主要流出原因是薪酬水平过低。2004年和2005年的离职率分别为5.99%和13.84%。从近两年的人力资源流出情况来看，是不太正常的，离职率偏高。而且，这些员工的离职都是协议离职，也就是自愿离职。不过，这些是改制时期的特殊产物。从目前的实际情况来看，员工都很珍惜现在的工作机会，今年的离职主要是非自愿离职。从公司未来的发展来看，公司要做到的是降低离职率。虽然人力资源流出是正常现象，不过，公司要减少人员流出大幅度波动的冲击。根据公司的实际，我们建议，公司要加强考核，拉开绩效工资的档次，强化竞争机制，规范人力资源流出管理，使得自愿离职人员和非自愿离职人员（主要是解聘）控制在一定范围，即在2%以下。不过，基于公司最近几年将是大发展时期，本规划不再注重考虑人力资源流出方面的问题。

四、支持性人力资源战略与公司战略的匹配分析

（一）企业战略

最近几年，公司的总战略是增长战略。在业务战略上，公司将针对几种主要的不同业务，采用不同的业务战略。对低端“高沟”系列酒，主要采用成本领先战略；对中端“今世缘”系列酒，要在“缘”字上继续做好文章，主要采取“别具一格”（差异化）战略；对高端“国缘”系列酒，要在“招待用酒”等细分市场中追求别具一格优势，采用专一战略。在职能战略层面，营销战略主要是“打造品牌、文化营销”；制造战略主要是“以质取胜，科技创新”；人力资源战略是“以人为本，人才强企”。

从我们对今世缘高层的访谈中得知，虽然公司在战略定位时，没有在字面上定义柔性，但柔性战略的理念贯穿于各个层面的战略。从总战略上看，增长战略是一种“战略柔性”的“增长”；业务战略则是通过柔性战略谋求“别具一格”（差异化）；营销战略的“打造品牌、文化营销”则是定位于市场的柔性制造战略的在营销中的集中反映；制造战略的“以质取胜，科技创新”本质上是注重产品创新柔性；人力资源战略的“以人为本，人才强企”也强调柔性人才管理。也就是说，“今世缘”的柔性战略就是以新产品柔性制造为基础，通过市场柔性战略，谋求差异化优势，最终获得柔性增长，培养企业的动态能力和核心竞争力。

今世缘的人力资源战略或策略就是要以“以人为本，人才强企”的理念来塑造一种支持性人力资源实践，可以概括两个方面：“以人为本，人才强企”是要树立人才资源为第一资源的观念，是要确立人力资源战略为组织的核心职能战略地位；要用“以人为本、科学的发展观”为指导，创新人力资源管理制度，强化企业内部管理，完善激励机制。公司的这种支持性人力资源战略的作用主要集中于两个方面：首先，公司的人力资源战略将有助于公司发展和培训今世缘的核心资源。这种核心

资源是公司的人力资源实践与人力资源本身相互作用的结果，将为公司的持续竞争优势作贡献。其次，人力资源战略将支持公司的其他战略，有助于公司塑造良性竞争环境，获取有力的市场竞争地位，提高公司的核心竞争力。

（二）支持性人力资源战略与公司战略的匹配性分析

从上面的分析可以看出，公司的柔性战略贯穿于公司战略的各个层面，因而公司的（支持性）人力资源策略与公司战略的匹配归根结底是与柔性战略的匹配，但为了使这种匹配便于理解，我们还是将公司的人力资源战略与公司战略的匹配从三个不同层面来分析，即与公司总战略、业务（竞争战略）以及其他职能战略（包括制造战略、营销战略等）的匹配性来分析。

1. 支持性人力资源策略与公司总战略的匹配性分析

“以人为本，人才强企”的战略是一种支持性人力资源战略，也是一种创新型人力资源战略。这种人力资源战略不仅与企业目前的总体战略，即增长战略保持一致，而且在某些方面可打好基础，引领企业战略。该战略还特别强调企业文化的创新，具体来说，在员工个人方面，强调自我管理，尊重个人差异，认为多样性是组织创造力的来源；在群体方面，强调信任、平等、开放与合作，认为工作团队是组织突出的特征；在高层管理方面，强调缩短心理距离，尊重各部门管理人员的建议与参与，认为心理契约是组织激励员工的动力；在对环境适应的看法方面，强调管理人员对环境的超前认知，认为变革是组织的特定规律。由于公司的总战略是增长战略，因此人力资源管理中要特别突出：积极主动地招募和聘用、高工资、扩展培训和发展，在可能的情况下还要考虑认股权。

2. 支持性人力资源战略与业务战略的匹配性分析

“以人为本，人才强企”的战略也是一种投资的策略模式。它对企业的业务战略（主要是竞争战略）有重大的影响。由于今世缘的主要业务（竞争战略）是差异化战略。而“以人为本，人才强企”这种投资策略模式的特点是：重视人才储备和人力资本投资；企业与员工建立长期工作关系；重视发挥管理人员和技术人员的作用。这种战略主要是通过聘用数量较多的员工，形成一个备用人才库，以提高企业的灵活性，并储备多种专业技能人才。为了培育良好的劳动关系，该战略注重员工的培训和开发；为了与员工建立长期的工作关系，企业视员工为投资对象，使员工感到有较高的工作保障。

3．支持性人力资源战略与制造战略、营销战略的匹配性分析

公司的制造战略是“以质取胜，科技创新”。也就是强调质量、创新等制造竞争优先权为主，适当考虑低成本、柔性、交货等方面的一种混合制造战略。这种混合制造战略的本质是“以质取胜，科技创新”基础上的产品创新柔性战略，也是定位于市场的柔性制造战略。

“以人为本、人才强企”的人力资源战略需要从多个方面与公司的制造战略的竞争优先权保持一致（徐国华等，2005）。因为质量竞争优先权所要求的人力资源管理政策主要包括：相对固定和清晰的工作描述；员工经常参与高层决策；业绩评估（针对一线工人）注重短期效果并且采用个人和团队混合的评判标准；有持续的员工训练计划。而创新柔性竞争优先权所要求的人力资源管理政策主要包括：工作设计要考虑各工作小组中个人之间的整合和协调；业绩评估（针对科研、技术人员）注重长期效果并要尽可能地反映团队的成就；薪酬体系设计在市场为基础的前提下强调内部平等而不是外部平等；强调广泛技能发展的职业生涯设计。正是因为不同竞争优先权所强调的人力资源实践的重点有所不同，因而支持性人力资源战略与制造战略的匹配应该是一种权变或系统配置的匹配。

正像前面分析中指出的那样，营销战略的“打造品牌、文化营销”是定位于市场的柔性制造战略的在营销领域中的集中反映。今世缘的营销战略与制造战略本身具有一致性的内涵。为支持营销战略，使支持性人力资源战略与营销战略匹配，支持性人力资源规划中应视不同的营销战略提供人力资源管理支持。这方面主要是绩效考核规划和职业生涯发展规划的制定和实施，目的是提高不同营销战略下营销人员的积极性和主动性。

五、支持性人力资源策略规划的重点与实施保障

（一）支持性人力资源策略规划的重点

1．总体策略规划中的重点

就总体规划的总目标而言，不同的企业在不同时期可以有不同的目标[4]。对

大型酒类制造企业而言，由于国际贸易、跨国投资和管理的经验不足，面对跨国资本的介入和国际化的竞争，人力资源管理的总体目标应该强调人力资源的优化配置，从人力资源的数量和结构上确保企业的战略灵活性和竞争优势。对于一些中小企业而言，由于自身的人力资源管理制度还不够完善，应强调人力资源管理的基础制度体系的构建和完善，优化人力资源管理策略，加大人力资源投资，提高员工忠诚度，支持企业战略目标的实现。

总体规划中的总策略为总目标的实现提供原则性的保证。今世缘酒业有限公司可以关注以下几个方面：树立正确的人力资源管理理念；合理设置部门结构，规范管理流程；建立和完善人力资源管理制度和政策；采用灵活多样的人力资源管理方法和手段；提高管理者自身素质和能力；加强人力资源管理的信息化工作。

酒类制造企业的产品在产地外的销售量有较大波动的特征。这类环境的变化极大地影响人力资源规划的实施。因此，在总体规划中应做好实施方面的预测。要明确影响实施效果的关键问题，并作未来设想。这种设想是在综合变化因素后的可能设想，不一定要十分精确，但要有大致的把握。在对设想与实际作差距分析后，力求寻找可能存在的原因及解决办法，以便促进短期目标和长期目标的实现。

(1) 树立正确的人力资源管理理念

新经济时代的企业竞争，归根到底表现为争夺人力资源的竞争，谁拥有掌握先进生产技术、经营理念的人才，谁就能在激烈竞争中占据优势地位。这就要求公司上下都必须高度重视对人力资源的管理，注重人力资源资本化、职业教育终身化、管理方法人性化及管理手段科学化的建设。通过建立科学的人力资源管理及开发体系，提高人力资源管理水平，帮助企业解决人员管理上存在的一系列问题。

(2) 合理设置部门结构，规范管理流程

企业不但要将人力资源部门的管理工作进行归口管理，建立名副其实的独立的人力资源部，还要理清人力资源部与其他部门及人员(尤其是直线经理)在人力资源管理工作中的权责划分，形成责、权、利相一致的组织体系，确保人力资源管理工作的顺利开展。要在招聘、培训、绩效考核、晋升等方面规范人力资源部自身以及与其他部门在人力资源管理中的流程。

(3) 建立和完善人力资源管理制度和政策

人力资源管理制度是相对稳定的框架，而人力资源管理政策会根据不同年份的实际做出适当的调整。就未来几年而言,“今世缘”迫切要建立或完善的人力资源管理制度和政策主要包括:招聘、培训、绩效考核、员工职业生涯管理等方面的制度和政策。在制度或政策的制定中,未来几年要加强高素质人才的引进;完善人才培养,培训中要强化培训的需求分析和培训项目评估;薪酬设计要落实宽带化,摆脱国企中过分公平分配的影子;加强职业生涯管理,建立有效的激励和留人机制等。

(4) 采用灵活多样的人力资源管理方法和手段

对今世缘的人力资源管理工作而言,目前的特殊时期尤其要采用灵活多样的人力资源管理方法和手段。就拿鼓励员工参与管理来说,员工是非常重视自身的薪酬、培训和晋升等方面的问题,这些问题也是公司人力资源管理的重要问题。特别是“已经是”或“即将是”企业核心人才的员工,他们是企业智力资本的拥有者,具有较强的参与管理意识,他们希望自己的知识和建议得到尊重。只有尊重得到满足,员工才真正感受到自己是企业的主人,才愿意主动为企业付出。因此,应重视员工的参与意识,鼓励员工参与人力资源管理,对建议和决策进行讨论,培养员工对企业的的忠诚感和归属感。

(5) 提高管理者自身素质和能力

首先,要做好人力资源管理人员的补充和培训。人力资源管理者综合水平和素质的高低直接关系着企业整体的人力资源管理状况是否理想。人力资源管理者可以通过自学或参加培训项目的方式,来提高自身的能力,这样才能为企业配备、选拔和培养合适的人才,使人力资源管理部门的服务功能得到更好的发挥。其次,要提高其他管理者的人力资源管理知识和能力。优秀的管理者要具有识人、用人能力。要关注下属员工,为员工提供一个优良的工作环境,帮助员工达到工作及个人发展的目标;要建立一支高绩效的团队;创立一个与员工共享的愿景;具备很好的人际沟通的技能,成为有影响力的人。

(6) 加强人力资源管理的信息化工作

逐步完善软硬件设施,加强人力资源管理的信息化、网络化工作。要更多地利用计算机及网络,减少日常事务性工作。人力资源部应该多做分析、调查、监督和考评。人力资源管理人员要把更多的精力放在开展岗位定员的分析工作、员工的职业生涯规划工作等需要专业知识和分析思考而又是企业亟需解决的工作上来。

2. 业务策略规划中的重点

在酒类制造企业的实际规划中，常常发现配置规划与需求规划及招聘规划之间不够协调。然而，这些规划之间的协调一致性是规划是否严密和细致的关键。其中，配置规划是基础。配置规划要在优化组织结构、完善岗位分析的基础上，强化人岗对应，坚持优势定位与群体相容。需求规划中要重视内部选拔与外部招聘相结合。招聘规划则需要结合配置规划和需求规划，对一般生产人员、技术研发人员、销售人员及管理人员采用有区别的招聘策略。

目前，今世缘酒业有限公司考核中的问题是多方面的。主要包括：绩效考核的作用没有充分体现；绩效考核的主管部门没有统一；绩效考核标准不够清晰、指标体系不够科学、内容不够完整等。因此，考核规划的重点是要使考核规划具有针对性。为使考核作用的更好发挥，要制定客观、明确、科学的考核标准，需要注重绩效考核反馈，建立绩效面谈制度，还要将绩效考核的最终结果归口管理。

酒类制造企业的培训工作往往缺乏长期性、系统性。在培训投入方面，往往是有钱就多培训，没钱就少培训。很多企业的培训体系不够健全，外培注重不够。因此，培训规划的重点还是制度建设。要明确直线部门和职能部门在培训中的职责，建立责任体系。把培训内容与企业战略、员工的职业生涯规划相结合。建立多层次、个性化的企业员工培训体系。

近几年来，"今世缘"的发展迅速，关注于人才引进而忽视了晋升规划。做好晋升规划涉及企业用人，也涉及员工的工作满意、组织承诺等。晋升规划是用人和留人的统一。为此，晋升规划的重点是：要提供多种职业晋升通道；对员工进行胜任力评价，识别晋升的潜力；充分考虑员工自身的职业愿景；对不同人员的晋升，灵活使用任命制、公开竞聘制、定期交流制等多种晋升方式。

（二）今世缘酒业有限公司的支持性人力资源实践的保障措施

1. 高层管理者的参与

"今世缘"人力资源规划的实施在一定程度上是一种管理变革，作为变革的主要推动者和组织者，人力资源工作者是当然的参与者。然而，高层管理者的积极参与是规划成功实施的重要保证。首先，它给人们信念上的支持。规划实施中的一些具体问题，如薪酬的重新设计、晋升通道的变化等使人们更需要看到高层管理者的决心。其次，可以使企业战略和人力资源管理联系得更紧密。高层管理者的参与有助于他对战略的思考，他将更清晰地感受到企业战略规划和实施中人力资源管理工作可以提供的支持。同时，也可以使人力资源工作者和一般员工更易了解规划实施对企业战略的支持作用。再次，使人力资源规划与企业文化相容。高层管理者参与的过程中所表达出的核心价值观会不断地得到理解和灌输。这既有助于规划的实施，也有助于企业文化的塑造。

2. 加强基础性工作

酒类制造企业人力资源规划的成功实施需要一些基础性工作的支持。在这方面，值得一提的是组织结构的动态调整和岗位说明书的规范管理。

在实践中，虽然一些企业的中长期人力资源规划中也考虑到了组织结构的调整问题，但是，规划时的预测一般与实施时的实际仍相差很多。由于组织结构往往刚性地制约规划的实施，因此，做好组织结构的动态和谐调整，会给人力资源规划的成功实施提供支持。从目前的实际来看，除了少数大型企业适宜采用矩阵式组织设计，中小型酒类制造企业适宜采用区域职能型（销售采用区域型，其他采用职能型）或者职能型组织结构设计。从今世缘的实际来看，宜从区域职能型逐步向矩阵型过渡。

目前，绝大多数的中小型酒类制造企业和少数大型企业在岗位说明书的管理中显得较为粗糙，有些企业甚至处于实际缺失的状态。我们不否认宽松式的岗位描述有一定的优势，只是需要注意到，适宜采用宽松式岗位描述的企业往往是那些曾经有过严格的岗位描述（已经跨过这个阶段）的企业。这是我国很多酒类制造企业所不具备的。因此，建议“今世缘”加强岗位说明书的管理，它将有助于企业人力资源规划，特别是招聘、晋升、考核等规划的有效实施。

3. 注重动态一致性管理

人力资源管理工作的有效性在于满足人力资源管理的内外部一致性。如果说，规划的制定中重点是要注重人力资源的总体规划及业务规划是否与战略、企业文化、劳动力市场、政策等人力资源管理外部环境一致，那么，规划实施时则要力求各规划之间的动态一致性。有些规划的实施要相对提前一步，如考核规划等；有些规划的实施则是相互紧密联系的，如招聘规划与晋升规划。各规划之间实施时的动态一致性既需要人力资源部门经理的宏观把握，又需要各级主管的紧密合作。

第八章　研究结论、建议与未来研究方向

在本章中，首先，在对理论分析和实证研究的总体结果回顾总结的基础上，给出了本书研究的主要结论，接着提出了相关建议，最后指出了研究的主要贡献、限制以及未来研究的可能方向。

一、研究结论

本书第三章分析了支持性人力资源实践及其与柔性战略配合的企业制度环境和理论基础。第四章通过理论分析构建了支持性人力资源实践、柔性战略与绩效的基本理论模型，并在引入组织支持知觉、感情承诺、自愿离职率等研究变量后，建立了扩展的理论模型。第五章和第六章的四个实证研究分别就扩展的理论模型的不同方面提出了具体的假设、并给出了检验方法和数学模型。随后，四个实证研究不同程度地对所涉及的问卷进行检验、数据处理后，进行了描述性统计分析、相关分析，进而利用层级回归分析对各研究所涉及的假设进行了检验。第七章是以今世缘酒业有限公司为例，研究了基于战略一致性的支持性人力资源实践中的策略规划与实施等相关问题。本书通过理论研究、问卷研究和案例研究得到了一些有意义的结论。下面先是全面回顾了本书的理论分析和实证分析结果，接着给出了通过理论分析和实证分析得到的主要结论。

（一）理论分析和实证研究结果的总体回顾

1．理论分析结果的总体回顾

本书的理论分析主要涉及支持性人力资源实践及其与柔性战略配合的企业制度环境分析、理论基础分析、支持性人力资源实践对员工的心理和绩效改进行为分

析以及与战略配合的思路分析等。

支持性人力资源实践及其与柔性战略配合的制度环境既包括劳动关系相关法律法规及政策环境，也包括企业股权制度和治理制度环境，还包括人力资源部门和生产制造部门的管理制度环境。国家劳动关系相关法律法规及政策既是企业支持性人力资源实践的底线，也有利于完善支持性人力资源实践及其与柔性战略配合的企业内部环境。我国国有企业经过放权让利、承包制改革以及公司改制，很多企业的现代企业制度得以建立，产权制度、治理制度和管理制度都有了很大的变化。国有企业现代企业制度的建立过程，是从集权到分权的变迁过程，使得国有企业支持性人力资源实践及其与柔性战略的配合有了基本的制度背景。改革开发以来，我国的民营企业得到了很大的发展。由于不同民营企业主的价值观念不同，企业的行业背景和机遇不同，当前民营企业的制度环境呈现出复杂状态。多数民营企业还属于古典家族企业，有些起步早、发展迅速的企业已经是混合家族企业，只有少数的企业是现代家族企业。从民营企业的产权制度、治理制度和管理制度的制度环境分析可以看出，支持性人力资源实践及其与柔性战略的配合在不同类型的民营企业中所受到的制度约束和制度激励是不同的。就古典家族企业和混合家族企业而言，由于家族成员或泛家族成员的影响较大，企业内部政策的制定难以考虑外来管理者和一般员工的利益，支持性人力资源实践受到很大的限制，影响了支持性人力资源实践与柔性战略或组织其他战略的配合。而一些现代家族企业在掌握部分所有权和较多控制权的情况下，基本能实现所有权和经营权的分离，支持性人力资源实践的制度环境较为宽松，在外部市场环境不确定的情况下，能在不同程度上采用柔性战略，支持性人力资源实践与柔性战略也在一定程度上得到配合。就企业的现实部门制度环境来看，一些中小企业还没有正式的人力资源管理部门设置或者人力资源管理岗位设置不全。相比较而言，有正式的人力资源管理部门设置，且人力资源管理岗位体系较完整的企业，人力资源管理职能都参与到企业的战略规划中了，但不同企业的参与程度有很大的差别。一些企业的人力资源管理职能与战略规划的联系还是处于简单的行政联系。有部分企业的人力资源管理职能与战略规划的联系是单向联系，少数企业是双向联系。几乎难以发现一体化的联系。

本书的理论基础分析中发现，制造战略的研究者将柔性战略纳入制造战略的整体框架中，他们在比较柔性战略、低成本战略、质量战略等不同制造战略与人力资源实践的匹配中，寻求人力资源实践和柔性战略的最佳匹配方式。他们对战略方面考虑较多。制造柔性的研究者则在研究人力资源实践与柔性战略匹配的同时，深入研究人力资源实践与其他层面的柔性的匹配，这有助于更好地理解人力资源实践与柔性战略的整合。而战略性人力资源管理理论在研究人力资源实践和柔性战略的整合时，则把重点引向人力资源管理领域，将人力资源实践与柔性战略摆在同样重要的位置。

本书对支持性人力资源实践、柔性战略与绩效的理论框架分析正是基于战略性人力资源管理的思路。在支持性人力资源实践与绩效的联系中还需要考察支持性人力资源实践对员工心理和绩效改进行为的影响。当组织进行支持性人力资源实践时，员工将根据支持性人力资源实践的来源特性（如来源的可信度）以及支持性人力资源实践的信息特性（如信息的信号和准确性）来评估反馈信息。这些信息反馈中认知来源和认知信息的特点会影响员工在反馈接收中的感受及认知处理，也就是形成组织支持知觉，并进一步影响他们感情承诺和绩效改进行为意愿的发展。员工遇到的境遇因素会约束或促进绩效改进行为意愿发展成实际绩效改进行为。

2. 问卷研究中假设检验结果的回顾

本书研究中扩展的理论模型是以支持性人力资源实践、柔性战略、组织支持知觉、感情承诺、自愿离职、制造绩效和财务绩效等变量为基础的。第五章和第六章的四个实证研究以扩展的理论模型为依托，建立了基本假设和扩展假设。在各因子分析和相关分析后了增加了相关假设，并调整了数学模型。

结合第二章中支持性人力资源实践、柔性战略与绩效问题的相关文献综述，以及第三章的制度背景分析和理论基础回顾，本书在第四章的基本理论框架分析和扩展理论框架分析中都没有将柔性战略看成是绩效的充分条件，因而在第六章的实证研究假设提出中没有提出柔性战略与绩效的相关假设。然而，实证研究中的相关分析后，我们看到了柔性战略与制造绩效的强相关性，因而增加了柔性战略和制造绩效的假设，因此概念模型有所调整，图 8-1 显示了调整后的扩展概念模型。虚线显示了没有得到支持的假设。

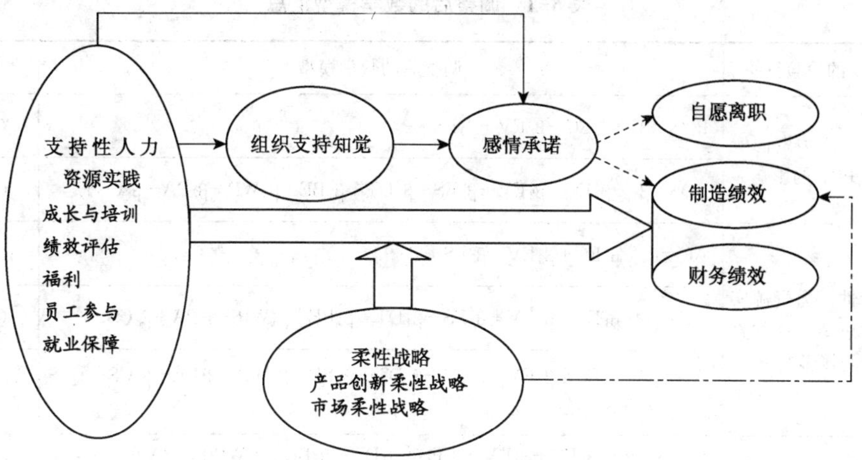

图 8-1　调整后的概念模型

注：-----►为假设检验中没有得到支持的路径，—·-►为调整增加假设后得到实证支持的路径。

原来的概念模型在调整后主要有两处改动。首先，通过因子分析，成长机会和培训被合为一个因子，即成长与培训。这样，原来理论分析中的支持性人力资源实践的一般内容由原来的六个变量减为五个，即成长与培训、绩效评估、福利、员工参与和就业保障。其次，通过相关分析，我们发现，柔性战略（特别是产品创新柔性战略）与制造绩效有一定的联系，这样，原概念模型有必要增加柔性战略与制造绩效的联系。

本书实证研究中的因子分析可以起到数据浓缩的效果。在因子分析并初步整理数据后，有必要对原来的数学模型作一定的调整，以便进一步的实证分析。调整后的数学模型是相对综合的数学模型，共有 11 个，主要目的是用来检验 9 个基本的假设以及进一步的假设。其中，模型 1、2 主要目的是用来检验支持性人力资源实践与组织支持知觉的一般联系以及各单项支持性人力资源实践与组织支持知觉的联系。模型 3、4、5 的主要目的是用来检验支持性人力资源实践与感情承诺的一般联系以及组织支持知觉在其中的中介作用。模型 6、7 的主要目的是用来检验感情承诺在“SHRP、POS——自愿离职及制造绩效”中的中介作用。模型 8、9、10、11 的主要目的是用来检验支持性人力资源实践与制造绩效和财务绩效的联系以及柔性战略（包括其子类）的调和作用。表 8-1 显示了调整后的数学模型汇总。

表 8-1 调整后的数学模型汇总

主要的检验目的	调整后的数学模型	
支持性人力资源实践对 POS 的影响	$POS=\beta_0+\beta_1 EC+\beta_2 EV+\beta_3 FS+\varepsilon$	(1)
	$POS=\beta_0+\beta_1 EC+\beta_2 EV+\beta_3 FS+\beta_4 DT+\beta_5 BE+\beta_6 WP+\beta_7 PA+\beta_8 CS+\varepsilon$	(2)
支持性人力资源实践对感情承诺的直接和间接影响	$AC=\beta_0+\beta_1 EC+\beta_2 EV+\beta_3 FS+\varepsilon$	(3)
	$AC=\beta_0+\beta_1 EC+\beta_2 EV+\beta_3 FS+\beta_4 DT+\beta_5 BE+\beta_6 WP+\beta_7 PA+\beta_8 CS+\varepsilon$	(4)
	$AC=\beta_0+\beta_1 EC+\beta_2 EV+\beta_3 FS+\beta_4 DT+\beta_5 BE+\beta_6 WP+\beta_7 PA+\beta_8 CS+\beta_9 POS+\varepsilon$	(5)
感情承诺的中介作用	$FP_{1,2}=\beta_0+\beta_1 EC+\beta_2 EV+\beta_3 FS+\beta_4 DT+\beta_5 BE+\beta_6 WP+\beta_7 PA+\beta_8 CS+\beta_9 POS+\varepsilon$	(6)
	$FP_{1,2}=\beta_0+\beta_1 EC+\beta_2 EV+\beta_3 FS+\beta_4 DT+\beta_5 BE+\beta_6 WP+\beta_7 PA+\beta_8 CS+\beta_9 POS+\beta_{10} AC+\varepsilon$	(7)
支持性人力资源实践、柔性战略与制造绩效和财务绩效	$FP_{2,3}=\beta_0+\beta_1 EC+\beta_2 EV+\beta_3 FS+\varepsilon$	(8)
	$FP_{2,3}=\beta_0+\beta_1 EC+\beta_2 EV+\beta_3 FS+\beta_4 DT+\beta_5 BE+\beta_6 WP+\beta_7 PA+\beta_8 CS+\varepsilon$	(9)
	$FP_{2,3}=\beta_0+\beta_1 EC+\beta_2 EV+\beta_3 FS+\beta_4 DT+\beta_5 BE+\beta_6 WP+\beta_7 PA+\beta_8 CS+\beta_9 NFST+\beta_{10} MFST+\varepsilon$	(10)
	$FP_{2,3}=\beta_0+\beta_1 EC+\beta_2 EV+\beta_3 FS+\beta_4 DT+\beta_5 BE+\beta_6 WP+\beta_7 PA+\beta_8 CS+\beta_9 NFST+\beta_{10} MFST+\beta_{11} DT\times NFST+\beta_{12} BE\times NFST+\beta_{13} WP\times NFST+\beta_{14} PA\times NFST+\beta_{15} CS\times NFST+\beta_{16} DT\times MFST+\beta_{17} BE\times MFST+\beta_{18} WP\times MFST+\beta_{19} PA\times MFST+\beta_{20} CS\times MFST+\varepsilon$	(11)

注：ε 是随机扰动项。环境的复杂程度（EC）、环境的变化程度（EV）、公司规模（员工总数，FS）、成长与培训（DT）、福利（BE）、员工参与（WP）、绩效评估（PA）和就业保障（CS）、组织支持知觉（POS）、感情承诺（AC）、产品创新柔性战略（NFST）、市场柔性战略（MFST）、自愿离职（FP_1）、制造绩效（FP_2）、财务绩效（FP_3）。

在本书中，问卷研究中分四个问卷实证研究来考察假设检验结果。这四个部分分别是：支持性人力资源实践、组织支持知觉与感情承诺；感情承诺的中介作用；支持性人力资源实践、柔性战略与制造绩效；支持性人力资源实践、柔性战略与财务绩效。下面对这些假设调整后的假设检验结果作一简单的总结（表 8-2）。

表 8-2　本书问卷研究中假设调整后的总体验证结果

实证研究	研究假设	检验结果
支持性人力资源实践、组织支持知觉与组织承诺的实证研究	支持性人力资源实践与员工的组织支持知觉有一般的联系	支持
	成长与培训同员工的组织支持知觉有正向的联系	不支持
	绩效评估与员工的组织支持知觉有正向的联系	支持
	福利与员工的组织支持知觉有正向的联系	不支持
	员工参与与员工的组织支持知觉有正向的联系	不支持
	就业保障与员工的组织支持知觉有正向的联系	不支持
	支持性人力资源实践与感情承诺有一般的联系	支持
	成长与培训同感情承诺有正向的联系	支持
	员工参与与感情承诺有正向的联系	支持
	组织支持知觉中介了“支持性人力资源实践——感情承诺”之间的联系	有限支持
感情承诺中介作用的实证研究	感情承诺中介了“SHRM、POS—自愿离职”之间的联系	不支持
	感情承诺中介了“SHRM、POS—制造绩效”之间的联系	不支持
支持性人力资源实践、柔性战略与制造绩效	支持性人力资源实践与制造绩效有一般的联系	有限支持
	柔性战略对“支持性人力资源实践—制造绩效”有一般的调和作用	有限支持
	柔性战略与制造绩效有一般的联系	支持
	产品创新柔性战略与制造绩效有正向的联系	支持
	产品创新柔性战略对“支持性人力资源实践—制造绩效”有调和作用	有限支持
	市场柔性战略对“支持性人力资源实践—制造绩效”有调和作用	不支持
支持性人力资源实践、柔性战略与财务绩效	支持性人力资源实践与财务绩效有一般的联系	支持
	绩效评估与财务绩效之间有正向的联系	支持
	柔性战略对“支持性人力资源实践——财务绩效”有一般的调和作用	部分支持
	产品创新柔性战略对“支持性人力资源实践——财务绩效”有调和作用	不支持
	市场柔性战略对“支持性人力资源实践——财务绩效”有调和作用	有限支持

（1）支持性人力资源实践与组织支持知觉的联系

在支持性人力资源实践与组织支持知觉的实证分析中，基本的假设，即支持性人力资源实践与员工的组织支持知觉有一般的联系得到了统计结果的显著支持。进一步地，绩效评估与员工的组织支持知觉有正向的联系。然而，支持性人力资源实践的其他内容同员工的组织支持知觉的联系未得到统计结果的显著支持。

（2）支持性人力资源实践与感情承诺的联系

在支持性人力资源实践与感情承诺的联系的研究设计中，有两个基本的假设，它们分别是：支持性人力资源实践与感情承诺有一般的联系；可觉察组织支持中介了"支持性人力资源实践——感情承诺"之间的关系。实证结果显示，前一假设获得了统计结果的显著支持，后一假设则获得了有限支持。另外，还发现了成长与培训、员工参与同感情承诺有正向的联系。

(3) 感情承诺的中介作用

在考察感情承诺的中介作用的研究设计中，也有两个基本的假设，它们分别是：感情承诺中介了"SHRM、POS—自愿离职"之间的关系；感情承诺中介了"SHRM、POS—制造绩效"之间的关系。研究结果显示，这两个假设都没有得到统计结果的支持。

(4) 支持性人力资源实践、柔性战略与制造绩效的联系

在支持性人力资源实践、柔性战略与制造绩效的实证分析中，基本的假设有三个：支持性人力资源实践与制造绩效有一般的联系；柔性战略与制造绩效有一般的联系；柔性战略对"支持性人力资源实践—制造绩效"有一般的调和作用。这里，只有"柔性战略与制造绩效有一般的联系"得到了统计结果的显著支持。进一步的假设(产品创新柔性战略与制造绩效有正向的联系)也得到统计结果的完全支持。另外，产品创新柔性战略对"支持性人力资源实践——制造绩效"只有有限的调和作用；市场柔性战略对"支持性人力资源实践——制造绩效"没有调和作用。

(5) 支持性人力资源实践、柔性战略与财务绩效的联系

在支持性人力资源实践、柔性战略与财务绩效的实证分析中，基本的假设也有两个：支持性人力资源实践与财务绩效有一般的联系；柔性战略对"支持性人力资源实践—财务绩效"有一般的调和作用。前一假设得到了统计结果的显著支持，后一假设则得到了统计结果的部分支持。另外，本研究没有发现产品创新柔性战略对"支持性人力资源实践——财务绩效"的调和作用，只是发现市场柔性战略对"支持性人力资源实践——财务绩效"有部分的调和作用。

2. 案例分析研究结果的回顾

从本书第七章的基于战略一致性的支持性人力资源实践的研究，主要结果有两个：一是在案例公司背景下，从基于战略一致性的人力资源规划的原则出发，给出了基于战略性一致性的人力资源规划的流程，即环境制约下的战略选择

是人力资源规划的基础；在既定的战略选择下，人力资源的需求和供给分析以及流存量等管理现状分析是人力资源总体规划的前提，而人力资源战略与公司战略的一致性分析是总体规划的重要影响因素；在总体规划的引导下，业务规划通过短期规划反馈作用于公司的战略制定和实施。二是通过规划流程在案例公司的应用分析，给出了案例公司的支持性人力资源策略规划的重点和实施保障措施。

（二）本书研究的主要结论

通过上述理论研究、问卷研究和案例研究结果回顾，可以发现，本书的主要研究结论有以下几个方面：

1. 支持性人力资源实践的重要内容是绩效评估、成长与培训以及员工参与

通过文献回顾和理论探讨，本书归纳了中国背景下制造企业支持性人力资源实践的一般内容，主要包括：成长机会、培训、绩效评估、福利、员工参与和就业保障等六个方面。从支持性人力资源实践与组织支持知觉、感情承诺的联系出发，实证研究的结果表明：中国背景下制造企业支持性人力资源实践的主要内容是绩效评估、成长与培训以及员工参与，其中最重要的内容是绩效评估。从我国企业的支持性人力资源实践的制度环境分析中也可以看出，无论是国有企业的经营者还是民营企业的家族管理者都难以真正做到放权管理。虽然员工参与决策制定和福利安排的积极性较高，但在实践中还是很少企业能够做到真正的员工参与，同时，由于经营者和管理者较多从组织绩效方面考虑，对员工利益和价值认可不够，员工的成长和培训还是在很大程度上被忽略了。但最重要的方面还是绩效评估。绩效评估成为我国企业最受员工关注的支持性人力资源实践的内容，主要有两方面的原因：一是因为我国大多数企业员工对物质薪酬的需求较高，而物质薪酬还是我国很多的制造企业的重要成本因素，这样作为直接影响员工薪酬的绩效考核（如不够公平、针对性不高等）就很容易造成员工不满；二是因为绩效考核本身就是人力资源实践中难以操作的业务，是人力资源管理实践的核心环节，影响了组织其他的支持性人力资源实践。

2. 支持性人力资源实践与绩效的间接联系不明显

本书实证研究了支持性人力资源实践与感情承诺、自愿离职以及制造绩效的

间接联系。从实证结果中可以看出，员工的组织支持知觉有限地中介了支持性人力资源实践与感情承诺的联系；感情承诺没有中介支持性人力资源实践与自愿离职的联系也没有中介支持性人力资源实践与制造绩效的联系。支持性人力资源实践与绩效的间接联系不明显的实证结果与我们的理论分析是一致的。在支持性人力资源实践对员工的心理与绩效改进行为分析中，我们看到，即使支持性人力资源实践形成了员工的组织支持知觉、感情承诺，但感情承诺发展成绩效改进行为意愿受个人目标的影响，进一步地，绩效改进行为意愿发展成实际绩效改进行为又受到员工遇到的境遇因素的影响。个人目标受个人价值观的影响，而境遇因素可能是员工先期支付的成本。这样，即使员工的组织支持知觉和感情承诺很高，也难以有绩效改进意愿；或者，即使员工的组织支持知觉和感情承诺不高，也可能不会自愿离职。

3. 不同支持性人力资源实践与绩效的联系存在差异

从本文考察支持性人力资源实践与绩效的联系中，可以发现，不同的支持性人力资源实践与绩效的联系存在明显的差异。成长与培训、员工参与同感情承诺存在显著的正向联系。当将视角转向制造绩效和财务绩效时，可以看出，成长与培训与消费者满意度有有限的正向联系，和销售利润率存在显著的正向联系；而绩效评估与销售利润率和投资报酬率都存在显著的正向联系。这是不难理解的，成长与培训、员工参与等支持性实践，能较大程度上提高员工士气，这可以反映在较高的感情承诺上，也可以反映在对顾客服务的能力和态度上。前面的结论里指出了绩效评估是支持性人力资源实践的核心环节，公平合理的绩效评估可能意味着支持性人力资源实践在系统层面良性运作，从而最终表现在销售利润率和投资报酬率等财务绩效上。因此，如果从企业的整体效果出发，既要注重某些单项支持性人力资源实践的独特效果，更要关注支持性人力资源实践的重要内容（如绩效考核）的重大效果，从而在内部一致性的基础上形成支持性人力资源实践的系统作用。

4. 产品创新柔性战略获得支持性人力资源实践的支持时，能改进制造绩效

从本书的问卷研究中我们发现，柔性战略与制造绩效存在一般的联系。虽然没有发现市场柔性战略与制造绩效的特别联系，但柔性战略与制造绩效存在正向的联系。并且，在这种联系中，产品创新柔性战略很少与支持性人力资源实践产生

交互作用，支持性人力资源实践更可能是产品创新柔性战略的“基础设施”，体现出支持性人力资源实践的“支持”角色。这里的问卷实证研究与我们的案例分析是一致的。案例分析中，我们可以看出，产品创新柔性战略往往是建立在质量、创新等制造竞争优先权基础上的柔性战略，涉及企业制造系统的多个领域，而市场柔性战略则是定位于市场的柔性制造，对制造系统的影响主要是产量柔性生产，涉及较少的制造领域。因此，对制造绩效影响较大的柔性战略是产品创新柔性战略而不是市场柔性战略。同时，产品创新柔性战略需要在质量等其他制造竞争优先权的基础上发展，需要的不是支持性人力资源实践的简单“配合”，而是需要支持性人力资源实践作为“基础设施”的全面“支持”。

5. 支持性人力资源实践与市场柔性战略配合时，能提高财务绩效

市场柔性战略在“支持性人力资源实践——制造绩效”的联系中没有调和作用，但它部分地调和“支持性人力资源实践——财务绩效”的联系。可以看出，不同的柔性战略确实与不同的绩效有不同的联系，当产品创新柔性战略倾向于对制造绩效产生主效应时，市场柔性战略倾向于调和“支持性人力资源实践——财务绩效”的联系。市场柔性战略是定位于市场的柔性制造战略，当市场需求量大时，需要人员加班；当市场需要高质量产品时，需要员工提高技能，需要组织加强培训开发；当市场需要企业快速反应时，需要企业不同部门的员工紧密协作，需要企业注重基于团队的绩效考核……总之，支持性人力资源实践与市场柔性战略配合时，往往意味着企业的人力资源管理、生产制造、营销等多个领域的协调一致，其对组织财务绩效的改进就不言而喻了。

6. 支持性人力资源策略规划与实施既要考察内部一致性，又要考察与战略的一致性配合

从基于战略一致性的支持性人力资源实践案例分析结果中可以看出，人力资源规划的关键流程是基于企业战略的供求分析、流存量等现状分析和与战略配合的一致性分析，因此，支持性人力资源策略规划与实施既要考察内部一致性，又要考察与战略的一致性配合。既要努力构建以绩效评估为中心，以成长和培训、员工参与为基础，结合福利和就业保障的支持性人力资源实践内部一致性系统架构，又要考察这种系统架构与不同层面战略配合中对绩效的权变或配置影响。

二、相关建议

（一）既要重视支持性人力资源实践的重要内容，也要关注其系统作用

一般来说，由于文化和环境的差异，中国的管理哲学和管理实践与西方国家有着显著的不同①。从本研究的结论来看，中国背景下制造企业的某些人力资源实践，如绩效评估、成长与培训以及员工参与等，影响了员工对组织支持的知觉，增进了员工对组织的感情依赖，是中国企业支持性人力资源实践的重要内容。与国外企业的员工相比，中国企业的员工也注重个人的技能培训、重视个人的成长机会。特别是，他们还更愿意看到组织在绩效评估的公平性等方面提供更多的支持。

从组织的角度来讲，制造企业在注重一般的人力资源实践（如招聘、工作设计等）的同时，要充分重视成长与培训、绩效评估等关键性的支持性人力资源实践，因为这些实践不仅影响员工的态度和行为，更是与某些制造绩效或财务绩效发生联系。另一方面，本书的实证研究中没有发现哪一种人力资源实践可以与所有的绩效变量发生联系，这提示我们，支持性人力资源实践在与绩效发生联系时，更多的是一般的和系统的联系。

从企业的操作层面来讲，我国制造企业的支持性人力资源规划和实施要特别重视绩效评估的作用，要发展基于个人绩效和团队绩效相结合的绩效评估政策。如果绩效评估有失偏颇，企业其他的人力资源实践很难被员工认为是支持性人力资源实践。另外，要重视员工的成长和培训，鼓励员工参与。这方面的实践不仅能提高员工的士气，提高员工的组织忠诚感，还会有助于提高产品的服务质量，增进客户满意度。但就最终意义上讲，还是要关注系统的作用，关注支持性人力资源实践的内部一致性匹配。因此，我国的制造企业要开发出以绩效评估为中心，以成长和培训、员工参与为基础，结合福利和就业保障的支持性人力资源实践系统。这需要企业高层管理者支持，需要企业完善人力资源部门的岗位和人员设置，需要人力资源管理部门进行系统的支持性人力资源规划，更需要直线经理在具体政策实施

① Lee(1996)指出，在大多数的中国组织中，区别于西方管理的中国管理有四个关键的特征。它们是：以人为中心、以家庭为中心、集权化和小规模。

中的支持。

（二）要重视产品创新柔性战略和市场柔性战略的协调发展

柔性战略的成功实施，需要创造一种和谐的环境，合理选择资源、能力、组织、生产、文化等要素，并进行有机整合、相互协调，从而支撑和促进柔性战略的实施（汪应洛等，2004）。如果我们将企业看成是各种要素以一定的结构结合在一起的系统，那么当各种要素以不同的结构进行组合，就会形成不同的系统，表现出不同的柔性特征，从而影响着不同柔性战略的实施。

在本研究的结论中，我们已经看到，当产品创新柔性战略与制造绩效的联系更为显著时，市场柔性战略则倾向于调和"支持性人力资源实践——财务绩效"的联系（虽然这种调和是一种部分的调和）。实际上，当企业采用产品创新柔性战略时，企业一方面会注重与供应商的合作，另一方面会注重企业自身产品开发团队的建设，这也都有助于制造绩效的改进；当企业采用市场柔性战略时，企业能更加密切地注意到客户的需求，更敏感地应对销售量的变化，从而有望更好地安排生产，降低成本，改善财务状况。市场柔性战略提高了企业应对市场需求变化的能力，容易获取短期财务效益。产品创新柔性战略则更多地体现企业的创新意识，容易激发企业形成独特的制造柔性，改善竞争力。柔性战略对一个企业、行业，甚至国家的制造能力会产生长远的影响。因此，我国的制造企业理应亟待加强柔性战略的管理，注重产品柔性战略和市场柔性战略的协调发展，以便提高柔性战略的整体作用。

要协调发展柔性战略，基本的思路有两条：一是以持续创新为依托，既要求企业家的创新，又要求组织群体的创新，以便制造企业不断改善和提高自身的能力，获取产品创新柔性和市场柔性，为企业的持续竞争优势做贡献。二是增强资源的协调性和适应性，使得企业可以以较低的成本重新确定资源分配方向、重新构造和重新配置资源，应用于柔性战略的规划和实施。柔性战略的协调发展需要高层管理者对在考察特定行业背景、企业发展阶段、内外部环境的基础上对企业短期利益和长期利益的权衡取舍，需要组织结构设置的动态配合，需要人力资源部门、生产制造部门和市场营销部门等的协调配合，需要业务团队、项目团队的互相理解。

（三）柔性战略的成功必须以支持性人力资源实践为基础

本研究的结论已经显示，虽然支持性人力资源实践并没有完全通过柔性战略与绩效发生联系，但是支持性人力资源实践与绩效发生联系的过程中，同柔性战略有交互作用存在。这样，虽然柔性战略不一定是绩效改进的充分条件，但是柔性战略对提高制造企业的绩效是重要的，并且它以支持性人力资源实践的成功运用为前提。

从逻辑上讲，柔性战略的成功实施，总是要求企业的资源、能力针对环境变化与目标的要求做出相应的整合与变动。对隐藏在“企业资源与能力之间的一致性”这一要求背后的逻辑是：资源应该能够在企业展开竞争的业务中创造出某种竞争优势①。制造企业的支持性人力资源实践便是这样的一种资源，并且这种资源在企业的运作过程中又不断培育壮大而成为企业可能的核心资源。一旦企业通过学习、探索、创新和调整，获得与这种资源相一致的能力后，柔性战略、支持性人力资源实践与绩效的联系将更为紧密。另外，柔性战略的实施是在高度复杂化并不断变化的非均衡环境中进行的，环境变化是导致企业能力、内部资源发生作用的极为重要的因素（管黎华，范诵，2001）。因此，还应该密切注意环境的瞬间变化，保持对环境信号的敏感性。从真正的意义上来讲，组织的价值和理念必须改变。以前，人们总认为，员工可以被看成是生产要素，通过使用他们的体力，在专门化、密切监督、流水线任务、控制等管理方法的作用下可以实现制造目标。这种观念现在必须要抛弃（Buzacott，1994；MacDuffie，1995）。组织必须要认识到，只有通过使用员工的体力和脑力，在支持性人力资源实践、柔性战略等管理理念和方法的作用下才能实现制造目标。

虽然不同的柔性战略都需要员工积极的绩效改进行为，需要以支持性人力资源实践为基础。但不同的柔性战略所需要的支持性人力资源实践的“基础”方式是不同的。对产品创新柔性战略而言，需要支持性人力资源实践提供一种“全面支持基础”以满足产品创新柔性战略对制造柔性生产与服务中基于质量、创新等多个制造领域的支持需要；对市场柔性战略而言，则是需要支持性人力资源实践提供一种

① 大卫·J·科利斯，辛西娅·A·蒙哥马利.公司战略——企业的资源与范围[M].王永贵，扬永恒，译.沈阳：东北财经大学出版社，2000.p195。

“即时配合基础”以满足市场柔性战略对围绕产量柔性引发的员工合作、团队合作、部门配合、技术配合、生产与服务配合等涉及制造内外领域的即时配合需要。这一切都需要企业文化中多关注员工价值、强调合作理念；需要高层管理者的广泛授权；需要人力资源经理审视基于战略一致性的支持性人力资源规划的制定和实施；需要生产经理乃至营销经理的积极合作，当然也需要核心员工在高尚价值观、乐观的组织支持认知、良好的情感情绪反应个性、丰富的经验行为等方面的模范作用……

三、研究贡献、研究限制与未来研究展望

（一）研究的主要贡献

1. 探讨并检验了中国背景下制造企业的支持性人力资源实践的内容

独特的人力资源是企业竞争的基础，但并不是企业核心竞争能力。人力资源提供的人力资源实践才可能是企业的核心竞争力，才会造就竞争优势（苏方国，赵曙明，2003）。在众多的人力资源实践中，支持性人力资源实践反映了组织对员工贡献的认可、对员工人力资本的投资，员工可以感受这些人力资源实践的支持性效用，因而成为国外企业人力资源实践的重点，也成为学者们的研究热点之一（Eisenerger 等，1986；Wayne 等，1997；Allen，2003）。本研究探讨并检验了中国背景下制造企业的支持性人力资源实践的一般内容和主要内容，必然有助于我国制造企业的人力资源管理，也将有助于我国支持性人力资源实践理论的建立和发展。

2. 探讨并检验了支持性人力资源实践的普遍观和权变观

本研究中所得到的某些结论，如不同的支持性人力资源实践与绩效的一般联系存在差异，不同的柔性战略在“支持性人力资源实践——绩效”之间有不同的调和作用等。这些研究实际上是以中国的制造企业为背景，检验了支持性人力资源实践的“普遍观”和“权变观”。这里，有必要回答的问题是：普遍观与权变观冲突吗？本书认为，普遍观和权变观并不是一定会冲突。普遍观暗示了支持性人力资源实践与绩效的主要联系；权变观则是暗示了支持性人力资源实践与柔性战略的相互作用与绩效的联系。正如 Youndt 等（1996）所指出的那样，这两者同时存在于

一定的条件中。在这种情形下主要的效果不再是一般的效果而更是一种取决于相互作用的特定形式的条件效果。

3. 探讨并检验了柔性战略子类与绩效的联系

无论是研究战略性人力资源管理理论的学者,还是研究制造战略的学者,或是研究制造柔性的学者,就实证研究而言,在联系人力资源实践与柔性战略的配合时,尚未检验柔性战略子类的调和作用。研究制造柔性的学者,在柔性战略的分类上,进行了一些有益的探索。如本文在文献回顾中提到的 Fernando F. Suarez 等(1996)的分类、Ram Narasimhan(1999)和杨东涛(2004)的分类。本研究以杨东涛(2004)的分类为基础,检验了柔性战略子类在"支持性人力资源实践——制造或财务绩效"中的调和作用,并认为不同的柔性战略与绩效有不同的联系,当产品创新柔性战略倾向于同制造绩效发生正向的联系时,市场柔性战略倾向于调和"支持性人力资源实践——财务绩效"的联系。虽然本文的研究结论还有待于更进一步的检验,然而它一定是一种有益的尝试,因为当理论尚不完善时,需要实证研究来补充(Fernando F. Suarez 等, 1996)。

4. 结合企业制度环境分析和案例分析探讨了支持性人力资源策略规划

当思考支持性人力资源实践在企业的具体操作时,需要考察企业特定的制度环境,需要考虑企业人力资源部门参与战略规划的广度和深度,需要考虑支持性人力资源规划过程中企业的现实状况和未来战略发展的一致性。本书理论分析中分析了我国国有企业和民营企业支持性人力资源实践及其与柔性战略配合的制度环境,以及企业人力资源部门参与规划的状况;问卷研究中检验了支持性人力资源实践与柔性战略的配合逻辑;案例分析中考察了基于战略一致性的支持性人力资源实践的策略规划。这种来源于理论和实践的多角度分析有助于给我国制造企业管理中的人力资源管理和柔性战略管理提供启示。

(二) 研究限制

1. 截面数据的限制

本研究存在一定的局限。本文使用的是截面数据,实际上,支持性人力资源实践、柔性战略与绩效的联系需要一定的时间跨度。例如,当制造企业采用支持性人力资源实践,增强了员工对组织支持的觉察,从而增强对组织的感情依赖,并可能进而影响自愿离职率、消费者满意度、产品质量改进等绩效指标。或者，反过来，业绩好的公司可能有更多的充裕资金开展员工培训、提高福利待遇，也更有可能在公司不断壮大的情况下给员工提供更多的成长机会，等等。也就是说，业绩好的公司更有可能进行向员工投资或者认可员工贡献的支持性人力资源实践。然而，无论哪方面的作用，都需要半年、一年，甚至更长的时间[①]。类似地，柔性战略与绩效的联系也需要较长的时间。这里，需要强调的是，本书的研究采用的是截面数据，因而，与国外的一些研究类似，本文只是在有限的条件下对支持性人力资源实践、柔性战略与绩效的联系作了一点有限的检验。

为了弥补这种截面数据的限制，本书采用目前国外相关领域研究中类似的做法，即对假设进行相对宽松的描述(Youndt 等，1996；Anne S. Tsui 等，1997)。当本书在研究支持性人力资源实践、柔性战略及绩效等相关变量时，不再强调哪方面的“影响”，而是强调正向、负向或一般的“联系”。

2. 支持性人力资源实践与柔性战略配合的检验限制

在支持性人力资源实践与柔性战略配合的检验中，本研究只检验了“权变”的观点，没有检验“配置”的观点。这主要是因为支持性人力资源实践理论尚在发展中，对支持性人力资源实践的系统分类存在困难，因而难于检验“配置”的观点。因此，本研究对支持性人力资源实践与柔性战略配合的检验是一种有限的检验。还有待于进一步的研究和改进。

3. 变量设置、数据和方法上的限制

本研究的变量设置中存在一些不足。如员工的组织支持知觉的变量设之中，没有设置高层管理者的组织支持知觉和中层管理者的组织支持知觉。

本研究的数据来源和处理方法上也存在一些限制，其中的数据来源于上海的制造企业，样本的地区选择、行业选择上存在一些限制。就方法而言，层级回归分析允许自变量存在一定程度的相关，这影响了回归系数的精确性，因而，很难用来作预测分析。另外，层级回归在检验变量间的因果关系上存在限制。但考虑到层级回归能很好地检验交互作用，联系到本书的研究实际，还是选用了层级回归分析方法。

---

① 如果支持性人力资源实践确实有助于公司形成自身所需要的人力资本从而提高企业的核心竞争力的话，那么支持性人力资源实践与各绩效指标的联系会有更长的时间跨度，笔者注。

(三) 未来研究的展望

本书研究的主题是考察支持性人力资源实践、柔性战略与绩效的联系。为此，在考察中国背景下支持性人力资源实践的一般内容的基础上，针对不同层面的绩效，检验支持性人力资源实践与绩效的一般联系、间接联系；柔性战略与绩效的联系；支持性人力资源实践与柔性战略同绩效联系时的交互作用(主要检验权变观)。然而，还有很多问题值得今后进一步地研究。

1. 支持性人力资源实践、柔性战略与其他绩效指标的联系

在本书研究中，对人力资源部门绩效主要是通过两个变量来考察，即感情承诺和自愿离职。实际上，在未来的研究中我们可以进一步考察其他变量，如工作满意度、员工敬业度等。另外，本研究中的自愿离职是以自愿离职率为考察指标。未来的研究中也可以考虑以员工的离职意愿作为自愿离职的考察指标。

在检验支持性人力资源实践、柔性战略与制造绩效的联系时，本研究只是考察了支持性人力资源实践和不同的柔性战略与产品质量改进、技术进步等制造绩效的联系。未来的研究可以进一步考察它们与劳动生产率、次品率等的联系。类似地，在检验支持性人力资源实践、柔性战略与财务绩效的联系时，本研究只是考察了支持性人力资源实践和不同的柔性战略与投资报酬率(ROI)、销售利润率等财务绩效的联系。未来的研究可以进一步考察它们与资产报酬率(ROA)、净资产报酬率(ROE)、每股收益(EPS)、人均利润等其他财务绩效的联系。

2. 配置观的检验

本书的研究检验了中国背景下制造企业的支持性人力资源实践与绩效相联系的“普遍观”，这主要是通过检验支持性人力资源实践与绩效的间接联系和一般联系来进行的。另外，本文也检验了支持性人力资源实践与绩效相联系的“权变观”，这主要是通过检验“不同柔性战略在各支持性人力资源实践与绩效相联系时的调和作用”来进行的。未来的研究可以发展“配置观”的检验。

要发展“配置观”的检验，必须首先对支持性人力资源实践进行系统的分类。这种分类是复杂的，但不是不可能的。我们知道，支持性人力资源实践是对员工进

行投资或认可员工贡献的一类实践，这类实践从组织的直接效果来看，一方面它使得组织的日常管理实践成为可能，另一方面它使得组织培育了组织应对环境的变化或自身的发展所需要的人力资本。这样，我们不妨可以将支持性人力资源实践分为两大类：管理实践支持性人力资源实践和人力资本支持性人力资源实践。或者，直接从定义出发，将支持性人力资源实践分为“向员工投资型实践”和“认可员工贡献型实践”。当然，这里所探讨的分类是不完善的，需要未来进一步的研究。一旦未来在理论上完成对支持性人力资源实践的分类，检验支持性人力资源实践与柔性战略配合的“配置观”便成为可能。

3. 联系到业务战略、业务绩效的研究

本书研究的主题是考察支持性人力资源实践、柔性战略与绩效的联系。但在绩效的具体分类时，未考虑到业务绩效，如市场占有率等。更没有考虑支持性人力资源实践和柔性战略与业务战略的联系。然而，支持性人力资源实践和柔性战略完全可能会与业务绩效及业务战略发生联系。这样，在未来的研究中，我们不妨可以考察支持性人力资源实践、业务战略与业务绩效的联系，也可以考察柔性战略、业务战略与业务绩效的联系，甚至可以将业务战略和业务绩效纳入支持性人力资源实践与柔性战略相配合的整体框架中来研究。

4. 涉及低层面制造柔性的研究

本书研究中所涉及的柔性战略是对战略层面的制造柔性的探讨，未涉及到低层面的制造柔性，如策略层面的制造柔性和运作层面的制造柔性。支持性人力资源实践与策略层面的制造柔性和运作层面的制造柔性的关系是怎样的？策略层面的制造柔性和运作层面的制造柔性是调和了支持性人力资源实践与绩效之间的联系还是中介了它们之间的联系？另外，在中国背景下，策略层面的制造柔性和运作层面的制造柔性支持了柔性战略吗？这些都是未来研究的可能方向。

5. 支持性人力资源规划中的与战略配合的系统权衡的研究

本书研究给出了我国企业支持性人力资源实践系统的内部匹配框架，即以绩效评估为中心，以成长和培训、员工参与为基础，结合福利和就业保障的支持性人力资源实践系统。以此为框架可以思考支持性人力资源策略规划中的内部一致性。案例分析中，本书给出了基于战略一致性的人力资源规划的流程，也结合案例企业的实际分析了支持性人力资源实践与不同层面战略的配合问题，但对配合中的系统权衡问题没有过多的涉及，主要是考虑到高层面的战略会制约低层面的战略，因此本着高层面战略优先配合的观点进行分析，但这种思考是有局限性的，因为企业不同层面的战略最终表现出系统的作用，因此，未来研究中有必要深入考察支持性人力资源规划中的与战略配合的系统权衡问题。

参考文献

中文参考文献：

[1] 贝利. 1987. 现代社会研究方法[M]. 上海：上海人民出版社.

[2] 陈同扬. 2005. 不同组织文化中支持性人力资源实践对组织承诺的影响. 科学学与科学技术管理，第10期.

[3] 陈育琴. 2004. 中国家族企业制度变迁研究：[博士学位论文]. 北京：中共中央党校研究生院.

[4] 陈镇雄. 1997. 论中外合资企业的管理模式：以中美合资企业为例. 中山大学学报(社科版)，第1期.

[5] 程承坪，詹志春. 2002. 激励与企业绩效关系模型研究——兼论国有企业改革. 科技与管理，第4期.

[6] 程发新，李怀祖，廖春良. 2003. 企业制造部门的战略参与对竞争能力及绩效的影响研究. 管理工程学报，第4期.

[7] 曹晓峰. 2003. 人力资源整合是提升企业核心竞争力的关键途径. 管理世界，第4期.

[8] 大卫・J. 科利斯，辛西娅・A. 蒙哥马利. 2000. 公司战略——企业的资源与范围[M]. 王永贵，扬永恒，译. 沈阳：东北财经大学出版社.

[9] 风笑天. 2001. 社会学研究方法[M]. 北京：中国人民大学出版社.

[10] 冯庆林. 2008. 战略性人力资源管理研究回顾与展望. 商场现代化，总第554期.

[11] 冯祈善，赖纯见，赵仁勇. 2002. 基于AHP的企业核心竞争力评价. 重庆：重庆大学学报(自然科学版)，第4期.

[12] 范秀成，英格玛・比约克曼. 2003. 外商投资企业人力资源管理与绩效关系研究. 管理科学学报，第2期.

[13] 顾琴轩，史晓宇，周斌. 2004. 人力资源管理与组织绩效实证研究. 中国管理科学，第10期.

[14] 郭志刚. 1999. 社会统计分析方法[M]. 北京：中国人民大学出版社.

[15] 管黎华，范诵. 2001. 基于柔性战略观点的企业差异化优势营造. 西安交通大学学报，第1期.

[16] 何娟. 2000. 人力资源管理[M]. 天津:天津大学出版社.
[17] 侯玉莲. 2004. 不确定环境中的战略柔性. 河北大学学报(哲学社会科学版),第1期.
[18] 韩建立,胡凤培. 2003. 企业技术创新组织支持因素及其作用机制分析. 人类工效学,第1期.
[19] 杰伊·海泽,巴里·雷得. 1998. 生产与作业管理[M]. 北京:华夏出版社.
[20] 蒋建华,杨从杰. 2004. 如何培养员工的忠诚度. 商业研究,第8期.
[21] 龙立荣,方俐洛,凌文辁. 2002. 组织职业生涯管理及效果的实证研究. 管理科学学报,第4期.
[22] 龙立荣. 2004. 层级回归方法及其在社会科学中的应用. 教育与实验研究,第1期.
[23] 刘春林,施建军. 2001. 打造人力资源管理新模式——来自国企的案例分析. 管理世界,第3期.
[24] 刘洪,赵曙明. 2002. 企业的发展演化与人力资源管理. 天津:南开管理评论,第2期.
[25] 刘小平. 2002a. 企业员工的组织归属感及形成研究. 管理现代化,第6期.
[26] 刘小平. 1999b. 组织承诺研究综述. 心理学动态,第4期.
[27] 刘小平,王重鸣. 2001. 组织承诺及其形成过程研究. 天津:南开管理评论,第3期.
[28] 刘延龄. 2005. 我国国有企业公司治理研究:[博士学位论文]. 北京:中共中央党校研究生院.
[29] 罗辉道,项保华. 2004. 行业结构、战略资源与企业业绩的关系. 山西财经大学学报,第1期.
[30] 凌文辁,张治灿,方俐洛. 2000a. 中国职工组织承诺的结构模型研究. 管理科学学报,第2期.
[31] 凌文辁,张治灿,方俐洛. 2001b. 中国职工组织承诺研究. 中国社会科学,第2期.
[32] 凌文辁. 1997. 组织心理学的新进展. 应用心理学,第1期.
[33] 雷蒙德·A. 诺伊,约翰·霍伦拜克,拜雷·格哈特,帕特雷克·莱特. 2001. 人力资源管理:赢得竞争优势[M]. 北京:中国人民大学出版社.
[34] 廖春良,程发新,唐承睿. 2003. 制造战略是提升我国制造业竞争能力的有力武器. 工业工程与管理,第1期.
[35] 马克·芬顿—奥克里维,撷英. 2002. 吸收员工参与管理. 国外社会科学文摘,第2期.
[36] 迈克尔·比尔,伯特·斯佩克特,保罗·劳伦斯,奎因·米尔斯,理查得·沃尔顿. 1998. 管理人力资本[M]. 北京:华夏出版社.
[37] 迈克尔·波特. 1997. 竞争优势[M]. 北京:华夏出版社.
[38] 茅宁. 2001. 无形资产在企业价值创造中的作用与机理分析. 外国经济与管理,第7期.
[39] 倪文斌,田也壮,姜振寰. 2003. 制造战略研究:现状、问题及趋势. 管理科学学报,第5期.
[40] 彭红霞,许彩国. 2007. 人力资源管理与制造战略竞争优势的整合研究. 东南大学学报(哲学

社会科学版),第1期.

[41] 乔治·T.米尔科维奇,约翰·W.布德罗.2002.人力资源管理[M].北京:机械工业出版社.

[42] 孙天法.2004.柔性制造战略.经济管理,第7期.

[43] 苏方国,赵曙明.2003.系统化人力资源实践与企业竞争优势.外国经济与管理,第2期.

[44] 舒晓兵,廖建桥.2003.国企管理人员工作压力源与工作满意度实证研究.工业工程与管理,第2期.

[45] 汪应洛,李垣,刘益.1998.企业柔性战略——跨世纪战略管理研究与实践的前沿.管理科学学报,第1期.

[46] 王颖,李树茁.2002.以资源为基础的观点在战略人力资源管理领域中的应用.南开管理评论,第3期.

[47] 王毅.2002.我国企业核心能力实证研究.工业企业管理,第7期.

[48] 汪应洛,刘益,李垣.2004.大型工程的战略管理.中国工程学报,第2期.

[49] 魏江茹,杨东涛.2005.制造战略研究:回顾与展望.软科学,第5期.

[50] 闫秀敏.2003.略谈现代企业的柔性战略管理.经济师,第12期.

[51] 许小东,孟晓斌.2003.基于心理企业的组织成员忠诚度培育.经济管理,第14期.

[52] 许守任,杨颖.2006.制造柔性理论与实证研究综述.科技管理研究,第7期.

[53] 徐国华.2008.酒类制造企业的人力资源规划研究.南京财经大学学报,第1期.

[54] 徐国华,杨东涛.2003a.制造竞争优先权的角色研究.江苏社会科学,第6期.

[55] 徐国华,杨东涛.2004b.支持性人力资源管理对员工感情承诺的影响.经济科学,第6期.

[56] 徐国华,杨东涛.2004c.混合制造战略与人力资源管理系统对财务绩效影响的实证研究.经济管理,第16期.

[57] 徐国华,杨东涛.2005d.制造企业的支持性人力资源实践、柔性战略与公司绩效.管理世界,第5期.

[58] 徐哲.2004.组织支持与员工满意的相关关系研究.天津商学院院报,第1期.

[59] 晏景荣.2006.基于企业战略的人力资源规划流程及方案探析.中国人力资源开发,第7期.

[60] 杨东涛.1998a.中国职称评价系统效用研究[M].北京:中国人事出版社.

[61] 杨东涛.2000b.新经济条件下企业人力资源管理研究.江苏社会科学,第5期.

[62] 杨东涛.2004c.人力资源管理系统与公司战略的配合对公司绩效影响的研究[M].国家自然科学基金课题报告.

[63] 杨东涛,丁志强,朱武生.2002.江苏省外商投资企业人力资源管理实证分析.管理世界,第2期.

[64] 杨东涛,陈社育,徐国华.2004.公司制造战略检验量表的修订与实证研究.南京大学学报

(社科版),第 1 期.

[65] 杨东涛等. 2007. 制造战略人力资源管理与公司绩效[M]. 北京:中国财富出版社.

[66] 杨燕绥. 2003. 员工福利计划及其对中国市场的挑战. 中国金融,第 24 期.

[67] 张弘,赵曙明. 2003. 人力资源管理理论辨析. 中国人力资源开发,第 1 期.

[68] 张勉,张德,王颖. 2002. 企业雇员组织承诺三因素模型实证研究. 天津:南开管理评论,第 5 期.

[69] 张青山,乔芳丽,徐剑. 2002. 生产系统柔性水平的最佳选择. 管理工程学报,第 1 期.

[70] 张新民,吴革译. 2002c. 绩效管理(ACCA 财务管理证书)[M]. 北京:中信出版社.

[71] 张治灿,方俐洛,凌文辁. 1997a. 企业职工的组织承诺. 中国管理科学,第 5 期.

[72] 张治灿,方俐洛,凌文辁. 2001b. 中国职工组织承诺的结构模型检验. 心理科学,第 2 期.

[73] 郑丽勇,施建军. 2004. 激励的结构:基于员工偏好的激励均衡模型. 南京社会科学,第 11 期.

[74] 赵曙明. 2002a. 新经济时代的人力资源管理. 南京大学学报(哲学・人文科学・社会科学),第 3 期.

[75] 赵曙明. 2002b. 人力资源战略与规划[M]. 北京:人民大学出版社.

[76] 周三多,邹同阡. 2002. 战略管理思想史[M]. 上海:复旦大学出版社.

英文参考文献:

[1] Ahmad, S., Schroeder, Roger G., & Sinha, Kingshuk K., 2003. The role of infrastructure practices in the effectiveness of JIT practices: Implications for plant competitiveness, *Journal of Engineering and Technology Management*, Amsterdam: Sep, Vol. 20, Iss. 3, pg. 161.

[2] Allen, David G., & Griffeth, Rodger W., Job performance and turnover: A review and integrative multi-route model, 1999. *Human Resource Management Review*, 9(2), pp. 525-548.

[3] Allen, David G., Shore, Lynn M., & Griffeth, Rodger W., 2003. The role of perceived organization support and supportive human resource practices in the turnover process, *Journal of Management*, 29(1), pp. 99-118.

[4] Allen, N. J., & Meyer, J. P., 1990. The measurement and antecedents of affective, continuance, and normative commitment to the organization,

Journal of Occupational Psychology, 63, pp. 1-18.

[5] Allen, Natalie J., & Grisaffe, Douglas B., 2001. Employee commitment to the organization and customer reactions mapping the linkages, *Human Resource Management Review*, 11, pp. 209-236.

[6] Amit, Raphael, & Schoemaker, & Paul J. H., 1993. Strategic Assets and Organizational Rent.. *Strategic Management Journal*, Jan, Vol. 14, Iss. 1, pp. 33-47.

[7] Arthur, J. B., 1992. The link between business strategy and industrial relations systems in American steel minimill, *Industrial and Labor Relations Review*, 45, pp. 488-506.

[8] Baldwin, T. T., Danielson, C., & Wiggenhorn, W., 1997. The evolution of learning strategies in organizations: from employee development to business redefinition, *academy of management executive*, 11, pp. 47-58.

[9] Barnes, D., 2002. The complexities of the manufacturing strategy formation process in practice, *International Journal of Operations & Production Management*, Bradford: Vol. 22, Iss. 9/10, pp. 1090-1112.

[10] Barney, J., 1991. Firm resources and sustained competitive advantage, *Journal of Management*, 17, pp. 99-120.

[11] Baruch, Y., 1998. The rise and fall of organizational commitment. *Human Systems Management*, 17, pp. 135-143.

[12] Batt, R., 2002. Managing customer services: Human resource practices, quit rates and sales growth, *Academy of Management Journal*, 45, pp. 587-596.

[13] Becker, B. E., & Huselid, M. A., 1998. High performance work systems and firm performance: A synthesis of research and managerial applications, *Research in Personnel and Human Resources Management*, 16, pp. 53-101.

[14] Becker, Brian; Gerhart, B., 1996. The impact of human resource management on organizational performance: Progress and prospects. *Academy of Management Journal*, Vol. 39, Iss. 4, pp. 779

[15] Becker, H. S., 1960. Notes on the Concept of commitment, *American Journal of Sociology*, (66), pp. 32-42.

[16] Bengtsson, J., & Olhager, J., 2002. The impact of the product mix on the value of flexibility, Omega. Oxford: Aug, Vol. 30, Iss. 4, p265.

[17] Bishop, James W., Scott, K. Dow, & Burroughs, 2000. Susan M., Support, commitment, and employee outcomes in a team environment, *Journal of Management*, 29, pp. 1113-1132.

[18] Blau, P. M., 1964. *Exchange and power in social life*, New York: Wiley.

[19] Brett, J M., 1980. The effects of job transfer on employees and their families, In Cooper CL, Payne R (Eds.), Current concerns in occupational stress, Chichester, U. K.: Willey.

[20] Browne, J., Dubois, D., Rathmill, K., Sethi, S. & Stecke, K., 1984. Classification of flexible manufacturing systems, *FMS Magazine*, 1(2), pp. 114-117.

[21] Burke, Ronald J., 2003. Nursing staff attitudes following restructuring: The role of perceived organizational support, restructuring processes and stressors, *The International Journal of Sociology and Social Policy*, Patrington: Vol. 23, Iss. 8/9, pp. 129-158.

[22] Buzacott, J. A., 1994. A perspective on new paradigms in manufacturing, *Journal of Manufacturing systems*, 14(2), pp. 118-125.

[23] Calantone, R. J., Benedetto, C. A. & Bhoovaraghavan, S., 1994. "Examining the relationship between degree of innovation and new product success" [J], *Journal of Business Research*, Vol. 30 No. 2, pp:143-148.

[24] Caplan RD, Cobb S, French JRP, Harrison RV, & Pinneau SR Jr., 1975. Job demands and worker health, Washington D. C.: H. E. W. Publication No. NIOSH, pp. 75-160.

[25] Cathering Truss, 2001. Complexities and controversies in linking HRM with organizational outcomes. The Journal of Management Studies 38: 8.

December, pp. 1121-1149.

[26] Chang, C. H., 1989. A new perspective on realization of computer integrated manufacturing, *Manufacturing Review*, June, 2, pp. 82-90.

[27] Chenhall, Robet H., 1996. Strategies of manufacturing flexibility, manufacturing performance measures and organizational performance: an empirical investigation, *Integrated Manufacturing Systems*. Bradford: Vol. 7, Iss. 5, pg. 25.

[28] Chong H., White, Richard E., & Prybutok, V., 2001. Relationship among organizational support, JIT implementation, and performance. *Industrial Management Data Systems*, Wembley: Vol. 101, Iss. 5/6, pp. 273-281.

[29] Christopher J. Collins, 2000. Strategic human resource management and knowledge-creation capability: examining the black box between HR and firm performance. Dissertation submitted to the Faculty of the Graduate School of the University of Maryland, College Park in partial fulfillment of the requirements for the degree of Doctor of Philosophy.

[30] Clugston, Michael., 2000. The mediating effects of multidimensional commitment on job satisfaction and intent to leave, *Journal of Organizational Behavior*, Jun, Vol. 21, Iss. 4, pp. 477.

[31] Coettz, J., LeCompte, M., 1984. Ethnography and qualitative design in education Raserch, Orlando, Fl.: Academic press.

[32] Collins, R. S. & Cordon, C., 1997. Survey methodology issues in manufacturing strategy and practice research, *International Journal of Operations & Production Management*, Vol. 17, No. 7, pp. 679-706.

[33] Collis, D. J., & Montgomery, C. A., 1995. Competing on resources: Strategy for the 1990s, *Harvard Business Review*, 73(4), pp. 118-128.

[34] Cook, W. J., 1990. Ringing in Saturn. *U. S. News & World Report*, October, 51-54.

[35] Corbett, Lawrence M., & Harrison, Norma J., 1992-1993. Manufactur-

ing performance and employee involvement: A study, *International Studies of Management & Organization*, Winter, 22, 4, ABI/INFORM Global, pg. 21.

[36] Cordero, Rene., 1997. Changing human resources to make flexible manufacturing systems (FMS) successful. *Journal of High Technology Management Research*. Volume: 8, Iss. 2, Autumn, pp. 263-275.

[37] Cox, J. F. III & Blackstone, J. H., 1998. APICS Dictionary, 9th ed., Falls Church, VA.

[38] Currivan, Douglas B., 1999. The causal order of job satisfaction and organizational commitment in models of employee turnover, *Human resource management review*, 9(4), pp. 495-524.

[39] Daft, Richard L., 1987. *Organizational Theory and Design*, New York: West Publishing Company, pp. 200-230.

[40] Dangayach, G. S. & Deshmukh, S. G., 2001. Manufacturing strategy: Literature review and some issues, *International Journal of Operations & Productional management*, 21,7, pp. 884-932.

[41] David G. Allen, Lynn M. Shore, & Rodger W. Griffeth, 2003. The Role of Perceived Organization Support and Supportive Human Resource Practices in the Turnover Process, *Journal of Management*, 29 (1), pp. 99-118.

[42] Delaney, J. T., & Huselid, M. A., 1996. The impact of human resource management practices on per captions of organizational performance. *Academy of Management Journal*, 39, pp. 949-969.

[43] Delery, J. E., & Doty, D. H., 1996. Modes of theorizing in strategic human resource management: tests of universalistic, contingency, and configurational performance predictions, *Academy of Management Journal*, 39, pp. 802-835.

[44] Duguay, C. R., Landry, S., & Pasin, F., 1997. From mass production to flexible/agile production, *International Journal of Operations & Produc-

tion Management, Vol. 17, No. 12, pp. 1183-1196.

[45] Duimering, P. R., Safayeni, F., & Purdy, L., 1993. Integrated manufacturing: Redesigning the organization before implementing flexible technology, *Sloan Management Review*, Summer, pp. 47-56.

[46] Eisenberger, H. Steven, S. Debora, R. & Huntington, R., 1986. Perceived Organizational Support, Journal of Applied Psychology, Washington: Aug, Vol. 71, Iss. 3, pp. 500-508.

[47] Eisenberger, R., Fasolo, P., & Davis-LaMastro, V., 1990. Perceived organizational support and employee diligence, commitment, and innovation, *Journal of Applied Psychology*, 75, pp. 51-59.

[48] Fasolo, P., 1995. Procedural justice and perceived organizational support: Hypothesized effects on job performance. In R. Cropanzano & K. Kacmar (Eds.), *Organizational politics, justice, and support* 185-195. Westport, CT: Quorum.

[49] Fernando C. A., 2000. Integration of human resource management and competitive priorities of manufacturing strategy. *International Journal of Operations & Production Management*, 20, pp. 610-626.

[50] Galbraith, C., Noble, Alex De., 1995. Strategic scope, flexible manufacturing, and plant location in high technology firms. *Journal of High Technology Management Research*, Volume: 6, Iss. 2, Autumn, pp. 281-296.

[51] George Becker, 1996. Everyone benefits from guaranteed employment security. *Quality Progress*, Milwaukee: Jul, Vol. 29, Iss. 7, p. 65-66.

[52] Gerhart, B., Wright, Patrick M., McMahan, Gary C., & Snell, Scott A., 2000. Measurement error in research on human resources and firm performance: How much error is there and how does it influence effect size estimates? *Personnel Psychology*, Durham: Winter, Vol. 53, Iss. 4, pp. 803-835.

[53] Gerwin, D., 1987. An agenda for research on the flexibility of manufacturing processes. *International Journal of Operations and Production Man-*

agement, 7, pp. 38-49.

[54] Gerwin, D., 1993. Manufacturing flexibility: A strategic perspective, *Management Science*, 39(4), pp. 395-409.

[55] Goldhar, J. D. & Lei, D., 1995. Variety is free: Manufacturing in the Twenty First century. *Academy of Management Executive*, 9(4), pp. 73-86.

[56] Gouldner, A. W., 1960. The norm of reciprocity: A preliminary statement. *American Sociological Review*, 25, pp. 161-178.

[57] Greiner, L E., 1972. Evolution and Revolutions Organization Grow. *Harvard Business Review*, July/August, pp. 37-46.

[58] Griffeth, R. W., Hom, P. W., & Gaertner, S., 2000. A meta-analysis of antecedents and correlates of employee turnover: Update, moderator tests, and research implications for the next millennium. *Journal of Management*, 26, pp. 463-488.

[59] Grubbstrom, R. W., & Olhager, J., 1997. Productivity and flexibility: Fundamental relations between two major properties and performance measures of the production system, *International Journal of Production Economics*, 52, pp. 73-82.

[60] Guest, D., 1989. Personnel and HRM: Can you tell the difference? *Personnel Management*, 21, pp. 48-51.

[61] Gupta, A.K., & Govindarajan, V., 1984. Business unit strategy, managerial characteristics, and business unit effectiveness at strategy implementation, *Academy of Management Journal*, 27, pp. 25-41.

[62] Guthrie, Ames P., 2001. High-involvement work practices, turnover, and productivity: Evidence from New Zealand, *Academy of Management Journal*, Briarcliff Manor: Feb, Vol. 44, Iss. 1, pp. 180-199.

[63] Gutteridge T. G., Leibowitz, Z. B., & Shore, J. E., 1993. Career development in organizations, San Francisco: Jossey-Bass Publishers.

[64] Gutterldge T G Organ., 1986. Atlonalcareerdevelopmentsystems: Thes-

tateofthepractlce. Career development in organizations. SanFrancisco: Jossey-Bass. Publishers, pp. 50-95.

[65] Hambrick, D. C., 1988. Strategies for mature industrial product businesses: a taxonomical approach. In: Grant, J. H. (Ed.), *Strategic Management Frontiers*. JAI Press, Greenwich, CT.

[66] Harris, D. N., & DeSimone R. L. 1994. *Human resource development*, Fort Worth, TX: The Dryden Press.

[67] Hayes, R. H. & Wheelwright, S. C., 1985. *Resorting Our Competitive Edge*, Collier Macmillan, New York.

[68] Hill. T. J., Teaching Manufacturing Strategy, 1987. *International Journal of Operations & Production Management*, Vol. 11, pp. 343-58.

[69] Hitt, M. A., Bierman, L., Shimizu, K., & Kochhar, R., 2001. Direct and moderating effects of human capital on the strategy and performance in professional service firms: A resource-based perspective, *Academy of Management Journal*, 44, pp. 13-28.

[70] Hofer, C. W. & Schendel, D., 1978. *Strategy Formulation: Analytical Concepts*, West Publishing Company.

[71] Hom, P. W., & Griffeth, R. W., 1995. *Employee turnover*. Cincinnati, OH: South-Western College Publishing.

[72] Honeycutt, Tracey L., & Rosen, B., 1997. Family Friendly Human Resource Policies, Salary Levels, and Salient Identity as Predictors of Organizational Attraction, *Journal of Vocational Behavior* Vol. 50, Iss. 2, April, pp. 271-290.

[73] Huselid, M. A., 1993. Estimates of the impact of human resource management practices on turnover and productivity. Paper presented at the annual meeting of the *Academy of Management* , Atlanta.

[74] Huselid, M. A., 1995. The impact of human resource management practices on turnover, productivity, and corporate financial performance, *Academy of Management Journal*, 38, pp. 635-672.

[75] Huselid, M. A. & Becker, B. E., 2000. Comment on measurement error in research on human resources and firm performance: How much error is there and how does it influence effect size estimates? Personnel Psychology, 53, pp. 835-854.

[76] James P. Guthrie., 2001. High-involvement work practices, turnover, and productivity: Evidence from New Zealand, *Academy of Management Journal*. Feb, 41,1, p180.

[77] James W. Bishop, K. Dow Scott, & Susan M., 2000. Burroughs, Support, commitment, and employee outcomes in a team environment, *Journal of Management*, 29(6), pp. 1113-1132.

[78] Jayaram, J., Vickery Shawnee K., 1998. Supply-based strategies, human resource initiatives, procurement leadtime, and firm performance, *Journal of Supply Chain Management*, Tempe: Winter, Vol. 34, Iss. 1, pp. 12-24.

[79] Jenkins, G. D., & Lawler III, E. E., 1981. Impact of Employee Participation in Pay Plan Development, *Organizational Behavior and Human Performance*, 28, pp. 111-128.

[80] Kathuria, R., Partovi, Fariborz Y., 1999. Work force management practices for manufacturing flexibility, *Journal of Operations Management*, Columbia, Dec, Vol. 18, Iss. 1, pp. 21-39.

[81] Kerr, J. L., & Slocum, J. W., 1987. Linking reward systems and corporate cultures, *Academy of Management Executive*, 1(2), pp. 99-108.

[82] Kimberly J. R., & Miles R. H., 1981. *The Organization Lifecycle*. London: Jossey-Bass Publishers, pp. 1-20.

[83] Lado, A. A., & Wilson, M. C., 1994. Human resource systems and sustained competitive advantage: A competency-based perspective. *Academy of Management Review*, 19(4), pp. 699-727.

[84] Lau, R. S. M., 1999. Critical factors for achieving manufacturing flexibility? *International Journal of Operations & Production Management*,

Bradford：Vol. 19，Iss. 3，pg. 328.

[85] Leavy R. L.，1983. Social support and psychological disorder：A review，*Journal of Community Psychology*，11，pp. 3-21.

[86] Lee，J.，1996. Culture and management — A study of small Chinese family business in Singapore，*Journal of Small Business Management*，July，pp. 63-67.

[87] Leong，G. K.，Snyder，D. L.，& Ward，P. T.，1990. Research in the process and content of manufacturing strategy，*OMEGA*，18，pp. 109-22.

[88] Leung，Kwok，& Kwong，Jessica Y.，2003. Human resource management practices in international joint ventures in mainland China：a justice analysis，*Human Resource Management*，13，pp. 85-105.

[89] MacDuffie，J.，1995. Human resource bundles and manufacturing performance：Organizational logic and flexible production systems in the world auto industry，*Industrial and Labor Relations Review*，48，pp. 197-221.

[90] Madhavan，Ravindranath，1996. Strategic flexibility and performance in the global steel industry：the role of interfirm linkages，Pittsburgh：unpublished ph. D. dissertation，University of Pittsburgh.

[91] Mak，Simon K. M.，2003. Human resource management practices，strategic orientations，and company performance：A correlation study of publicly listed companies，*Journal of American Academy of Business*，2，pp. 510-515.

[92] Malos，Stanley B.，& Campion，Michael A.，2002. Human resource strategy and career mobility in professional service firms：A test of an options-based model. *Academy of Management Journal*，43，pp. 749-760.

[93] March，J. G.，& Simon，H. A.，1958. *Organizations*. New York：Wiley.

[94] Maria L. Kraimer，Sandy J. Wayne，2001. Renata A Jaworski. Sources of support and expatriate performance：The mediating role of expatriate adjustment. *Personnel Psychology*. Durham：Spring，Vol. 54，Iss. 1，pp.

71-100.

[95] Masterson S, Lewis K, & Taylor M., 2000. Integrating justice and social Exchange: the differing effects of fair procedures and treatment on work Relationships, *Academy of Management Journal*, 7, pp. 738-748.

[96] McMillin R., 1997. *Cuctomer satisfaction and organizational support for service providers*, USA: University of Florida.

[97] Meyer J. P., & Smith, C. A., 2000. HRM practices and organizational commitment: Test of a mediation model, *Canadian Journal of Administrative Sciences*, Halifax: Dec, Vol. 17, Iss. 4, pp. 319-331.

[98] Meyer, J. P., & Allen N. J., 1991. Commitment to organizations and occupations: Extension and test of a three-component conceptualization, *Journal of Applied Psychology*, 78, pp. 538-551.

[99] Meyer, J. P., Allen, N. J., & Gellatly, I. R., 1990. Affective and continuance commitment to the organization: Evaluation of measures and analysis of concurrent time-lagged relations, *Journal of Applied Psychology*, 75, pp. 710-720.

[100] Miles, R. E. & Snow, C. C., 1984. Designing strategic human resource systems, *Organizational Dynamics*, 13(1), pp. 36-52.

[101] Miller, J. G. & Hayslip, W., 1989. Implementing manufacturing strategic planning, *Planning Review*, July/August, 4, pp. 369-381.

[102] Miller, Jeffrey G., Roth, Aleda V., 1994. A Taxonomy of Manufacturing Strategies. *Management Science*, Vol. 40 Iss. 3, pp. 285-304.

[103] Mintzberg, H., 1978. Patterns in Strategy Formation, *Management Science*, 5, pp. 934-948.

[104] Mowday, Richard T., 1998. Reflections on the study and relevance of organizational commitment, *Human Resource Management Review*, 8(4), pp. 387-401.

[105] Naman, J. L., & Slevin, D. P., 1993. Entrepreneurship and the concept of fit: a model and empirical tests, *Strategic Management Journal*, 14,

pp. 137-153.

[106] Narasimhan, R. , Das, A. , 1990. An empirical investigation of the contribution of strategic sourcing to manufacturing flexibilities and performance, *Decision Sciences*, Atlanta: Summer, Vol. 30, Iss. 3, pp. 683-719.

[107] Osterman, P. , 1987. Choice of employment systems in internal labor markets, *Industrial Relations*, 26, pp. 46-67.

[108] Osterman, P. , 1994. How common is workplace transformation and who adopts it? *Industrial and Labor Relations Review*, 47, pp. 173-188.

[109] Outsourcing Institute, 1996. [Online], Available: www. outsourcing. com. Parthasarthy, R. , & Sethi, S. S. 1993. *Relating strategy and structure to flexible.*

[110] O'Reilly, C. A. , & Chatman, J. , 1986. Organizational commitment and psychological attachment: The effects of compliance, identification, and internationalization on prosocial behavior, *Journal of Applied Psychology*, 71, pp. 492-499.

[111] Pfeffer, J. , 1994. *Competitive advantage through people: Unleashing the power of the work force*, Boston: Harvard Business School Press.

[112] Pinfield, L. T. , & Berner, M. F. , 1994. Employment systems: Toward a coherent conceptualization of internal labor markets. In G. Ferris (Ed.), *Research in personnel and human resource management*, vol. 12: 41-78. Greenwich, CT: JAI Press.

[113] Porter, L. W. , Steers, R. M. , Mowday, R. T. , & Boulian, R. T. , 1974. Organizational commitment, job satisfaction, and turnover among psychiatric technicians, *Journal of Applied Psychology*, 59, pp. 603-609.

[114] Prabhaker, P. , 2001. Integrated marketing-manufacturing strategies. *The Journal of Business & Industrial Marketing*, Santa Barbara, Vol. 16, Iss. 2, pg. 113.

[115] R. Broderick, & B. Gerhart, 1996. "Nonwage Compensation", in *The Human Resource Management Handbook*, ed. D. Lewin, D. J. B. Mitch-

ell, and M. A. Zadi, San Francisco: JAI Press.

[116] Randall, Donna M., 1997. Affective versus calculative commitment: Human resource implications, *The Journal of Social Psychology*, 137, pp. 606-623.

[117] Rhoades, L., Eisenberger, R., & Armeli, S., 2001. Affective commitment to the organization: The contribution of perceived organizational support, *Journal of Applied Psychology*, 86, pp. 825-836.

[118] Richard J. Parkin, 1996. Optimal employment security: The benefits of labor market "imperfections", *Journal of Post Keynesian Economics*, Armonk: Fall, Vol. 19, Iss. 1, pp. 61-72.

[119] Rodgers, R., Hunter, John E., & Rogers, Deborah L., 1993. Influence of Top Management Commitment on Management Program Success, *Journal of Applied Psychology*, 78, no. 1, pp. 151-155.

[120] Rogg, Kirk L., Schmidt, David B., Shull, C., Schmitt, N., 2001. Human resource practices, organizational climate, and customer satisfaction, *Journal of Management*, 27, pp. 431-449.

[121] Rumelt, R., 1977. *Strategy, Structure, and Economic Performance*, Harvard University Press, Cambridge, MA.

[122] Sanchez, Angel M., 1977. An examination of need-satisfaction models of job attitudes, *Administrative Science Quarterly*, (22), pp. 427-456

[123] Sanchez, Angel M., 1995. Innovation cycles and flexible automation in manufacturing industries, *Technovation*, Vol. 15, Iss. 6, August, pp. 351-362.

[124] Schuler, R. S., & Jackson, S. E., 1995. "Linking competitive strategies with human resource management practices", in Miner, J. B. and Crane, D. P. (Coords), Advances in the Practice, *Theory and Research of Strategic Human Resource management*, Harper Collins, New York, NY.

[125] Selznick, P., 1957. *Leadership in Administration: A Sociological Interpretation*, New York: Harper & Row.

[126] Sethi, A. K., &Sethi, S. P., 1990. Flexible manufacturing: A survey, *International Flexible Manufacturing Systems*, 2, pp. 289-328.

[127] Shaw, J. D., Delery, J. E., Jenkins, G. D., & Gupta, N., 1998. An organization-level analysis of voluntary and involuntary turnover, *Academy of Management Journal*, 41, pp. 511-525.

[128] Skinner, W., 1969. Manufacturing-missing link in corporate strategy, *Harvard Business Review*, May/Jue, pp. 136-145.

[129] Slack, N., 1983. Flexibility as a manufacturing objective, I*nternational Journal of Production Management*, 3, pp. 4-12.

[130] Snell, S. A., Youndt, M. A., & Wright, P. M., 1996. Establishing a framework for research in strategic human resource management: Merging resource theory and organizational learning. In G. Ferris(Ed.), *Research in personnel and human resources management*, 14, pp. 61-90.

[131] Sonnenfeld, J. A., & Peiperl, M. A., 1988. Staffing policy as a strategic response: A typology of career systems. *Academy of Management Review*, 13, pp. 588-600.

[132] Spring, M., & Boaden, R., 1997. One more time, how do you win orders: a critical reappraisal of the Hill's manufacturing strategy framework, *International Journal of Operations & Production Management*, Vol. 17, no. 8, pp. 757-79.

[133] Stanley B. Malos, Michael A., 2002. Campion, Human resource strategy and career mobility in professional service firms: A test of an options-based model, *Academy of Management Journal*, vol. 43, no. 4, pp. 749-760.

[134] Staw, B. M., 1980. The consequences of turnover, *Journal of Occupational Behavior*, 1, pp. 253-273.

[135] Suarez, Fernando F., Cusumano, Michael A., & Fine, Charles H., 1996. An empirical study of manufacturing flexibility in printed circuit board assembly, *Operations Research*, Linthicum: Jan/Feb, Vol. 44, Iss. 1, pp. 223-241.

[136] Susskind, Alex M., Borchgrevink, Carl P., Kacmar, K. Michele & Brymer, Robert A., 2000. Customer Service employees' behavioral intentions and attitudes: an examination of construct validity and a path model, *Hospitality Management*, 19, pp. 53-77.

[137] Swamidass, P. M., & Newell, W. T., 1987. Manufacturing strategy, environmental uncertainty and performance: a path analytic model, *Management Science*, Vol. 33, No. 4, pp. 509-624.

[138] Swann, K., & O'Keefe, W. D., 1990. Advanced manufacturing technology: investment decision process-part 2, *Management Decision*. Vol. 28, No. 3, pp. 27-34.

[139] Swink M., & M. H. Way, 1995. Manufacturing strategy: propositions, current research, renewed directions, *International Journal of Operations and Production Management*, 15(7), pp. 4-20.

[140] Teresko, J., 1995. Rockewell International, *Industry Week*, October, 1995,16, pp. 48-50.

[141] Tracey, Michael, Vonderembse, Mark A., & Lim, Jeen-Su., 1999. Manufacturing technology and strategy formulation: keys to enhancing competitiveness and improving performance, *Journal of Operations Management* Vol. 17, Iss. 4, June, pp. 411-428.

[142] Treece, J. B., & Oster, P., 1992. General Motors: Open all night, *Business Week*, June, 1, pp. 82-83.

[143] Tsui, Anne S., Pearce, Jone L., W., Lyman Porter, & Tripoli, Angela M., 1997. Alternative Approaches to the Employee-Organization Relationship: Does Investment in Employees Pay Off? *Academy of Management Journal*, 40(5), pp. 1089-1121.

[144] Tunalv, Claes, 1992. Manufacturing Strategy -Plans and Business Performance. *International Journal of Operations & Production Management*, 12, pp. 4-25.

[145] Tyler, B. B., 2001. The complementarity of cooperative and technological

competencies: a resource-based perspective, *Journal of Engineering and Technology Management*, 18(1), pp. 1-27.

[146] Ward, Peter T., & Duray, R., 2000. Manufacturing strategy in context: environment, competitive strategy and manufacturing strategy, *Journal Operations Management*, 18, pp. 123-138.

[147] Watts, C. A., Kim, K. Y., & Hahn, C. K., 1992. Linking purchasing to corporate competitive strategy, *International Journal of Purchasing and Materials Management*, Fall, pp. 2-8.

[148] Wayne, S. J., Shore, L. M., & Liden, R. C., 1997. Perceived organizational support and leader-member exchange: A social exchange perspective, *Academy of Management Journal*, 40, pp. 82-111.

[149] Wheelwright, S. C., 1984. Manufacturing strategy: defining the missing link, *Strategic Management Journal*, 5, pp. 77-87.

[150] Whitener, Ellen M., 2001. Do "high commitment" human resource practices affect employee commitment?: A cross-level analysis using hierarchical linear modeling, *Journal of Management*, 27, pp. 515-535.

[151] Wooten, K. C., & Cobb, A. T., 1999. Career development and organizational justice: Practice and research implications, *Human Resource Development Quarterly*, San Francisco: Summer, Vol. 10, Iss. 2, p173.

[152] Wright, P. M., & McMahan, G. C., 1992. Alternative theoretical perspectives on strategic human resource management. *Journal of Management*, 18, pp. 295-320.

[153] Wright, Patrick M., Garder, Timothy M., & Moynihan, Lisa M., 2003. The impact of HR practices on the performance of business units, *Human Resource Management Journal*, 13(3), pp. 21-26.

[154] Youndt, Mark A., Snell, Scott A., Dean, James W. Jr, & Lepak, David P., 1996. Human resource management, manufacturing strategy, and firm performance. *Academy of Management Journal*, 39, pp. 836-848.

附录 图表目录

后　记

本书是在我的博士论文基础上修改而成的，增添了制度环境、案例研究等内容。虽说修改后内容上更关注企业管理的现实背景，更注重操作层面的思考，但落笔之际，反观全书，仍然觉得支持性人力资源实践、柔性战略与绩效问题的理论与实践还有很多问题有待于进一步的深入探讨。

管理问题的魅力和难点就在于不确定性。环境的不确定性催生了柔性战略的制定和实施，也使得人力资源在管理中的能动作用大幅提升，使得企业不得不关注和重视支持性人力资源实践。然而，很多企业应对环境的不确定性却是被动的，这影响了支持性人力资源实践及其与柔性战略配合的成功运作。因此，对经理们来说，首要的能力是对环境无常性中的剧烈波动和极端复杂要有充分、敏锐的感知！只有认识到环境可能会发生戏剧性地变化，并且变化的幅度可能会远远超过想象，经理们才会审慎运用支持性人力资源实践的策略和方法以及支持性人力资源实践与柔性战略配合的策略与方法，才会给所谓的策略和方法以空间（即策略柔性和方法柔性）。

策略（或战略）柔性的关键在于资源的分配要有所保留，以备不时之需；方法柔性的关键在于把握节奏。然而，策略柔性和方法柔性的基础是理念柔性。简单地说，理念柔性就是心态的平和，就是不固执于任何思想、策略和方法。经理们需要不执着于以往的成功和失败，不执着于经验和教训，不执着于先进理论和落后思想；需要最大限度地降低"自我"在支持性人力资源实践及其与柔性战略配合时策略和方法选择上的路径依赖，真正地实现权变管理（或者说从实际出发、或者说随缘、或者说道法自然）。然而，这种"自我"的固执是很难消除的，因为经理不是一个人，而是一群人。人力资源实践及其与柔性战略的配合至少涉及总经理、生产经理和人力资源经理。于是，团队的协作和执行力就变得非常重要了。

解决支持性人力资源实践及其与柔性战略配合中的团队协作和执行力问题的

关键主要在于领导人(可能是董事长,也可能是总经理)。环境越不确定,越是代表着一种“乱世”,越是需要“英雄”。领导人的理念柔性,不仅表现在不固执于自我的管理经验,更重要的是表现在不固执于自我的得失(即关注利益相关者的利益,或者说为“人民”服务,或者说“利益一切众生”)。因此,从终极意义上讲,领导人的理念柔性、策略和方法柔性以及对环境的不确定性的深刻和敏锐感知,是支持性人力资源实践及其与柔性战略配合成功的关键,可以引领企业走向成功,即完成企业形成、成长、成熟和衰退等各个阶段的使命。

支持性人力资源实践及其与柔性战略配合问题是人力资源实践、战略与绩效问题的关键领域,在企业的众多管理问题中只是沧海一粟,但其内在的规律性却难以揣摩。本书的写作只是抛砖引玉,由于笔者才疏学浅,书中的疏忽和不足之处恳请各位专家、老师、经理和读者加以批评和指正!

作品得以完成,首先要感谢我的博士生导师南京大学商学院杨东涛教授。在我攻读博士学位的三年里，耳濡目染了杨老师高尚的学者风范,平和真诚的待人之道,严谨的治学态度。杨老师不仅在学业上对我严加敦促、教导,还在生活上给予了我无微不至的关心和照顾。她渊博的学识和对学术前沿的敏锐把握,使我获益匪浅。杨老师从选题、数据的收集处理等各个方面给予了悉心指导和帮助。每当我对研究感到茫然和犹豫时,杨老师总是给我启迪和鼓励。恩师的关爱和教导我终身难忘!

本书的写作,也得到了今世缘酒业有限公司高层领导的大力支持,今世缘公司的人力资源规划项目为本书写作提供了绝好的案例研究对象。在博士学习期间,许多同窗好友的帮助也令我难忘,他们是陈社育、杜林致、柳婷、谢蒙萌、陈同杨、曹国年、刘杰、魏江茹、孙怀平、宋联可、陆铭宏等,他们在本书研究中常给我以启迪和帮助。此外,特别感谢我的父母、妻子和家人,感谢我的儿子徐浩铭,他们的关怀令我时时感到亲情的温暖,感谢他们一贯的理解、支持和鼓励!

最后,向百忙之中,抽出宝贵时间,对我的新书进行评阅的各位专家表示深深的感谢!谨以此书献给所有爱我和帮助我的人。衷心感谢那些岁月中遇到的人和事!

徐国华

2013 年 9 月于南京财经大学工商学院